SCORPIO

Annelie Keil

Wenn das Leben um Hilfe ruft

ANGEHÖRIGE
zwischen Hingabe, Pflichtgefühl
und Verzweiflung

SCORPIO

Dieses Buch enthält Links zu externen Webseiten Dritter, auf deren Inhalte der Scorpio Verlag keinen Einfluss hat. Deshalb können wir für diese fremden Inhalte auch keine Haftung übernehmen. Für die Inhalte der verlinkten Seiten ist stets der jeweilige Anbieter oder Betreiber der Seiten verantwortlich. Die verlinkten Seiten wurden zum Zeitpunkt der Verlinkung auf mögliche Rechtsverstöße überprüft, rechtswidrige Inhalte waren nicht erkennbar. Bei Bekanntwerden von Rechtsverletzungen werden wir derartige Links umgehend entfernen.

MIX
Papier aus verantwortungsvollen Quellen
FSC® C014496

Umschlaggestaltung: Favoritbuero, München
Umschlagabbildung: Kathrin Doepner, Bremen
Layout und Satz: BuchHaus Robert Gigler, München
Druck und Bindung: GGP Media GmbH, Pößneck
ISBN 978-3-95803-128-9

www.scorpio-verlag.de

Inhalt

Einleitung

»An alle, die wissen oder zu wissen glauben, wie der Hase läuft: Er hoppelt!« Das ist eine der Botschaften dieses Buches.

Wenn das Leben um Hilfe ruft und mit seinen Krisen das, was bisher im eigenen Leben sicher und normal schien, aus den Angeln hebt, dann ist für die Betroffenen guter Rat nicht als Schnäppchen zu haben. Die »Rat-Schläger« aller Sparten sind dennoch zur Stelle. Je ferner ihnen die Sachlage und konkrete Situation ist, desto wortreicher die Analysen und nachdrücklicher manchmal die Handlungsvorschläge. Multifaktoriell und multiprofessionell werden die Hilfsbedürftigen wissenschaftlich, psychologisch, pädagogisch und gesundheitspolitisch umzingelt. Die Katastrophendidaktik läuft auf Hochtouren. Wenn schon alt werden, dann aber bitte nicht gebrechlich, krank oder hilfsbedürftig sein.

Wer wie ich als alleinlebende, keineswegs unbeschadete Achtundsiebzigjährige auf seine risikobehaftete nahe Zukunft zugeht, der hasst Horrorgeschichten über die Folgen des Alters bei der morgendlichen Zeitungslektüre. »Meine Mutter hatte Druckgeschwüre an Fersen und Zehen, wunde Stellen im Genitalbereich, und ihre Zähne sind schwarz geworden«, berichtet der Sohn einer pflegebedürftigen Frau einem Reporter des Bremer *Weser-*

Kuriers.[1] Gewicht nicht kontrolliert, Zähne nicht geputzt, Tabletten verwechselt, Essensreste und ausgespuckte Medikamente auf dem Fußboden, Zimmer nur einmal die Woche schlecht gewischt, innerhalb eines Jahres zweimal erfolglos die Heimleitung angesprochen.

Ich lege die Zeitung beiseite, nippe an meinem inzwischen kalt gewordenen Kaffee, fühle die Empörung über solche Zustände in manchen Pflege- und Altenheimen, auch in der häuslichen Pflege, werde mit meinen Mitteln weiter dagegen anschreiben und angehen. Aber dann beginne ich, mich über den Sohn zu ärgern, der lediglich nach dem Rechten sieht und sich so nach Ansicht des Reporters um seine hilflose Mutter kümmert! Warum in aller Freundschaft nimmt der Sohn die alte Frau nicht unter den Arm, bringt sie zu sich nach Hause, zur ehemaligen Nachbarin in die Gartenlaube, ins nächste Krankenhaus, in ein anderes Heim – kurzfristig, versteht sich, bis eine Lösung gefunden ist, die die Würde aller Beteiligten wahrt?

Heute schreibe ich keinen Leserbrief, höre auf zu moralisieren oder ernsthafte Vorschläge zu machen. »Hätte, hätte« – vor allem »man hätte doch wissen können« – solche Worthülsen und rhetorischen Sätze mag ich nicht. Auch gut gemeint, sind sie schlecht und helfen nicht weiter. Immer scheinen alle anderen genau zu wissen, wie der Hase läuft, warum was passiert ist und nicht hätte passieren dürfen. Weshalb dem einen noch zu helfen ist und dem anderen eben nicht, warum auch unter den Hilfsbedürftigen gute und weniger gute Menschen zu finden sind, und warum es verantwortliche und unverantwortliche pflegende Angehörige gibt. Dass Leben überrascht, dass es oft planlos daherkommt, herumzockt, Kalkulationen zunichtemacht, uns in Bedrängnis bringt oder in Panik versetzt, scheint keine gute Nachricht zu sein. Man muss eben wissen, wie der Hase läuft, um sein Leben vor allem dann im Griff zu haben, wenn es aus dem Ruder zu geraten droht, haltlos wird und die Zustände ebenfalls unhaltbar sind, wie meine Zeitungslektüre ergeben hat.

Die Wahrheit ist konkreter und sperrt sich gegen Besserwisserei und die Erfolgsmeldungen von Konkurrenz- und Siegesläufen aller Art. Wer kann schon wissen, wie »sein Hase« laufen wird, sollte er oder sie, aus welchem Grund und zu welcher Zeit auch immer, mit und ohne Familie, Angehörige, Freunde oder soziale Netzwerke arm, heimatlos, hilfsbedürftig oder gar pflegebedürftig werden. Auf welchen krummen Touren – wie Hase und Igel – die jeweiligen Konkurrenten unterwegs sein werden, die ebenfalls um ein gutes Leben und um ihre Versorgung rennen, ist das Geheimnis der Zukunft. Unklar ist vorab auch, wer in unserem Feld von Sorge und Fürsorge mitspielen wird und ob wie im Märchen am Ende der Furche die eigene Ehefrau steht, die es dem Igelmann ermöglicht, schon da zu sein, bevor er überhaupt zu laufen beginnt. Alter, Geschlecht, soziale Stellung, Bildung, Lebenserfahrungen, emotionale Netzwerke, Glaube, Geschenke und Zufälle prägen Hase und Igel, bevor sie ins Rennen gehen und einer es siegreich beenden soll!

Niemand kann vorhersehen, welche Talente oder Unfähigkeiten, Gefühle der Hingabe oder des Hasses, Pflichten und Pflichtgefühle, Hoffnungen und Verzweiflung ihn persönlich umgeben oder überwältigen werden, wenn das familiäre Hase-Igel-Spiel durch die Pflegebedürftigkeit eines Angehörigen oder die eigene Not zu Ende ist und aus der theoretischen Möglichkeit, pflegender oder zu pflegender Angehöriger zu werden, eine reale Zuständigkeit wird. Dann muss man sich konkret, seelisch offen, mit konstruktiven Gedanken und einer entsprechenden Haltung frei entscheiden, was zu tun oder zu lassen ist. Weiterrennen wie bisher oder geschickt die Furchen wechseln, Rollentausch ablehnen oder nicht akzeptieren, an sichere Siege oder Niederlage glauben ist nicht mehr angesagt. Sitzen oder stehen bleiben, leugnen und verdrängen auch nicht. Es wird nur klarer, dass nichts zu tun auch eine Entscheidung ist. In Umbrüchen und Einbrüchen des Lebens wissen wir weder, wie der Hase läuft, noch kennen wir einen Trick, wie man ungeschehen macht, was geschehen ist und äußerst unangenehme Folgen hat.

Immerhin hoppelt der Hase. Ab jetzt wird also gehoppelt, gestolpert, gestürzt, umgefallen und – wie gebrechlich und zittrig auch immer – aufgestanden. Auf einem meiner Kaffeebecher steht: *Hinfallen, aufstehen, Krone richten, weitergehen*! Dass das leicht ist, steht da nicht – aber dass es hilfreich ist, wenn wir uns der Not gehorchend der Wirklichkeit einer schwierigen Situation, einer Krankheit, der Pflegebedürftigkeit oder einer Bedrohung stellen und lernen, sie zu akzeptieren und zu gestalten. Allein dadurch treten wir mit unseren Selbsthilfekräften in Verbindung, können mitfühlende Solidarität besser spüren und falschen Sicherheiten auf die Spur kommen.

Sicherheit ist nicht nur der Deutschen liebstes Kind. Viele Menschen wappnen sich mit Versicherungen gegen alles, was ein Risiko sein könnte. Nicht zufällig hat die »Risikofaktorenmedizin« vor vielen Jahren ihren Siegeszug zur Sicherung der Gesundheit angetreten und der Begriff »German Angst« den Sprung in die Fachliteratur geschafft. Wer richtig isst, viel trinkt, sich regelmäßig bewegt, sich nicht zu sehr aufregt, seine Ängste im Griff hat, glückliche Beziehungen pflegt, schlechte verdrängt oder durchsteht und hoffentlich eine gute Rente hat, der darf sich sicherer fühlen als derjenige, der nichts, weniger oder erfolglos etwas für sich tut. Kein Tropfen auf den heißen Stein der Sorge für ein gutes Leben ist unwichtig, aber als Strategie der Beschuldigung und als Strafpunkte im geforderten Verhaltensregister von Gesundheitsbehörden und Präventionsvereinen eignet sich davon nichts. Im Angesicht der natürlichen und zunehmenden Gebrechlichkeit vieler Menschen, der Verletzbarkeit durch Lebens- und Arbeitsbedingungen und der absehbaren Endlichkeit des menschlichen Lebens haben Respekt und Anerkennung, dass Menschen überhaupt schaffen, was sie schaffen, den Vorrang.

Dieses Buch polemisiert gegen die beliebte Phrase »Hauptsache, gesund!«. Ihm liegt nicht Gesundheit als Hauptsache, sondern das Leben in all seinen Schattierungen am Herzen – besonders dann, wenn die Hilferufe derer, die das Leben gerade besonders erleiden, und der anderen, die sich um die Nöte und ihre Angehörigen kümmern, unserer Solidarität und unseres Mitgefühls bedürfen. Der Wahnsinn dessen, was Menschen jeden Alters und Geschlechts jenseits ihrer sozialen Lage und ihrer Möglichkeiten für gesund, machbar, normal, optimierbar und für den effizienten Weg zum Glück halten sollen, dringt in jedes Haus, besetzt die Menschen, und keine der Nebenwirkungen und Krankheitsfolgen ist unter Kontrolle. Von der Wiege bis zur Bahre total versichert! Kontrolle ist besser als Vertrauen! Keine Experimente! Sichere Geldanlagen! Sicherer Sex! Sichere Partnerwahl! Evidenzbasierte Medizin! Bedienungsanleitungen für sichere Gehirne! Die Anweisungen für sichere Hasenläufe sprengen alle Grenzen.

Sicherheit wird zum wichtigsten Maßstab für das Grundvertrauen in Staat und Gesellschaft und in das familiäre wie zivilgesellschaftliche Zusammenleben. Wer von mitmenschlicher Zuwendung oder den Möglichkeiten gegenseitiger Verantwortung in einer globalisierten Welt spricht, kann sich als »Gutmensch« schon fast zu den behandlungswürdigen Patienten rechnen, die man nach Meinung vieler in Pflege geben sollte. Misstrauen hat die Führung übernommen. Wem schicksalhaft die Lebenssicherheit abhandenkommt, der wird selbst zum Störfaktor und löst Unbehagen aus. Der fremde Nachbar erntet skeptische Blicke, ob als Bettnachbar im Krankenhaus oder als Tischnachbar im Altenheim. Gottvertrauen wird zum Risikofaktor, blindes Vertrauen ist es längst.

Gesundheits- und Sicherheitswahn arbeiten Hand in Hand, schwingen begeistert die Keule der Prävention, gefährden als Vermeidungsstrategie das Wohlbefinden, für das sie eigentlich sorgen wollten. Der Alltag ist perfekt organisiert, die hochkomplexe Infrastruktur läuft wie ein Uhrwerk. Jede innerstädtische Baustelle, jeder Autobahnstau, jede Zugverspätung, Ampelschaltungen, Kindergeschrei vor der Haustür oder Fahrradfahrer in der Gegenrichtung der Einbahnstraße bringt Großstadtbewohner auf die Palme, weil sie auch das innere Sicherheitssystem und die eigene Lebensordnung gefährdet sehen. Naturereignisse empfinden wir – zumindest in unseren Breitengraden – als Frechheit. Die Welt hat gefälligst so wie bisher zu funktionieren. Tut sie das nicht, herrscht weithin Empörung und Verwirrung.

»Scharfe Kritik an der Pflege« ist der Titel des Zeitungsartikels, den ich oben zitiert habe. Angehörige beschweren sich und fordern damit die Reaktion der Politik heraus. Aufsichtsbehörden, Zertifzierungsgutachter und Seniorenbeiräte beginnen, Missstände aufzuspießen. Gut so! Und doch langweilt mich diese Form der Skandalisierung zunehmend, weil sie nur beklagt, was durchaus auch zu ändern ist. Ein gutes Gegenbeispiel aus der Wirklichkeit der häuslichen Pflege oder einer Heimpflege könnte reichen, um zum Nachdenken anzuregen, wenn wir nicht ständig als Voyeure dastehen wollen.

Aber wie reagieren wir persönlich? Wie berührt sind wir von unserer Zukunft im demografischen Wandel, in veränderten Familienstrukturen und angesichts unserer eigenen biografischen Erfahrungen? Je unsicherer und – in der persönlichen Wahrnehmung – »terroristischer« die Welt um uns herum wird, desto mehr greift diese Verunsicherung in unser Privatleben ein, und bisher stabile Lebensordnungen bekommen Risse. Das Älterwerden selbst scheint voller Risiken und verliert als Horror des demografischen Wandels seine beglückende Seite. Sicherheit geht allerorten vor, die Einübung von Autonomie, Selbstvertrauen, Zusammenleben und Selbstständigkeit verliert an Raum. Ältere Menschen trauen sich – mit und ohne Rollator – oft schon tagsüber und besonders abends nicht mehr allein auf die Straße. Andere verschließen ihre Türen auch vor den Nachbarn und schließen sich dadurch selbst ein. Eltern bringen ihre Kinder am liebsten mit dem Auto bis zur Schulbank und müssen mittels »elternfreier Zonen« davon abgehalten werden, mit Sonderbefugnissen aller Art das Leben ihrer Kleinen sicherer machen zu wollen. Dadurch halten sie sie jedoch davon ab, zu erfahren, was es heißt, auf eigenen Beinen zu stehen und zu gehen. Vor einer Bremer Schule steht deshalb das wunderbare Schild: »Wer selbst geht, ist schon groß!«

Zur Not erscheint jeder ältere Mensch, der der Fähigkeit, sich bei Problemen selbst zu helfen oder sich helfen zu lassen, nicht skeptisch oder misstrauisch gegenübersteht, als trotzig, uneinsichtig oder eigenbrötlerisch. Ohne Experten für die Frage, wie und was wir essen, trinken, wie wir schlafen, uns bewegen oder miteinander reden, erscheint der Mensch nicht mehr überlebensfähig. Diese Strategie hat der Historiker, Philosoph und Medizinkritiker Iwan Illich »Enteignung der Gesundheit« genannt. Man untergräbt mit ihr die freie Entscheidungsfähigkeit der Menschen, um sie in Gesundheitsfragen systematisch den Meinungen und Urteilen irgendwelcher Fachleute zu unterwerfen. Das Vertrauen in ein grundsätzlich friedliches, fürsorgliches Zusammenleben, in dem im besten Sinn des Wortes eine Hand die andere wäscht, in der man Lasten tragen und lästig werden darf, in der Abhängigkeit auch Verbundenheit sein kann, ist bei vielen Menschen und in der öffentlichen Meinung schwer erschüttert. Bekanntlich kann man niemandem hinter die Stirn gucken, aber oft reicht es, Menschen in die Augen zu schauen, ihnen zuzuhören und ihnen vor allem eine helfende Hand zu reichen, um zu erkennen, was wir dringend brauchen, und um durch eine andere Haltung mehr Halt aneinander und miteinander zu gewinnen. Daran glaube ich. Und die Welten der pflegenden Angehörigen, der Ärzte, der Kranken- und Altenpflege, der Selbsthilfegruppen, der sozialen Netze, der Beratungsstellen und der Nachbarschaftshilfen sind voller Beispiele, die mir meinen Glauben erhalten.

In diesem Buch geht es nicht um Skandale, nicht um die Suche nach Schuldigen, nicht um das schlechte Gewissen, das jeder von uns haben muss, wenn er zur Kenntnis nimmt, was wir über die Lage alter und pflegebedürftiger Menschen und die dunklen Wolken der Demografie schon alles wissen. Es geht auch nicht um eine rosarote Brille, durch die man positiv und verallgemeinernd auf die Herrlichkeit des Alterns, seine Weisheiten und die Hoffnung schaut, dass nur die anderen alt, pflegebedürftig, verbittert und bewegungsarm sind und man selbst verschont bleibt. Eine statistisch belegbare Bilanz, wer und warum von den Missständen des Lebens und den Folgen des Alters verschont bleibt und wer nicht, erübrigt sich für die hier vorgelegte Argumentation. Wer von besonderen Sorgen rund ums Älterwerden verschont bleibt, kann für die mitsorgen, denen es anders ergangen ist. Wenn das viele sind, umso besser. Dann wird es der Pflege und ihren Mitarbeitern, der Angehörigenarbeit und letztlich allen Beteiligten besser gehen, weil wir gemeinsam und beispielhaft ein Problem lösen, das uns alle angehen muss.

Wenn sich eine Lebenssituation – plötzlich oder allmählich – ändert, wenn Lebensordnungen brüchig werden, wesentliche Bedürfnisse wie die nach Autonomie und Eingebundenheit gefährdet sind, dann fühlen sich die meisten Menschen intuitiv aufgerufen, etwas zu tun. Vor allem dann, wenn es um die eigene Familie und die Menschen geht, mit denen sie zusammenleben. Darüber werde ich in diesem Buch schreiben. Menschen müssen von Vertrautem Abschied nehmen, über stabil geglaubte Beziehungen nachdenken, Ansprüche überprüfen, Hilflosigkeit akzeptieren lernen, Ausweglosigkeit in noch lebbare Schritte verwandeln und am Ende dem Sterben ins Auge schauen. Die nötigen Umorientierungen, Veränderungen und vor allem die Akzeptanz schwerer Krankheit im konkreten Umgang mit ihr, Behinderungen unterschiedlicher Art und die Erfahrungen mit den spezifischen Problemen des Älterwerdens brauchen Zeit und – schwierig genug – auch »Muße«. Damit meine ich eine Gelassenheit, die nicht *über* der Realität schwingt und als Phrase Ausdruck spiritueller Überheblichkeit ist, sondern eher der Alltagsklugheit eines Karl Valentin entspricht: »Ich freue mich, dass es regnet, denn wenn ich mich nicht freue, regnet es auch.«

Anhand vieler Beispiele soll aufleuchten, wie stark die Überlebens- und Wandlungskraft des Lebens, die Liebe zum Leben und die unterschiedlichen Bindungen zwischen Menschen sind, um auf brüchigem Boden wieder Land zu gewinnen, wenn der Halt verloren ging. Hoffnung ist ins Gelingen verliebt, aber wenn Mut und Hoffnung im folgenreichen Zusammenbruch verloren gehen, braucht der nächste Anfang viel Ermutigung, Anstrengung, Geduld, eine besondere Form der Dankbarkeit und vor allem Akzeptanz der Gegenwart. Wie das mit Hingabe, Pflichtgefühl und Verzweiflung meistens auch gelingt und wie viel wir von und mit anderen lernen können – auch davon soll in diesem Buch die Rede sein.

Reisen Sie mit in die sehr persönlichen Lebens- und Gefühlslandschaften der mitmenschlichen Zuwendung, der gegenseitigen Sorge und der Lebendigkeit praktizierter Liebe. Es geht nicht um Ihre Selbstoptimierung, sondern um Sie, so wie Sie sind, und um Ihr Leben, so wie es ist. Das könnte der Gesundheit dienlich sein!

Zur Anthropologie von Solidarität und Nächstenliebe: Pflichten, Rechte und Moral

In ihrem Buch *Weiter leben*[2] erzählt die Jüdin Ruth Klüger von ihrer vorläufigen Rettung im Vernichtungslager Auschwitz-Birkenau, in dem kräftige Jüdinnen, die nicht jünger als fünfzehn sein durften, für Arbeitseinsätze in anderen Lagern aussortiert wurden. Klüger war erst dreizehn, schmächtig und daher eigentlich ohne Chance, der Vernichtung zu entgehen. Kurz bevor sie an der Reihe ist, um von dem amtierenden SS-Mann begutachtet zu werden, verlässt die relativ junge Protokollantin neben ihm ihren Platz, geht auf Ruth Klüger in der Warteschlange zu und fragt sie leise nach ihrem Alter. Eindringlich raunt sie ihr zu: »Sag, dass du fünfzehn bist!« Die kleine Ruth folgt dem Rat, und als der SS-Mann sie dennoch als sehr klein und damit unbrauchbar einstuft, wirft die fremde Frau aus der Verwaltung – Mithäftling und ihr eigenes Leben wagend – ein: »Aber kräftig gebaut ist sie. Die hat Muskeln in den Beinen, die kann arbeiten, schauen Sie nur!« Ruth bekam eine Nummer für die Einteilung zur Arbeit, eine Lebensverlängerung.

In einem Text mit dem Titel »Der Mut zum Guten« greift der Theologe und Religionspädagoge Fulbert Steffensky (Jahrgang 1933) die Geschichte von Ruth Klüger auf und stellt eine jener Fragen, die mich in diesem Buch bewegen: Woher kommt die Güte jener Frau, die sich selbst zusätzlich in Gefahr bringt, ein Kind rettet, das sie nicht kennt, das nicht mit ihr verwandt ist und mit dem sie eigentlich nichts zu tun hat? Sie tut es nicht irgendwo, sondern an einem Ort und in einer Stunde, in der jeder gelernt hat, der Barbar des anderen zu sein. »Die Schönheit dieser Tat«, so Steffensky, »zeigt sich darin, dass die Frage nach dem Warum und dem Woher der humanen Tat nicht beantwortet werden kann.«[3]

Nicht immer sind es die großen Taten, die sich wie ein Wunder anfühlen, sondern auch die kleinen Akte, die im Alltag des menschlichen Zusammenlebens Solidarität, Nächstenliebe, Hilfsbereitschaft und »Güte« zum Ausdruck bringen. Menschen, die solche Taten vollbringen, wollen sich keinen Heiligenschein verschaffen, sondern die Stimme der Leidenden, Hilflosen, Unsicheren oder Unverstandenen vernehmen und ihnen in die Augen sehen. Die gute Tat muss nicht gerechtfertigt werden, darf zwiespältig sein – es reicht, wenn sie einem anderen Menschen guttut.

Die Liebe zum Leben und die Sehnsucht nach einem lebendigen Leben entstehen, wenn der Mensch erkennt, dass er mehr braucht, als er hat, dass Solidarität, Nächstenliebe und Mitgefühl die Zutaten für ein gutes Leben sind und dass jeder von dem, was er hat, viel weitergeben kann. »Auch die Schönheit des Lebens lehrt uns die Sehnsucht«, schreibt Steffensky, »die Musik, die Vollkommenheit der Begegnung zweier Menschen, ein Sonnenaufgang im Gebirge. Auch die Schönheit macht durstig und sagt, dass wir hier nicht ganz zu Hause sind.«[4]

Wer den Erzählungen und Berichten in diesem Buch folgt, kann erfahren, wie die Liebe zum Leben, die Sehnsucht nach Lebendigkeit, der Überlebenswille und die Angst, all dieses zu verlieren, sich seiner selbst nicht mehr sicher zu sein, aber auch Wille und Kraft, solidarisch zu sein, die Notrufe zu hören und anzunehmen, die Tagebücher der Menschen füllt. Das Zählen der Blütenblätter hört nie auf: »Das Leben liebt mich, es liebt mich nicht«, und auch: »Geht doch, geht nicht!«

Wir lernen vom eigenen Leben, unserem Sterben entgegenzugehen.

Verletzlichkeit und existenzielle Bedrohung zu erfahren heißt, sich im eigenen Leben selbst zu begegnen, zu erleben, was geschieht, und sich auf das ewige »Stirb und werde« auch dann einzulassen, wenn wir nicht wissen und wahrhaben wollen, warum und auf welche Weise uns etwas geschieht.

Wie prägend und nachhaltig meine ersten Begegnungen mit großen Bedrohungen und Tod auf mein Leben einwirken würden, habe ich damals nicht ahnen, geschweige denn voraussehen können. Genau an meinem sechsten Geburtstag, am 17. Januar 1945, musste ich zusammen mit meiner Mutter von Ciechocinek, einem kleinen Kurbad und Hitlers Lazarettstadt in Polen, zur Flucht nach Westen aufbrechen. Weil meine Mutter sich nicht um mich kümmern konnte, war ich dort in einem Waisenhaus und Kinderpflegeheim der NSDAP aufgewachsen, das 1940 von meiner Geburtsstadt Berlin nach Polen verlegt wurde und mit Hitlers Wahn verbunden war, Polen einzudeutschen. Die polnische Bevölkerung wurde vertrieben, enteignet, umgesiedelt, ermordet, wir Deutschen wurden freiwillig und zwangsweise angesiedelt. Ciechocinek erhielt den Namen Hermannsbad. Welche polnischen Kinder vorher in dem Kinderheim waren und wo sie geblieben sind, als wir deutschen Kinder kamen, hat mich später immer wieder beunruhigt. Die Flucht nach Westen endete für Mutter und Tochter zunächst in russisch-polnischer Kriegsgefangenschaft, dauerte fast zwei Jahre und war Tag für Tag von dem Leitspruch durchdrungen: Augen zu und durch! Wer Angst hat, kommt darin um! Sich selbst der Nächste sein!

Erst viel später habe ich begriffen, wie viel mancher Mut und manche Tapferkeit von Erwachsenen mit dem Verdrängen dessen zu tun hat, was nicht beherrschbar erscheint und zu den guten und vor allem bösen Überraschungen des Lebens gehört. Das gilt auch für die Angst vor Abhängigkeit, Einsamkeit und Hilflosigkeit und am Ende vor dem Sterben und dem Tod. Geübt haben wir alle den Umgang mit Bedrohung. Im bekannten Fangspiel heißt es: »Wer hat Angst vorm schwarzen Mann?« Die Antwort lautet: »Niemand!« Darauf folgt die Frage: »Und wenn er aber kommt?« – »Dann laufen wir davon.« Das jedenfalls hoffen die Kinder im Spiel und später als Erwachsene in vielen anderen Spielen des Lebens. Es wird schon nicht so schlimm kommen, und wenn, dann trifft das Unglück eher die anderen, man selbst kommt hoffentlich davon.

Im Krieg geht das nicht. Auch vor Krankheit, Sterben und Tod kann man nicht weglaufen. Aber statt hinzuschauen, schauen wir lieber weg und trösten mit Allgemeinheiten! Ein mutiger Indianer weint nicht. Ein tapferer Soldat ebenfalls. Und auch die Trümmerfrau tut klaglos, was zu tun ist. Wie es drinnen aussieht, geht niemanden etwas an.

Wenn das Leben um Hilfe ruft und wir als Hilfsbedürftige oder Angehörige uns zwischen Hingabe, Pflichtgefühl, Angst und Mut, Kraft und Verzweiflung fragen, wie es um uns und unsere Lebens- und Umwelten steht, dann müssen wir auf dem Weg in die nächste Zukunft, die unmittelbar mit dem Notruf beginnt, die spezifischen Fragen stellen, deren konkrete Antworten uns hoffentlich weiterhelfen. Die offensichtliche Widerstandskraft, die ich als Kind den Bedrohungen meines jungen Lebens, der Todesangst, dem Hunger, dem Gefühl der Verlassenheit und Hilflosigkeit entgegenstellte, ist jetzt im hohen Alter nicht gebrochen, aber sie braucht neue Quellen und andere Orientierungen, um jenen Abschied vom Leben leben zu lernen, der die Kraft, den Lebenswillen und den Stolz des gelebten Lebens als Geschenk in sich trägt.

Es ist genug für alle da

»Stop exclusion, dare to care«, war das Thema des Weltgesundheitstags 2001, die zentrale politische Botschaft des Weltgesundheitsreports der WHO und im Grundsatz fast all ihrer Stellungnahmen seitdem. Hört auf mit der Ausgrenzung, wagt es, Sorge für alle Menschen zu tragen, Rücksicht zu nehmen, zu teilen, was vorhanden ist. Der Planet Erde gehört allen, die auf ihm leben. An den Mauern, mit denen einzelne Menschen, Gruppen und ganze Völker ihre eigene Existenz durch Ab- und Ausgrenzung zu sichern suchen, steht für jeden lesbar: »Es ist Raum, Nahrung, Wasser, Luft, Bildung, Gesundheit und vieles mehr für alle da.« Die Macht und Gewalt, mit der diese Überlebenswahrheit gegenwärtig an den Verhandlungs-, Kriegs- und Handelsfronten der Welt immer wieder neu unterdrückt wird, fordert die Menschheit und jeden Einzelnen umso mehr heraus.

Der Schacher um Zuständigkeiten, verbunden mit der Suche nach den Schuldigen von Gegenüber oder anderswo, ist politisch unerträglich und greift längst auf unsere privaten Beziehungen über. So richtig es ist, sich offiziell über die schlechte Reinigung im Altenheimzimmer der Mutter zu beklagen, so unverständlich ist auf der anderen Seite, dass pflegende Angehörige monatelang zuschauen und nicht demonstrativ zu Besen und Wischeimer greifen, um kurzfristig klar Schiff zu machen.

Wer sich nicht nur auf allgemeiner und politischer Ebene, sondern auch auf der Ebene der unmittelbaren menschlichen Beziehungen mit der Realität und den konkreten Formen von Sorge und Fürsorge, dem Pflegen und Gepflegtwerden auseinandersetzen will, muss – auch aus eigenem Interesse – darüber nachdenken, was uns Menschen überhaupt dazu bewegt, uns umeinander zu kümmern.

Hört mir zu, ihr Menschen!

Wie entsteht ein Gefühl für Moral, für Verantwortung, für Hilfsbereitschaft in uns? Wer sind unsere Vorbilder, was überzeugt uns, und wie lernen wir, unsere eigene Position zu bestimmen? Wie setzen wir uns selbstreflexiv mit den ethischen, philosophischen, religiösen, psychologischen Überlegungen und der anthropologischen Bedeutung auseinander, die den Hintergrund für das Verständnis von Solidarität und Mitgefühl darstellen?

Seit vielen Jahren hat der Religionspädagoge Rainer Oberthür in seinen Unterrichtsprojekten Kinder immer wieder aufgefordert, ihre eigenen Vorstellungen, Gedanken und Erfahrungen über Gott und die Welt in Wort und Bild auszudrücken. Erwachsene wie ich sind verblüfft, was Kinder zu sagen haben, uns vor Augen führen und uns zu denken geben und was bereits Kinder zwischen sieben und elf Jahren über Gott, Spiritualität und die Welt wissen.

Britta, eine Projektteilnehmerin, ist zehn Jahre alt und schreibt in einer kleinen Rede auf, welche Gedanken sie sich zum Thema gemacht hat.

> *Ihr wisst, dass es viel Leid auf der Welt gibt. Viele, die leiden müssen, können sich nicht allein von dem Leid befreien. Darum müssen wir den Leuten helfen. Viele haben auch nicht so viel Geld. Sie brauchen es aber, sonst können sie nicht überleben. Spendet ihnen etwas, und lasst den Leuten einen Glauben da, dass sie doch irgendwie ein Heim finden. Ich finde es aber auch sehr gut, was viele schon gemacht haben. Sie haben es sehr gut gemacht. Denn die Leute haben wieder ein bisschen Hoffnung.*[5]

Britta hat eine Vorstellung davon, dass Menschen aus unterschiedlichen Gründen Hilfe brauchen, und auch davon, dass da, wo Menschen teilen, Hoffnung entsteht und man den Glauben stützen kann, dass die, die jetzt Hilfe brauchen, irgendwie wieder Boden unter die Füße bekommen und ein Heim finden werden.

Britta und die anderen Kinder haben Reden an die Menschheit geschrieben. In diesen Reden liegt eine prophetische Kraft, die uns Erwachsene grundlegend anfragt, kommentiert Rainer Oberthür. Die geradezu erdrückende Dominanz der Anklage des Krieges und seiner Folgen ist kein Zufall, sondern die Frage nach Krieg und innerem wie äußerem Frieden scheint das Thema zu sein, das Kinder am meisten bewegt und beunruhigt.

»Lasst alle Kinder in Frieden groß werden. Reden an die Menschheit«, hieß das Projekt mit den Kindern. »Lasst alle Menschen in Frieden alt werden, auch die kranken und pflegebedürftigen, und tretet unterstützend an ihre Seite«, ist meine kleine Rede an die, die es angeht – uns alle. Die Welt, in der wir leben, ist eine Welt, die wir zusammen mit anderen Menschen hervorbringen und *mit* ihnen teilen. Leben ist immer Leben in Koexistenz mit anderen, vom ersten Augenblick der Zeugung an. Als Fähigkeit und abrufbare Bereitschaft will Koexistenz jedoch auf allen Ebenen gelernt sein, denn unser Leben wird sich von Anfang bis Ende zwischen Freiheit, Selbstorganisation und Selbstständigkeit auf der einen Seite und Abhängigkeit, Hilflosigkeit und Eingebundenheit auf der anderen Seite bewegen. Anpassung und Widerstand, Macht und Ohnmacht, Selbstbestimmung und Fremdbestimmung geben sich täglich die Hand. Wie lernt jeder Mensch lebenslang und immer wieder neu körperlich, seelisch, geistig, spirituell und sozial zu leben, zusammen mit anderen Menschen unterschiedlichen Geschlechts, Alters, sozialer und ethnischer Herkunft? Wie lernen wir, uns in Familie und anderen Gemeinschaften nicht zu verlieren und Wechsel, Wandel und Widerspruch zwischen Freiheit und Abhängigkeit, Lust und Last, Nähe und Distanz auszuhalten?

Pflichtgefühle und Pflichtethik

Streift man zu Fragen über Pflicht, Pflichtethik oder Gewissen durch Wörterbücher und Enzyklopädien, so finden sich viele Reflexionen, Erklärungen und Kontroversen, die in direktem Zusammenhang mit den Fragestellungen dieses Buches stehen und helfen, die Frage von Sorge, Fürsorge, Solidarität und geforderter Nächstenliebe an konkreten Aufgaben wie dem Umgang mit alten und kranken Menschen in den Blick zu nehmen.

Die ursprüngliche Bedeutung von Pflicht hat mit »pflegen« und »für etwas sorgen« zu tun. Menschen sprechen von gepflegtem Aussehen, gepflegten Gärten, von gepflegten und zu pflegenden Beziehungen und haben eine Vorstellung davon, dass es einer bestimmten Ordnung bedarf, deren Pflege vor Verwahrlosung schützt. Begriffe wie »Sorge« und »Pflicht« richten ihre Aufmerksamkeit auf das, was geboten und nötig erscheint und welche Verpflichtungen und Dienste es allgemein im menschlichen Leben zu übernehmen gilt, damit jene Ordnung durchgesetzt und gepflegt werden kann. Es geht um die ethische Frage, was sein soll, und um das konkrete Handeln, das geboten ist und sich als innere Forderung aufdrängt. Im weitesten Sinn enthalten die christlichen Gebote und mehr noch die erklärten Menschenrechte explizit einen Katalog von Pflichten und Verpflichtungen, die das friedliche und verantwortliche Zusammenleben der Menschen individuell und gemeinschaftlich garantieren soll. Worin also besteht die individuelle Verpflichtung, welches sind die verbindlichen gemeinschaftlichen Aufgaben im gesellschaftlichen Miteinander, und worin folgen wir als Bürger und Bürgerinnen einem übergeordneten ethischen Auftrag, um die Würde jedes Menschen zu garantieren und auch persönlich etwas dafür zu tun?

Im philosophischen und sozialpolitischen Diskurs taucht deshalb auch der Begriff der »Schuldigkeit« auf, den wir genauso in der Alltagssprache finden. Wann hat der Mohr seine Schuldigkeit getan? Was bin ich meinen Eltern schuldig? Wer steht in wessen Schuld? Wer ist wem gegenüber Rechenschaft schuldig? Sind die alten Menschen den jungen etwas schuldig und umgekehrt?

Im vertraglichen Zusammenhang geht es um definierbare Verpflichtungen, um die Erfüllung von Rechtsansprüchen. Eheverträge oder Testamente regeln gegenseitige Verpflichtungen und erschweren manchmal die übrigen Familienbeziehungen, wenn es später um die Pflege der Eltern, die Unterhaltspflichten für Kinder oder die Übersiedlung vom eigenen Haus in ein Pflegeheim geht. Auch in den politischen Verfassungen, Grundgesetzen und übrigen Gesetzen geht es um Rechtsansprüche und Pflichten, die die Versorgungsansprüche und den wechselseitigen Anspruch regeln. Die schwierigen politischen Auseinandersetzungen im Bereich von Gesundheit und Pflege zeigen, wie komplex die Vernetzung zwischen Bund, Ländern, Kommunen, Krankenkassen, Rententrägern und Wohlfahrtsverbänden ist. In der Grundauffassung demokratischen Zusammenlebens wird auf verschiedene Weise direkt und indirekt an den »guten« Bürger appelliert, an das »gute« Familienmitglied, an die Aufrichtigkeit, an die Verfassungstreue, an die Verteidigungsbereitschaft, die Gewissenhaftigkeit und eine allgemeine Pflicht zur Mitarbeit.

Dennoch blieb es immer ein Problem, wenn der Gesetzgeber den moralischen Forderungen Rechtskraft zu verleihen versuchte. So formuliert das Grundgesetz für die Bundesrepublik Deutschland seine ethischen Grundlagen in Soll-Vorschriften und nicht als Zwangsmoral. Die christlichen Gebote formulieren ebenfalls in unterschiedlichen Formulierungen eine grundsätzliche Aufforderung: »Du sollst nicht töten, nicht falsch Zeugnis ablegen.« Das Strafrecht kennt die Verpflichtung eines jeden, Schaden abzuwenden, was sich zum Beispiel in dem Verbot ausdrückt, Hilfeleistungen zu verweigern. So darf bei Unglücksfällen, bei allgemeiner

Gefahr oder Not Hilfe nicht unterlassen werden, soweit das zumutbar ist. Die Pflicht zur Hilfeleistung ist jedoch eine ethische Aufforderung und wird bei Unterlassung nur in besonderen Fällen zu einem Straftatbestand. Es gibt Fürsorgepflichten der Arbeitgeber, Unterlassungs- und Verhaltenspflichten für Beamte, eine Haftpflicht, Formen der Gefährdungshaftung, mit der Eltern für ihre Kinder, Tierhalter für ihre Tiere haften und Hausbesitzer darauf achten müssen, dass die Gehwege vor ihrem Haus bei Eis und Schnee so gestreut werden, dass niemand in Gefahr gerät.

Was selbstverständlich ist, sollte auch geboten sein. In alten Traditionen gemeinschaftlichen Lebens wurde in den Leitsätzen die ethische und moralische, letztlich freiwillig einzuhaltende Pflicht von der geregelten Verpflichtung, der *obligatio*, unterschieden, die besagte, dass Regelungen streng einzuhalten seien. Auch Krankenhäuser, Alten- und Pflegeheime haben heute in der Regel ethische Leitlinien, zu deren Einhaltung sie sich verpflichten. Rechtliche und moralische Pflichten unterscheiden sich und stehen gleichwohl in einem Zusammenhang. Zwischen den »inneren« Verpflichtungen eines Menschen und den »externen« wird beispielsweise in der Rechtsprechung unterschieden. Menschliche Gemeinschaft ist allerdings angesichts ihres Auftrags zu Menschlichkeit und Mitmenschlichkeit nur denkbar und möglich, wenn Menschen ihre sozialen und individuellen Pflichten so wahrnehmen, dass sie ihnen selbst und anderen zugutekommen, denn nur so kann ein Klima von Solidarität, Nächstenliebe und Hilfsbereitschaft entstehen.

Philosophen haben von jeher zu Fragen der individuellen und kollektiven Verantwortung und zu Prinzipien des »gepflegten«, tugendhaften Zusammenlebens und einer praktizierbaren Lebenskunst Stellung bezogen. Bei aller Unterschiedlichkeit helfen ihre Thesen, sich eine grundsätzliche Meinung zu bilden. Kant unterscheidet in seiner philosophischen Theorie zwischen Pflichten gegen sich selbst und gegen andere sowie zwischen Rechtspflichten und Tugendpflichten, zwischen Selbsterhaltung und Selbstvervollkommnung auf der einen Seite und Förderung von Glück und Gerechtigkeit auf der anderen. Friedrich Schleiermacher unterscheidet in seiner Systematik der Ethik die »Tugendlehre« und eine »Güterlehre«. Er differenziert zwischen Rechts- und Liebespflichten, zwischen Berufs- und Gewissenspflichten. Émile Durkheims Programm einer Moralpädagogik war nur auf die Internalisierung gesellschaftlicher Verpflichtungen ausgerichtet, nicht aber auf die Schulung in der Übernahme von Selbstverpflichtungen.

Nach bestem Wissen und eigenem Gewissen

Die Welt der pflegenden Angehörigen, der betroffenen Eltern und Kinder, der professionellen Helfer und der öffentlichen Meinung ist voller Gewissensfragen und solchen, die nur deshalb für Gewissensfragen gehalten werden, weil sie klare Entscheidungen verlangen. Aber was ist, wenn Pflichten miteinander kollidieren? Wann ist Gehorsam, wann Ungehorsam angesagt? Dabei geht es oft um die Frage, wem oder was im Konflikt der Vorrang zu geben ist. Hat die moralische Entscheidung Vorrang vor der bloßen Anwendung von Normen? Welche Rolle spielt das Gewissen bei der Frage, wem ich wann und aus welchen Gründen meine Aufmerksamkeit und konkrete Hilfe schenke?

Das Gewissen spielt im Leben der meisten Menschen eine tragende, manchmal auch tragische Rolle, wenn es zu Konflikten kommt oder das schlechte Gewissen zur Manipulation genutzt wird. Es bringt Sicherheit und fördert Mut, es verunsichert, quält und kann vor allem als schlechtes Gewissen und Schuldgefühl krank machen. Viele Menschen haben die Erfahrung gemacht, dass ihnen ein schlechtes Gewissen gemacht wird – von Eltern, Lehrern, dem konsultierten Arzt, den Nachbarn. Und dennoch ist das Gewissen eine Richtschnur, eine Leitung, die uns dazu anhalten kann, etwas zu tun oder auch zu lassen. Das Gewissen ist eine moralische Instanz, die wir brauchen, weil wir weltweit und täglich erfahren können, was Gewissenlosigkeit für das Leben und Überleben der Menschheit bedeutet.

Gewissen gilt als eine Stimme, die aus dem Innersten einer Person spricht und deren Taten beurteilt und richtet. Die innere Zustimmung zum eigenen Tun spiegelt das »gute Gewissen«, die Ablehnung kommt im »schlechten Gewissen« zum Ausdruck. Das »reine Gewissen« scheint so etwas wie Gewissensruhe auszudrücken.

Es gibt Gewissensregungen aller Art – das mahnende, politische, ökologische Gewissen, die Gewissensbisse, Gewissensskrupel oder Gewissenskonflikte. Es gibt Gewissensentscheidungen, Gewissensängste und die wichtige Aufforderung, dem eigenen Gewissen zu folgen. »Nach eigenem Wissen und Gewissen« spiegelt als Aussage die Gewissensfreiheit, nämlich dem eigenen Gewissen folgen zu können und zu dürfen – ein Grundsatz der Aufklärung in den Emanzipationsbewegungen.

Das Gewissen lässt sich im weitesten Sinn als Selbstbezug definieren, bei dem der Mensch seine oberste innere Leitinstanz auf sich bezieht. Dass das nicht leicht und manchmal gar lebensgefährlich ist, spüren wir vor allem in politischen Prozessen, wenn Menschen mit allen Mitteln davon abgebracht werden sollen, ihrem Gewissen zu folgen. Der Hungerstreik ist manchmal ihr letzter persönlicher Widerstand. Im Gewissen bezieht sich der Mensch auf das, was für ihn gültig und verbindlich ist, was ihn anleitet und in seinen Entscheidungen überwacht und kontrolliert, was ihn erden und zerreißen kann. Das Gewissen verbindet die Moralität eines Menschen mit seiner Identität, es berührt die Schnittstelle von Sein und Sollen, Allgemeinem und Persönlichem, Öffentlichem und Privatem, Anerzogenem und Selbstgewähltem.

Mit seinem Gewissen gewinnt der Mensch sozusagen einen Mitwisser, einen Ansprechpartner. Für den gläubigen Menschen stellt das Gewissen die Verbindung zu Gott her, auf den er sich im Glauben bezieht. Das Göttliche bekommt einen Ansprechpartner im Menschen. Als Vernunftwesen hat der Mensch mit dem Gewissen eine Mahninstanz in sich, er ist sein eigener Gerichtshof. Hegel bringt diese Ansicht auf den Punkt und plädiert für die Berechtigung des subjektiven Selbstbewusstseins, nämlich in sich und aus sich heraus selbst zu wissen, was Recht und Pflicht ist.

Nietzsche und Freud hingegen halten das »Gewissen« durchaus für eine Illusion des Bewusstseins, das nicht wahrzunehmen vermag, dass die eigene Gewissensstimme bereits die gesellschaftlichen Normen verinnerlicht hat und irgendwelchen Autoritätspersonen hörig ist. Das unbewusste Über-Ich gerät in Streit mit dem Ich. Erich Fromm und Erik H. Erikson führen diese Zweifel an der Autonomie des Gewissens fort, beschreiben die Entwicklungsstufen und zeigen den Konflikt auf, der zwischen dem individuellen und dem sozialen Selbst besteht. Zahlreich sind die Versuche, zu einer allgemeinen Gewissensbestimmung zu kommen, die zugleich die soziokulturelle, historische und psychologische Vielfalt des Gewissensphänomens berücksichtigt.

Ob unser Gewissen eine anthropologische Mitgift für die Ehe mit dem Leben ist oder ob es etwas Gewordenes und uns nur anerzogen ist, bleibt offen. Aber die Frage, wie sich das moralische Urteilsvermögen in einem Menschen zwischen Geburt und Tod bildet, ist und bleibt zentral. Dass die Gewissensinstanz als autonom angesehen werden darf, ist zu bezweifeln. Auf alle Fälle ist die Gewissensentwicklung ein Stufenprozess, der die kindliche Entwicklung maßgeblich mitbestimmt, sich in den weiteren Lebensphasen vor dem Hintergrund konkreter Lebenserfahrungen weiterentwickelt und verändert und uns in der letzten Lebensphase vielleicht vor die Entscheidung stellt, ein unerträgliches Leiden anzunehmen, immer wieder Hilfe zu beanspruchen oder ungeduldig auf diese zu pochen oder uns das Leben nehmen zu wollen und dabei einen Angehörigen um Hilfe bei der geplanten Selbsttötung zu bitten.

Familienpflichten und die geliehenen Kinder

Der Satz »Wo geboren wird, muss auch irgendwann gepflegt werden« beschreibt zunächst nichts weiter als eine Tatsache mit praktischen Folgen. Aber schon die Frage, wer gemeint ist, wann, wie und in welchem Umfang, bringt Unruhe und Gewissensbisse ins Spiel und zeigt, dass nichts so selbstverständlich ist, wie es scheint.

Kleinere Kinder deuten die potenzielle Zuständigkeit anfangs meist nicht als eine interne Instanz und ständige Gewissensanfrage, sondern als etwas, das irgendwann von außen an sie herantritt und Schritt für Schritt als unsichtbarer inaktiver Begleiter fungiert. Erwachsene sagen dem Kind, was geht und was nicht geht, und bilden das Gewissen. Später wird das Gewissen im Zusammenhang mit der Sozialisation und Verinnerlichung von Regeln durchaus als persönliche Regung aufgefasst, die in Verbindung zu einer Umwelt steht, welche Ähnliches vertritt. Moralität und Identität stehen im Dialog und beziehen sich aufeinander.

Die Landschaften von Sorge und Fürsorge, Pflege und Hilfe sind von Hingabe, Pflichterfüllung, Gewissensentscheidungen, Gewissensbissen oder Gewissenskonflikten durchzogen. Jeder Mensch lernt direkt nach der Geburt meistens in einer Familie oder – wie ich – vielleicht auch in einem Kinderheim kennen, worum es bei Sorge und Fürsorge geht und was es heißt, Verantwortung zu übernehmen. Leben folgt auch auf diesem Feld keiner Gebrauchsanweisung, keinem niedergeschriebenen Gesetz, sondern dem Wissen, Gewissen, den Ansichten und Erfahrungen, die von Generation zu Generation weitergegeben, erweitert, verbessert und manchmal auch verschlechtert werden.

Und so fängt es mit der Integration in die familiären und gesellschaftlichen Sorgesysteme und ihren Regeln an. Ärzte, Hebammen, eine Geburtsstation, ein Geburtshaus oder eine Hausgeburt sind in unserer Kultur Teile eines Sorgesystems, das Eltern und Familien dabei unterstützt, bei der Ankunft der neuen Erdenbürger die richtige Pflege und Fürsorge zur Verfügung zu stellen oder sich Hilfe holen zu können. So selbstverständlich Familien mit ihren Beziehungs- und Generationsgeflechten die Geschichte der Menschheit begleiten, so facettenreich und widerspruchsvoll ist das Nachdenken über die Bedeutung der Familie und ihrer normativen Struktur. Durch die Jahrhunderte hindurch bis in die Gegenwart ist die Familie Brennpunkt und Bezugssystem aller Überlegungen für eine Sorgekultur, die entlang der historischen Veränderungen und gesellschaftlichen Herausforderungen um Solidarität, Gerechtigkeit, Verantwortung und Mitgefühl bemüht ist. Weltweit sind die Bibliotheken, Archive und Museen voll mit Familienbiografien, Analysen, Erfahrungsberichten, Bildern und Kunstobjekten und legen vor allem Zeugnis von den wissenschaftlichen und philosophischen Bemühungen ab, Licht ins Dunkel des großen Geheimnisses Familie zu bringen.

So gibt es im Gedankengut der philosophischen Traditionen viele Anknüpfungspunkte für die gegenwärtigen Fragen zur Bedeutung der Familie. Platon (428 v. Chr.) plädierte für die Auflösung jeglicher Familienbande, so wie er gegen das Privateigentum zu Felde zog. Die Kategorien »mein« und »dein« gefährden laut Platon die Einheit des Staates ebenso wie die familiäre Loyalität. Erbstreitigkeiten, Auseinandersetzungen um Unterhaltspflichten und eine gerechte Steuerpolitik für Familien zeigen, wie weitsichtig diese Gedanken waren.

Aristoteles (384 v. Chr.) war familienfreundlicher. Für ihn war

Familie eine elementare Gemeinschaft, deren Kernaufgabe in der Aufzucht der Kinder bestand, und darin war für ihn das Binnenverhältnis von Eltern und Kindern zentral. Familie sah er als eine Art Freundschaft unter Ungleichen, weil die Eltern ihr Kind als quasi wesensmäßige Erweiterung ihrer selbst mehr und zeitlich früher lieben als das Kind die Eltern! Das Problem, inwieweit Liebes- und Familienbeziehungen psychoanalytisch gesehen der gegenseitigen Erweiterung oder Spiegelung dienen und dabei viele Konflikte erzeugen, beschäftigt gegenwärtig die verschiedenen Familientherapien oder die Beratungsarbeit der praktischen Philosophie, die ein Konzept zur Lebenskunst zu entwickeln sucht.

Die Situation pflegender Angehöriger und die seelische Not der familiären Pflegeempfänger, denen sich die folgenden Ausführungen widmen, zeigen, wie schwer es sein kann, in Familien Hingabe, bedingungslose Liebe oder echte Freundschaft zu pflegen, weil es dem Menschen in der Regel schon äußerst schwer fällt, mit sich selbst befreundet zu sein.

Tugend und Laster gehen Hand in Hand. Der Philosoph Martin Seel hat in einer »philosophischen Revue«, wie er sein Buch *111 Tugenden, 111 Laster*[6] nennt, dargelegt, wie sich Tugenden und Laster als menschliche Vorzüge und Nachteile ständig einander annähern und voneinander entfernen. Auch in der Moral kommt es auf die feinen Unterschiede an. Die Landschaften der menschlichen Lebensführung schillern manchmal in ihrer Zweideutigkeit wie die Bilder in den Schneekugeln, die erst nach der Erschütterung wieder klar werden. Ehrgeiz ist eine Tugend und kann zum Laster werden, das krank macht. Nicht einsehen zu können, dass die eigenen Kräfte nicht mehr reichen und man Hilfe braucht, wird für den Ehrgeiz älterer Menschen, die bisher alles allein bewältigten, eine Kränkung. Sparsamkeit war nicht nur eine besondere Tugend unserer Großeltern, sondern wird zum Geiz, wenn im Altenheim für Sonderdienste mal ein Trinkgeld fällig wäre. Auch Geduld ist eine Tugend, die lebenslang geübt werden muss, aber manchmal bedarf es gerade der Ungeduld, die den nötigen Funken der Empörung auslöst, wenn Menschen ihre Geduld in Langeweile überführt haben. Freundlichkeit ist eine besondere Tugend, die im öffentlichen Miteinander, in der familiären Angehörigenarbeit und im Umgang mit hilfsbedürftigen Menschen eine hohe Bedeutung hat. Zu ihrem Wesen gehört, nicht allzu berechnend zu sein und auch dann freundlich zu bleiben, wenn die anderen von liebenswürdiger Hinwendung gar nichts wissen wollen und als Griesgrämige, Mürrische oder Zugeknöpfte durch die Lande ziehen, gute Nachbarschaft schwierig machen oder als Heimbewohner und Angehörige den Pflegekräften das Lächeln austreiben. »Die Freundlichen versuchen nur, sich selbst von der Verdrießlichkeit frei zu halten, die ihnen immer wieder entgegenschlägt. Sie wollen nicht in einer Welt des um sich greifenden Missmuts leben.«[7]

Freundlichkeit hat aber auch eine Kehrseite: Man ist nicht freundlich, sondern tut nur so, weil man sich Menschen aus taktischen Gründen gewogen machen will oder sie zur Berufsroutine gehört. »Sein und Schein der Freundlichkeit hängen überall von den Nuancen ihrer Darbietung ab«, schreibt Seel. Manchmal scheint Freundlichkeit der Deckmantel der Unverbindlichkeit zu sein, oder sie bewegt sich nahe der Heuchelei. Nettigkeit sollte man nicht übertreiben, und auch denen, die man nicht vor den Kopf stoßen will, muss man gelegentlich etwas zumuten dürfen.[8] Wenn alte Eltern sich in der Beratung über die Folgen ihrer Pflegebedürftigkeit dauerhaft und aggressiv jede Einmischung verbieten, ihren Kindern oder professionellen Helfern die Folgen anlasten, dann hilft kein freundliches »keep smiling«, sondern nur entschiedener Einspruch.

Eine Aufgabe der Philosophie war und ist der Versuch, die eingefahrenen Bahnen des Denkens, Fühlens und Handelns der

Menschen zugunsten einer eher vorurteilsfreien und selbstkritischen Betrachtung der Probleme und Sachfragen zu verlassen. Auf spezifische Weise geht es immer auch um Pfade einer Lebenskunst, die es den Menschen ermöglicht, das »Beste« aus ihrem endlichen Dasein zu machen und ein Gespür dafür zu entwickeln, wie das unter den jeweiligen Bedingungen möglich ist. Einige Gedanken zur Frage, welche Bedeutung die Zugehörigkeit zu Gemeinschaften wie der Familie hat, habe ich beispielhaft herausgesucht.

John Locke (1632–1704) sprach in seinen Texten von einer »begrenzten Autorität« der Eltern gegenüber ihren Kindern, denn Kinder dürfen nicht als Eigentum der Eltern betrachtet werden. Eltern haben eher treuhänderische Pflichten gegenüber ihrem Kind, da dieses nicht für sich selbst sorgen kann und den Eltern lediglich in Obhut gegeben werde. Khalil Gibran, der arabische Dichter und Philosoph (1883–1931), stellt die Frage von Locke neu:

> *Eure Kinder sind nicht eure Kinder. Sie sind die Söhne und Töchter der Sehnsucht des Lebens nach sich selber. Sie kommen durch euch, aber nicht von euch. Und obwohl sie mit euch sind, gehören sie euch doch nicht.*[9]

Für Immanuel Kant ist die Kindheit aufgrund der noch unausgebildeten Rationalität nur eine Übergangsphase zum Erwachsensein, die man mit erzieherischen Maßnahmen überbrücken muss. Die Idee vom Nürnberger Trichter, ein Begriff aus dem 17. Jahrhundert, hoffte weniger auf eine erzieherische als vielmehr eine eintrichternde Beeinflussung von Lerninhalten ohne großen Aufwand und hat sozusagen bis heute für viel pädagogische Verwirrung gesorgt. Die Frage der gemeinsamen Erziehungs- und Bildungsverantwortung von Staat und Gesellschaft in Kooperation mit der Familie ist angesichts der Veränderung der Familie, der kulturellen Herausforderungen durch Migration und durch die verschiedenen Bildungskrisen unser tägliches Brot.

Rechte, Selbstverpflichtung und Moral

Familienbeziehungen unterliegen sozialen und kulturellen Normen. Damit stellt sich unmittelbar die Frage, ob und inwieweit die Beziehungen zwischen Eltern, Kindern und Geschwistern auch besonderen moralischen Prinzipien unterliegen. Diese und die andere Frage, ob Familienmitglieder anderen Familienmitgliedern gegenüber besondere Pflichten haben, spielen für die Auseinandersetzung um die Angehörigenpflege eine wichtige Rolle. Fast jeder Mensch hat eine Meinung dazu, und die Argumente für oder gegen eine spezifische, rechtlich relevante Verpflichtung fliegen wie spitze Pfeile durch den Raum. Im öffentlichen Diskurs werden jenseits juristischer Spezialfragen endlich auch die zentralen Grundfragen im Rahmen philosophischer Überlegungen zur Familienethik aufgenommen. Eine jüngst erschienene Anthologie[10] mit dem Titel *Familiäre Pflichten*, die im Rahmen eines Forschungsprojekts zur Thema »Gründe der Parteilichkeit. Zur Ethik der Familienbeziehungen« entstanden ist, führt umfassend in die verschiedenen Typen familiärer Pflichten ein.

So werden darin beispielsweise Filiale, also die Pflichten erwachsener Töchter und Söhne, diskutiert. Was schulden Kinder ihren Eltern? Im Zuge der demografischen Entwicklung und Überalterung der Gesellschaft wird diese Frage immer dringlicher. Die Moralphilosophie konzentriert sich dabei etwa auf die Fragen, ob und welche Pflichten gegenüber älter werdenden Eltern bestehen, welche Grenzen der moralischen Autorität und Verpflichtung es gibt, um welche Art von Pflichten es sich handelt, wenn Kinder den eigenen Eltern im Alter beistehen oder sie versorgen, oder ob

Kinder sich von ihren Eltern scheiden lassen können. Letztere Frage bewirkte 1992 in den USA einen medialen Aufschrei, als ein zwölfjähriger Junge sich einen Anwalt nahm, um die rechtliche Beziehung zu seiner Mutter zu beenden. Er wollte sich sozusagen von seiner Mutter scheiden lassen. Die meisten Medien vertraten zwar die Ansicht, dass Scheidungen nur für Erwachsene gedacht seien, die eine freiwillig eingegangene Beziehung beenden möchten, aber jenseits dieses spezifischen Beispiels bleibt die Frage, ob es Bedingungen gibt, unter denen es moralisch legitim sein könnte, dass sich Kinder offiziell von ihren Eltern trennen dürfen. Die juristische Frage ist dabei, welche eigenen Rechte Kinder haben, die in Notfällen Elternrechte außer Kraft setzen?[11]

Aber die Frage hat noch einen anderen Aspekt. Finanziell unabhängige, erwachsene Kinder könnten sich, im Gegensatz zu den meisten Minderjährigen, erfolgreich von ihren Eltern distanzieren. Was kein Gesetz verbietet, würde allerdings wahrscheinlich großen sozialen Druck erzeugen, weil es als »unmoralisch« gilt, die eigenen Eltern zu »verstoßen«.

Der Hauptgrund für erwachsene Kinder, sich der Sorgepflicht für Eltern zu entziehen oder entziehen zu wollen, sind bestehende gesetzliche Verpflichtungen. Kinder sind verpflichtet, im Rahmen ihrer finanziellen Möglichkeiten für den Unterhalt der Eltern zu sorgen, selbst wenn die Beziehungen zueinander schlecht sind oder der Kontakt seit langer Zeit abgebrochen ist. Aber auch wenn Kinder sich gar nicht entziehen wollen, so beeinflussen und verändern finanzielle Verpflichtungen Familienbeziehungen auf unterschiedliche Weise, wie wir am Beispiel von versäumten Unterhaltszahlungen für Kinder oder an Erbstreitigkeiten sehen können. Sie führen zu Spannungen und Verunsicherungen, schüren Konflikte und Rivalitäten zwischen Geschwistern und zerstören ganze Familien. Alte Eltern schämen sich, wenn Pflegeversicherung und Renten für die Altersversorgung nicht reichen, und versuchen in der Regel mit aller Macht zu verhindern, dass ihre Kinder zu Leistungen herangezogen werden. Sie wollen ihnen nicht »zur Last fallen«. Was zunächst nur wie eine persönliche Haltung von alten Eltern gegenüber ihren erwachsenen Kindern erscheint, hat eine große sozialpsychologische Wirkung auf andere Fragen im Umgang der Generationen miteinander, auf die ich später in den Kapiteln über die Gefühlslandschaften noch näher eingehe. Hilfe zu erbitten und anzunehmen scheint für viele Menschen eine Art persönlicher Kapitulation zu sein, die mit Schuldgefühlen und Scham besetzt ist.

Einige Punkte seien genannt, die herauszufinden, zu akzeptieren und vor allem genau zu differenzieren sind, damit Pflichtgefühl, Pflicht und gesetzliche Vorgaben voneinander zu unterscheiden sind.

Wenn eigenes Einkommen und Versicherungen der Eltern für eine Heimunterbringung nicht ausreichen, zahlt der Sozialhilfeträger, der das Geld später von den Kindern zurückfordert, wenn diese wirklich zum Elternunterhalt gezwungen sind und ihre Einkommensverhältnisse das zulassen. Unterhaltsansprüche eigener Kinder haben Vorrang vor den Unterhaltsansprüchen der eigenen Eltern, über sogenannte Schonvermögen, also solche, die nicht berechnet werden, muss verhandelt werden. Die rechtliche Sachlage ist jedoch nur das eine. Wie diese im Familienzusammenhang praktisch umgesetzt und darüber hinaus in eine umfassendere Sorgekultur, die ethischen Prinzipien einer solidarischen Gesellschaft und die moralischen Überzeugungen der Bevölkerung eingebettet werden kann, ist das andere.

Bisher fokussiert sich die Familienethik wesentlich auf die Eltern-Kind Beziehungen. Großeltern, Geschwister, Tanten und Onkel stehen noch außerhalb der systematischen Betrachtung. Der juristische Blick auf die Familienbeziehungen wird jedoch immer relevanter, zum Beispiel bei der Neuregelung des Eherechts, bei der Frage der Legitimität des familiären Pflichtanteils im Erbrecht oder, wie im »Rabenvater-Urteil« des BGH, bei der Regelung der Pflichten von Kindern gegenüber ihren Eltern: Der BGH verpflichtete einen Mann zur nachträglichen Unterhaltszahlung für seinen verstorbenen Vater, obwohl der Vater den Kontakt zu seinem Sohn längst abgebrochen hatte.[12]

Die Gründe für die Hilfsbedürftigkeit und Verarmung der Eltern sind sehr vielfältig und entziehen sich häufig ihrer Kontrolle. Dies ist zum Beispiel der Fall bei Krankheit, Wirtschaftskrisen, Veränderungen auf dem Arbeitsmarkt oder Verlust der Heimat durch Krieg und Vertreibung. Immer mehr Eltern werden sehr alt und sind in der letzten Lebensphase großen Einschränkungen ihrer Autonomie, Mobilität und Flexibilität unterworfen. Das Ausmaß der benötigten Hilfe wächst. Aber warum sollten sich erwachsene Kinder – jenseits ihrer rechtlichen Verpflichtung und der allgemeinen gesellschaftlichen Pflicht zur Sorge für alte Menschen – auch moralisch verpflichtet fühlen, Eltern und Schwiegereltern zu unterstützen?

Die familienethischen Begründungen folgen unterschiedlichen Modellen. Im *Reziprozitätsmodell* geht es um den Gedanken: Kinder zahlen zurück. Sie haben viel bekommen, nun bekommen die Eltern etwas von den Kindern. Das *Dankbarkeitsmodell* geht vom Schenken aus: Eltern verschenken mit der Geburt das Leben und im Laufe der Jahre vieles mehr! Jetzt schenken die Kinder ihren Eltern etwas. Im *Freundschaftsmodell* geht man davon aus, dass dieses Modell nur dann herangezogen werden kann, wenn tatsächlich eine freundschaftliche Beziehung zu einem anderen Menschen besteht und auch das aktuelle Verhältnis noch wesentlich bestimmt. Natürlich spielen bei vielen Menschen Hingabe und bedingungslose Liebe als Grundform menschlicher Zuwendung eine bedeutende Rolle.

Tabitha Maria Scheuer, einundzwanzig Jahre, pflegt ihre Eltern mit einer außergewöhnlichen Hingabe, die für sie die selbstverständliche Fortführung ihrer Liebe zu ihren Eltern und ihrer Dankbarkeit ist, bis heute die geliebte und umsorgte Tochter dieser Eltern zu sein. Seit sie der Hilfe wegen wieder im Elternhaus wohnt, spielt sich ihr Leben zwischen Universität, Krankenbett und den täglichen Sorgen ab, alles zu meistern, was für eine liebevolle Pflege vor allem des Vaters erforderlich ist. Sie hat gelernt, wie man jemanden im Bett wäscht, sauber macht, wie richtige Lagerung funktioniert. Sie erledigt die Einkäufe und Krankenkassenabrechnungen, die Kontakte zu anderen Familienangehörigen wurden abgebrochen. Die Tochter versucht, die schwierige Situation für die Eltern und sich positiv zu gestalten, und hält die Stimmungsschwankungen aus. Der Vater möchte sterben, das versteht und bekümmert die Tochter zugleich, aber beide freuen sich jeden Tag aufeinander, das tröstet. »Ich bin daran gewachsen, stark geworden. Ich glaube nicht, dass mich in meinem Leben noch irgendetwas schockieren kann«, sagt die junge Frau.[13] Sorge, Fürsorge, Pflege und Hilfe brauchen alle Menschen. Solidarität und Mitgefühl fordern dazu heraus, diese Zuwendung allen Menschen und nicht nur Familienangehörigen angedeihen zu lassen. Aber wie verteilt man Hilfe gerecht? Wie steht es um die hochbetagte unverheiratete Nachbarin oder das alte kinderlose Ehepaar, die Hilfe brauchen?

Die Moralphilosophie argumentiert mit der Bedeutung des Verhältnisses von Familie und Parteilichkeit. Familienmitglieder haben eine »intime Nahbeziehung« und schulden sich gegenseitig mehr als Außenstehenden, so die Argumentation. Die Frage ist jedoch, ob diese Art der Parteilichkeit gegenüber der Gemeinschaft ohne Weiteres vertretbar ist. Und sollte man der Beziehung zwischen Eltern und Kindern eine direkte normative Relevanz einräumen, also eine, der man unbedingt, unabhängig von der realen Beziehung, folgen muss? Damit würden die Beziehungen selbst zum Anlass der Parteilichkeit, könnten eine Rangfolge begründen oder die Parteinahme im besonderen Wert einer Person verorten: Ist mein Vater wertvoller als meine Mutter, sind die eigenen Eltern den Schwiegereltern vorzuziehen, ist das behinderte Kind wichtiger als seine nicht behinderten Geschwister? Diese Fragen beschäftigen Familien in ihrem täglichen Miteinander. Gesunde Geschwister fühlen sich oft benachteiligt, wenn sich die ganze Energie der Eltern auf den behinderten Bruder konzentriert. Erwachsene Kinder spüren durchaus die unterschiedlichen Belastungen, die vergleichsweise mit der Pflege eines alkoholabhängigen Vaters oder einer depressiven Schwiegermutter verbunden sind.

Wenn Sie mich im Folgenden durch Sorge- und Gefühlslandschaften begleiten, die immer wieder neu durch die Hilferufe des Lebens entstehen, wird Ihnen einiges bekannt vorkommen, anderes wird Ihnen unvorstellbar sein. Sie treffen auf Sorgende und Umsorgte, Pflegende und Gepflegte, die zwischen Selbstbestimmung und Angewiesenheit, Pflichten und Pflichtgefühlen, zwischen Hingabe und Verzweiflung ihren Lebensalltag organisieren und zeigen, was es trotz aller Lebenserfahrung, hohem Engagement und professioneller Kompetenz bedeutet, immer wieder neu ein Lehrling im überraschenden Leben zu sein, sich selbst und Menschen in Situationen zu begegnen, deren Herausforderungen bis dahin nicht einzuschätzen waren.

Ich komme noch einmal auf Tabitha M. Scheuer zurück, die durch die Krankheit ihrer Eltern auf ihre Weise ein besonderer Lehrling des Lebens wurde. Mit Sicherheit ist das nicht jedermanns Sache, und jeder von uns müsste selbst entscheiden, wie mit einer ähnlichen Situation angemessen umzugehen sei.

Die Mutter ist an Multipler Sklerose erkrankt, ihr Vater an fortgeschrittenem Prostatakrebs. Die Tochter war acht Jahre alt, als alles begann, und hat kaum eine Erinnerung daran, wie das Familienleben vor der Erkrankung ihrer Eltern aussah. Irgendwann musste der Vater notoperiert werden, aber der Tumor konnte nicht entfernt werden, das Rückenmark wurde geschädigt. Inzwischen ist er querschnittsgelähmt, liegt 24 Stunden zu Hause in seinem Pflegebett, überall in seinem Körper haben sich Tumore breitgemacht, und furchtbare Schmerzen finden trotz der Lähmung immer noch ihre Leitbahnen. Nach der OP sagte der Arzt zur Tochter: »Sie nehmen Ihren Vater sicher nicht mit nach Hause. Entweder er stirbt hier oder er kommt ins Hospiz.« Für die Tochter ist die Entscheidung klar: »Ich könnte meinen Vater nie weggeben! Für alles, was er für mich getan hat, bin ich ihm unendlich dankbar. Meine Eltern sind mein Ein und Alles. Ich will, dass sie so würdevoll wie möglich leben können.«[14]

Viele, die von Tabithas Geschichte hören, würden vielleicht sagen, dass dies kein Leben sei, weil es für einen anderen Menschen unvorstellbar ist, aber es ist ganz offensichtlich ein Leben: das Leben, das Tabitha aus welchen Gründen auch immer gewählt hat.

Erste Gefühlslandschaft: Mitfühlen und Abhängigkeit erleben

Vom Glück, gebraucht zu werden

Ich lebe allein in einem schönen Haus in Bremen. Wenn ich vom Schreibtisch aufstehe und in die Küche gehe, begegnet mir in der Regel meine Katze Sternchen. Von irgendwo kommt sie herbeigerannt, baut sich an der Tür zum Keller auf, schaut mich durchdringend aus ihren grünen Augen an und gibt in unterschiedlichen Tonlagen bekannt: »Ich brauche dich. Unten im Keller steht mein Fressnapf, und ohne dich komme ich da nicht hin.« Unmissverständlich macht sie mir klar, dass ich im Augenblick die Einzige im Haus bin, die zwei gesunde Hände hat, und dass diese beiden Hände im Prinzip vor allem dazu da sind, eine kleine Dose zu öffnen. Am liebsten Ente oder Truthahn, Thunfisch oder Forelle nicht so gern. Sternchen macht mich glücklich und ich sie offensichtlich auch. Wir gehören zusammen, brauchen einander.

»Wenn man glücklich ist, spürt man sich selber nicht«, schreibt Fulbert Steffensky in seinem wunderschönen kleinen Buch *Schwarzbrot-Spiritualität.* Vielleicht erinnern wir uns an die Momente der Selbstvergessenheit, wenn wir als Kinder »Vater-Mutter-Kind« spielten und ganz in die Rollen abtauchten, die wir übernommen hatten. Oder an die Lektüre eines Buches, das uns in seinen Bann zog. Nie werde ich das Bild jener alten Frau vergessen, die irgendwo in Burma vor langer Zeit hingebungsvoll und ihrer Aufgabe ergeben begonnen hatte, ein Seidentuch aus Lotosfäden – eine Art heiliges Garn – für den Dorftempel zu weben. Dieser beglückenden Selbstvergessenheit steht das Unglück gegenüber, sich selbst immerzu mit neuen Gedanken und Plänen zu beunruhigen, lästiger Gast und nur bei sich selbst zu Hause sein zu können. Die Weberin wurde gebraucht und war deshalb glücklich und zufrieden. Wer jedoch nicht mehr gebraucht, nicht mehr gesehen, nicht mehr gehört, nicht mehr beteiligt wird, gewollt oder ungewollt nur noch in der eigenen Person anwesend ist, der ist nicht glücklich, sondern einsam. Menschen, ob jung oder alt, die aus welchen Gründen auch immer kein anderes Thema als die eigene Person mehr haben, werden oft egoistisch, isolieren sich und werden isoliert. »Man kann nicht mehr wachsen, wenn man nicht gebraucht wird, man schrumpft auf sich selbst zurück. Man leuchtet sich selber nur ein, wenn man liebt, wenn man für etwas kämpft oder leidet oder an etwas arbeitet«, schreibt Steffensky.[15]

Vor Kurzem kam nach einem Vortrag ein Ehepaar auf mich zu, um mir zu sagen, wie gut ihnen Vortrag und Diskussion gefallen hätten. Ich bekomme viel Lob und persönliche Anerkennung für meine Arbeit. Das freut mich jedes Mal ungemein und lohnt die große Anstrengung, die zunehmend damit verbunden ist, wenn ich auf Reisen gehe. Aber dann fügte der Ehemann einen Satz hinzu, der über das Lob weit hinausging: »Wir brauchen Sie, Frau Keil. Wenn meine Frau und ich Sie zweimal im Jahr hören, ist alles wieder im Lot, dann brauchen wir keine Therapie, um mit unseren Problemen des Älterwerdens fertigzuwerden.« Ich konnte die Wärme spüren, die dieser Satz in meinem Herzen auslöste: Ich werde gebraucht, und jemand wagt es, das auszusprechen!

Aber der Satz zündete auch in eine andere Richtung. »Ich brauche dich« ist eine der schönsten Liebeserklärungen, die man machen kann, schreibt Steffensky. »Jemanden brauchen und sich brauchen lassen ist Lebensreichtum. Niemanden brauchen und sich nicht brauchen lassen ist Lebensgeiz.«[16] Wer sagen kann: »Ich brauche dich!«, der bekundet Vertrauen und ist bereit, seine gespielte oder vermutete Unabhängigkeit aufzugeben und in die Arme eines anderen Menschen zu flüchten. Vielleicht auch in die Natur oder – wie ich manchmal – zu meiner Katze Sternchen mit ihrem warmen, weichen Fell und ihren begehrlichen Augen. Wie Wasser und Brot brauchen wir ein Gegenüber, eine Welt, die nicht nur bekundet, was sie von uns braucht, sondern die uns hegt und pflegt, wenn es nötig wird. Wir brauchen den Menschen als den Angehörigen, der sich hingeben kann, und müssen ihm erlauben und zugestehen, dass er auch verzweifeln darf, wenn er der Bitte »Ich brauche dich!« nicht folgen kann. Wer sich zu- und hinwenden kann, wer seine Kraft, seine Ideen, seine Lebenslust zum Ausdruck bringen kann, der ist ein »schöner« Mensch. Aber auch der Bedürftige kann uns in seiner Schönheit anrühren, weil er verlegen, traurig oder beschämt seine Bedürftigkeit und Hilflosigkeit bejahen und bitten kann: »Hilf mir, ich brauche dich!«

Vom Dilemma, keine Wahl zu haben

Auch ohne dass wir selbst schon der Pflege bedürfen oder zu pflegenden Angehörigen geworden sind, bewegen uns viele grundsätzliche und irgendwann sehr konkrete Fragen, die mit der Krisenexistenz des Menschen und bei der Suche nach Antworten mit tiefen Gefühlen verbunden sind.

Pflichten und Pflichtgefühle unterscheiden lernen, sich für die Übernahme einer Verantwortung entscheiden, miteinander in Sorge und Achtsamkeit leben lernen, Eltern- und Kinderrollen und später ihren Wechsel einüben, Gefühle wie Liebe, Ärger, Eifersucht und Wut akzeptieren und angemessen mit ihnen umgehen – das alles ist nicht leicht. »Jeder kann wütend werden, das ist einfach«, wusste schon Aristoteles.[17] Aber dann wird es schwer, sagt er: »Wütend auf den Richtigen zu sein, im richten Maß zur richtigen Zeit, zum richtigen Zweck und auf die richtige Art.«

Mit der Wut, dem Zorn, der Enttäuschung und mit dem Gefühl der Hilflosigkeit umgehen zu lernen, die in einem Menschen um sich greifen, wenn er erlebt, dass das Leben vorübergehend, langfristig oder endgültig an Selbstständigkeit und Selbstbestimmung nagt, ist schwer. Selbstständigkeit und Selbstbestimmung – dieses höchst subjektive Konzept ist das, was ein Mensch im Laufe seines bisherigen Lebens für sich als ihm angemessen und seiner würdig, als selbstverständlich, notwendig, machbar und vor allem als Maßstab seiner Freiheit und Menschenwürde definiert hat. Ob das andere Menschen auch so sehen, ist zunächst nicht so wichtig.

Wird dieses Gefühl von Selbstständigkeit, Autonomie und Selbstbestimmung – aus welchen Gründen auch immer – infrage gestellt, angegriffen oder auch nur scheinbar gefährdet, geht es für die meisten Menschen ums Ganze, nämlich um sie selbst. Selbstkonzepte dieser Art sind die Grundlagen für den Versuch, zwischen Geburt und Tod Schritt für Schritt das eigene Leben zu gestalten, seiner selbst mächtig zu werden und, komme, was da wolle, die einmal gewonnene Selbstständigkeit nicht mehr aus der Hand zu geben. Die Furcht vor Abhängigkeit beherrscht das Leben vieler Menschen. Schon jedes Kind ist froh und stolz, wenn es den Status der Abhängigkeit von den Eltern hinter sich hat, wenngleich genau dieser Status das Heranwachsen auf dem Weg in die Selbstständigkeit garantiert und die Risiken gemindert hat, die mit dem Erwachsenwerden und der Verantwortung für sich selbst verbunden sind. Stärkende Eltern und starke Kinder, die sich gesehen und beschützt fühlen, gehören untrennbar zusammen.

In guten wie in schlechten Zeiten zusammenhalten, einander lieben, unterstützen und sich in Krisen hilfreich zur Seite stehen – das ist auch die Losung für Liebe und Partnerschaft. Die partnerschaftliche Beziehung, die wir in jungen Jahren eingehen, baut auf Energie, die Kraft der Liebe und das Gefühl, dass alles gemeinsam zu schaffen ist, was das Leben als Herausforderung bereithält. Meistens macht das Leben mit und unterstützt dieses Lebensgefühl. Was aber, wenn Zweifel in diese Gewissheit einbrechen? Wenn aus einer starken Schulter plötzlich eine gebrechliche wird? Wenn Krankheit, Verluste an Ressourcen, Alter, Hilflosigkeit zunehmen und es nicht mehr nur darum geht, für einige Tage fürsorglicher zu sein, eine Suppe zu kochen, die Wärmflasche zu füllen, Fieber zu messen, die nötigen Besorgungen zu machen oder kurzfristig die getrennten Sparkonten auszugleichen? Was, wenn es über das Selbstverständliche, das Vorstellbare, das Machbare hinausgeht? Was, wenn der Krankheitszeitraum und die damit einhergehenden Veränderungen des bisherigen Alltags die Kräfte und den freien Willen übersteigen? Was, wenn die Elternschaft für ein behindertes Kind oder die Sorge um die frühzeitig an Demenz erkrankten Eltern sich über Jahre oder sogar bis ans Ende des Lebens hinziehen? Wenn schlechte Zeiten eine Beziehung so verändern, dass sie nicht mehr trägt? Was passiert dann mit der Liebe zu Partnern, Kindern und Eltern? Muss ich mein Leben opfern, nur weil ich mich einst verliebt und mich auf einen anderen Menschen eingelassen habe? Wie mutig muss man sein, um zu bleiben oder zu gehen? Kann man wollen, dass sich ein geliebter Mensch für einen aufreibt?

Die Vorstellung von einem eigenen autonomen Leben, seiner Entwicklung und Erhaltung und die Entwicklung eines Selbstkonzepts, das dieser Vorstellung entspricht und dienlich ist, entstehen von Kindesbeinen an. Bis ins hohe Alter mischen sich die eigenen Lebenserfahrungen mit den Erfahrungen anderer Menschen und dem Zusammenleben mit ihnen. Wesentlich ist dabei der Einfluss gesellschaftlicher Erwartungen und Herausforderungen, denen sich der Mensch auf seinem Weg durchs Leben gegenübersieht.

Wer seine Selbstständigkeit und Unabhängigkeit zum Beispiel durch den Verlust seines Arbeitsplatzes, eine plötzlich auftretende Krankheit oder das ungewollte Ende einer Partnerschaft gefährdet sieht, kann aus unterschiedlichen Gründen wütend werden. Aber wie Aristoteles richtig fragt: Auf wen soll oder kann man wütend sein, was ist das richtige Maß, was soll mit der Wut erreicht werden? Wer ist dafür verantwortlich, dass wir auf unsere spezifische biografische, also sehr persönliche Art und Weise alt, gebrechlich, krank oder pflegebedürftig werden?

Oft sind die betroffenen Menschen dann auf die Menschen wütend, die ihnen helfen wollen. Sie können oder müssen mit der eigenen Beeinträchtigung und Hilflosigkeit fertigwerden und werfen den anderen vor, an der Entstehung der Situation schuld zu sein. Hätten Tochter oder Sohn das Unglück kommen sehen, wären sie ins Elternhaus zurückgekehrt, wären sie nicht berufstätig, hätten sie die Enkelkinder besser im Griff, sähe alles viel besser aus. So einfach kann es sein, den Schuldigen für die eigenen Probleme herauszufinden.

»Sorgen ist mein Leben«

Frau H. (Jahrgang 1933) ist vierundachtzig Jahre alt. Ich bin mit ihr im Zusammenhang mit den Recherchen für dieses Buch zu einem Gespräch verabredet. Eine kleine, zierliche Frau, lebendig, neugierig und herzlich, öffnet die Haustür schon, bevor ich geklingelt habe, und bittet mich herein. Auf dem Wohnzimmertisch stehen Kaffeetassen mit Goldrand, das Sonntagsgeschirr aus alter Zeit, die gute Keksmischung auf einem Kristallglasteller, es riecht nach Kaffee. Frau H. wohnt in einem Bremer Arbeiterstadtteil in einer ehemaligen »Eisenbahnersiedlung«. Haus an Haus, Vorgarten und hinten kleine Nutzgärten, Gespräche über den Zaun. Man kennt sich und achtet aufeinander. Seit dem Tod der Eltern und später ihres Mannes lebt die Witwe allein in dieser freundlichen Nachbarschaft in einem der kleinen Einfamilienhäuser. Es ist ihr Elternhaus, sie ist ein Einzelkind. Als sie heiratete, zog ihr Ehemann zu ihr. Er war seelisch und körperlich angeschlagen aus dem Krieg gekommen, und eine eigene Wohnung war finanziell nicht drin. Die Mutter »hätte die Tochter ohnehin nie gehen lassen«, sagt Frau H., sie hatte die Tochter voll für ihre eigene Versorgung in Beschlag genommen. Uwe, der geistig behinderte Sohn von Frau H., 1966 geboren, wächst hier ebenfalls als Einzelkind auf, zusammen mit Eltern und Großeltern. Als er acht Jahre alt wird und seine Verhaltensauffälligkeiten sich zunehmend verschlimmern, muss er in eine Behinderteneinrichtung. Frau H. ist zu dieser Zeit total überfordert, am Ende ihrer Kräfte und muss akzeptieren, dass ihr Sohn dringend mehr professionelle Betreuung braucht. Sie kann – bei aller Liebe zu ihm und der Bereitschaft, für ihn zu sorgen – allein nicht mehr schaffen, was sie so gerne leisten würde.

Das Haus atmet Gemütlichkeit, Lebens- und Alltagsgeschichte und die spezifische Ordnung, in der alles seinen Platz hat. In der kleinen Küche im Erdgeschoss mit Ausgang zum Garten verbirgt sich hinter einem Vorhang noch die alte Badewanne. Damals ein Luxus, den die Familie sich leistete, denn da konnte man den temperamentvollen Uwe, der auf allen vieren durch den Garten robbte, gleich abschrubben, sagt Frau H., und damit den Ärger mit ihrer eigenen Mutter, die sich um die Sauberkeit des Hauses sorgte, etwas abpuffern.

Vom Wohnzimmer nebenan schaut man in den lang gezogenen, durch die Küche erreichbaren großen Garten, in dem Frau H. bis heute wie nach dem Krieg und mit großer Freude Gemüse und Kartoffeln anbaut, Himbeeren erntet und ihre Blumen genießt.

Uwes Schaukel aus Kindertagen ist immer noch da, und der mittlerweile Fünfzigjährige freut sich jedes Wochenende, wenn er seine Mutter besucht, auf die – inzwischen stabilisierte – Schaukel. Die selbstständige Sorge für Haus und Garten gehört zum Leben von Frau H., und nichts ist ihr wichtiger als das Glücksgefühl, dass sie zusammen mit Uwe ein Zuhause hat, in das der Sohn jedes Wochenende zufrieden und erwartungsvoll zurückkehren kann. Der Ort gibt Auskunft darüber, auf welche Weise sie Angehörige sind, und lässt die Zugehörigkeit spüren. Der geistig behinderte Uwe spricht nicht, aber wenn er im Garten schaukelt, weiß die Mutter ganz genau, wie es ihm geht.

»Sorgen ist mein Leben«, sagt Frau H. Das war zunächst nicht freiwillig, aber sie hat das Sorgen gelernt! Schon als Kind, aber vor allem als junges Mädchen wurde sie rund um die Uhr gezwungen, für ihre Mutter zu sorgen. Solange die Eltern lebten, war sie die »Hausangestellte« und zuständig für die »Beglückung« und »Bespaßung« einer Mutter, die sich vom Leben benachteiligt fühlte, und eines Vaters, der als Bankangestellter bei den Kollegen als »Herr Sonnenschein« galt, aber den Druck vonseiten der nörgelnden Schwiegermutter zu Hause kaum aushalten konnte. Später nahm er sich in dem kleinen Haus das Leben.

Immer, wenn Frau H. zum Geburtstag einer Schulfreundin eingeladen war, gab ihre Mutter ihr als »Arbeitsauftrag« einen Korb mit Stopfsachen mit. Als junge Frau durfte Frau H. weder tanzen gehen noch Kontakte knüpfen, sie kochte, putzte und schmierte zum Abendessen die Brote für die Eltern. Der Vater nahm sie von der Schule, damit sie sich ganz der Versorgungsarbeit zu Hause widmen konnte. Dennoch fand sie irgendwann eine Büroarbeit in einer Fabrik, war fleißig und zuverlässig, und als sie später als Angestellte in der Bank anfing, in der auch ihr Vater gearbeitet hatte, wurde sie schnell zu einer beliebten Kollegin, die viel Anerkennung für ihre Zuverlässigkeit und Sorgfalt bekam.

Sie heiratete zum Ärger ihrer Eltern einen »einfachen« Mann, einen Arbeiter im »Blaumann«, der mehr oder weniger gebrochen nach dem Krieg aus Sibirien zurückgekommen war. Frau H. übernahm auch hier die einfühlsame »Nachsorge« und war dankbar für eine verständnisvolle Ehe, die ihr das Leben im Elternhaus trotz aller Beengung erleichterte. Den Tod ihrer Mutter empfand Frau H. Jahre nach der Selbsttötung ihres Vaters als große Erleichterung.

Inzwischen hat sie das Leben als Angehörige, die sich immer wieder neu zu Hilfe und Sorge aufgerufen fühlt, in einer neuen Weise erfahren. 1966 erfüllt sich ihr Kinderwunsch. Nach normaler Schwangerschaft, aber schwieriger Geburt kommt der Sohn Uwe zur Welt. Es dauert mehr als ein Jahr, bevor die geistige Behinderung erkannt wird. Bis dahin sind die Eltern mit dem ständigen Schreien des Kindes, später mit Krämpfen und Anfällen konfrontiert, professionelle Hilfe bekommen sie erst nach und nach. Als Uwe vier Jahre alt ist, kommt er in einen Sonderkindergarten, aber die Medikamente machen das Kind immer aggressiver. Von morgens bis abends ist der Junge in Bewegung, wirft die Fensterscheiben ein, schaukelt an der Lampe im Wohnzimmer. Das Zusammenleben zu Hause wird zur Strapaze, Frau H. steht vor einem totalen Zusammenbruch. Es gelingt den professionellen Helfern schließlich, eine Einrichtung für Uwe zu finden und die Mutter davon zu überzeugen, dass die Heimunterbringung für ihren Sohn und für sie der richtige Weg ist.

Uwe erlebt diesen Übergang als schwere Traumatisierung. Monatelang darf er in der Eingewöhnungsphase ins Heim die Eltern nicht sehen. Danach sind sie für ihn wie verschwunden. Als er sie das erste Mal wiedersieht, lehnt er seine Mutter ab und braucht Jahre, um sich ihr erneut anzunähern. Uwes Vater stirbt 1999 an einem Herzinfarkt. Es gelingt Frau H., diesen Verlust auch für Uwe so erträglich wie möglich zu gestalten. Er verabschiedet sich von dem aufgebahrten Vater, ist bei der Beerdigung nicht dabei, aber jahrelang will er an jedem Wochenende ans Grab.

Uwe ist nicht nur Sorge. Er gehört zum Leben von Frau H., ist ihr Glück und auch ein Schatten. »Umgang mit Behinderung muss man üben«, sagt sie. »Mein Mann und ich hätten auch gern ein hübsches, gesundes Kind gehabt, mit dem man ›angeben‹ kann – so wie die Nachbarn und Freunde.« Seit 1992, also seit über fünfundzwanzig Jahren, fährt die inzwischen Vierundachtzigjährige jeden Samstag mit ihrem Auto in das vierzig Kilometer entfernte Heim und holt »ihren Jungen nach Hause«. Uwe fährt von einem Zuhause in das andere – das muss man erst einmal üben. Beide »Angehörige« warten aufeinander. Uwe liebt die Autofahrten mit seiner Mutter, möglichst nicht Autobahn, sondern auf Umwegen zurück nach Bremen und sonntags wieder zurück »zur Arbeit« ins Heim. Besuche bei einem Landschlachter und Einkauf auf dem Bauernhof gehören zum Ritual. Zu Hause grüßen die Nachbarn über den Zaun, alte Freunde der Eltern kommen wie üblich mal vorbei.

Uwe genießt am Wochenende ganz besonders seine Musik. Mit dem Knopf im Ohr lernt er aus seinen Schlagern, Popsongs, Operetten auf seine Weise, was Leben bedeutet. Besonders gerne und viel hört er Liebeslieder. Als seine Mutter ihn eines Tages fragt , ob er denn wisse, was Liebe sei, kann er auch ohne Worte durch seine Mimik deutlich machen, dass er das Gefühl des Dahinschmelzens sehr wohl kennt. Als Frau H. und ihre Freundin, die gerade ihren Ehemann verloren hat, am Silvesterabend beieinanderstehen und darüber sprechen, was es heißt, nun alleine weiterzuleben, stellt sich Uwe plötzlich zwischen die beiden und legt seine Arme um die Schultern der beiden Frauen. Ohne Worte bringt er damit zum Ausdruck, dass er ja auch noch da ist: ein Angehöriger, und dazu noch ein Mann!

Frau H. hat ihr ganzes Leben zwischen Hingabe und Liebe, Pflicht und Pflichtgefühl und manchmal auch zwischen Verzweiflung und Ohnmacht gelebt. Eltern, Ehemann, der behinderte Sohn, aber auch die Pflege des Hauses, gute Arbeit, die Pflege von Nachbarschaft gehörten zu den Aufgaben und Herausforderungen, die ihr das Leben zu Füßen gelegt hatte. »Sorgen ist mein Leben«, sagt sie und ergänzt stolz: »Ich bin eine Frau, die immer gerne für andere gesorgt hat.« Man spürt im Gespräch stets die Mühe, die Not und manchmal auch die Zweifel, die es zu bewältigen gilt, wenn man das eigene Leben bilanziert. Das von ihrer Mutter geforderte Pflichtgefühl hat sie wie ein »Ersticken« empfunden. Aber Frau H. ist von dem Gewinn überzeugt, den das Sorgen ihrem Leben gebracht hat: Zufriedenheit und vor allem das Glück darüber, gebraucht zu werden. »Der Lohn ist Dankbarkeit«, sagt sie. »Freude, dass das, was ich tue, für andere Menschen gut ist, dass es Sinn macht. Es tut mir bis heute gut, dass ich helfen kann! Es ist so etwas wie Treue gegenüber dem Leben, ein Gefühl von Freiheit, wenn man es von selbst tun will, aber eben auch tut.«

Zu Hause ist auch woanders

Um Erkrankte und Angehörige zu begleiten, haben zwei Frauen in Lübeck eine Demenzgruppe gegründet. Im Café Essig, einem Kulturzentrum, können sich Menschen mit und ohne Demenz treffen, locker miteinander über ihre Probleme und Lebenssituation reden, Erfahrungen austauschen und auch direkt mit den Mitarbeitern ins Gespräch kommen.

Astrid Wörn, eine Mitarbeiterin, berichtet, wie ein solches Gespräch mit einem Besucher des Cafés verlaufen kann:

> *Paul möchte mir etwas erzählen. Er sitzt vor mir im Gartenstuhl, seine Hände ruhen in seinem Schoß. Seine schelmisch blickenden Augen fixieren mich. Dann beginnen seine Lippen zu zittern, und er versucht zu sprechen. Mühevoll und ange-*

strengt. Silben kommen aus seinem Mund, manchmal auch ganze Wörter, durcheinandergewürfelt und schnell. Ich höre Paul zu. Eine gefühlte Ewigkeit. Höre seine Laute. Verstehe nichts. Plötzlich hält er inne, schlägt sich mit der flachen Hand auf die Stirn und sagt vollkommen klar: »Hach, manchmal weiß ich nicht, was in meinem Kopf los ist!« Liebevoll legt Astrid Wörn ihre Hand auf Pauls Schulter: »Man kann dich im Moment nicht verstehen, Paul. Ganz ruhig, wir haben ja Zeit.«

Paul hat Demenz. Seit drei Jahren. Bei ihm kam sie über Nacht. Von einem Tag auf den anderen verstand der damals Neunundsiebzigjährige die Welt nicht mehr. »Paul kam zu uns aus einer isolierten und vereinsamten Situation«, erzählt Astrid Wörn später. »Er sprach nicht, hat oft bitterlich geweint. Und dann fing er irgendwann an zu reden, so überschnell – wie auf der Flucht. Da haben wir ihn gelassen, und als er mehr Vertrauen zu uns hatte, haben wir auch mal zu ihm gesagt: ›Paul, jetzt Luft holen, wir verstehen dich im Moment nicht.‹ Er hat es dann nicht mehr als Abwehr empfunden.«

Rituale, Rhythmus, Ruhe und Respekt sind die vier Bausteine, mit denen man Demenzkranke gut begleitet. Keine Fragen, keine Leistung – das erhöht den Stress. Es sind die Sinneseindrücke, durch die die Menschen lebendig bleiben. Singen, malen. Vieles ist nicht weg, sondern verschüttet. Gefühle bringen manches an die Oberfläche zurück. Wird der Partner dement, muss man von vielen Dingen Abschied nehmen, die man vorher gemeinsam gemacht hat – reisen, ausgehen, sich unterhalten. Man kann als Angehöriger kaum darüber sprechen, denn die Freunde und Bekannten wissen nicht, wovon man eigentlich spricht. Es ist nicht in ihrem Wahrnehmungsfeld. Und am schlimmsten ist, dass sich die Betroffenen in sich selbst zurückziehen.

Petra, eine pflegende Ehefrau sagt: »Ich habe einen Mann geheiratet, da konnte ich mich anlehnen. Und auf einmal habe ich Verantwortung für alles. Ich habe jetzt jemanden, der ist mir anvertraut. Das haben wir uns ja auch versprochen; in guten wie in schlechten Zeiten.«[18]

Mit einem Hilferuf geht es los

Beglückt, unwissend, voller Erwartung, mit großer Leidenschaft und zu allem entschlossen kämpft sich der kleine Mensch ans Licht der Welt. Im Geburtsschrei aber melden sich bereits die Angst vor der Gefährdung des Lebens und die Ahnung, dass die freudige Ankunft von großen Mühen und harter Lebensarbeit umstellt sein wird und dem Zauber des Anfangs das sichere Ende schon innewohnt.

Anfang und Ende gehen stets ineinander über, warten aufeinander und kämpfen miteinander um Raum und Zeit! Leben ist die endlose Spannungsbeziehung zwischen den Polen Geburt und Tod, ist auf Ungewissheit, Wandel und Offenheit angelegt und entzieht sich in allen wesentlichen Herausforderungen der Vorhersagbarkeit und sichernden Planung. Bevor wir das Sterben lernen, müssen wir leben lernen, lebenslang und auch den letzten Atemzug. Leben, aber auch das Sterben fordern uns heraus, über das hinaus, was wir schon sind, die zu werden, die wir sein wollen, können oder müssen. Manch ungeduldiger Mensch musste durch Krankheit und im Alter lernen, Geduld mit sich und anderen zu haben. Im Altenheim lernen einsame Einzelkämpfer manchmal, dass sie durchaus gesellig sein können und das auch wollen. Ein spezifisches persönliches Einlassen und Loslassen ist verlangt, und die geforderte Verantwortung für ein selbstbestimmtes Leben nährt sich aus den Antworten, die wir auf die konkreten Herausforderungen unseres Lebens finden.

Wir können die konkrete Verantwortung für unser Leben und die Art und Weise unseres Sterbens auf niemanden übertragen oder abschieben. Die Flucht ins Allgemeine oder Sätze wie »Jeder muss sterben« oder »Da muss man durch« verbieten sich, wenn das eigene Geborenwerden, das eigene Älterwerden sowie das eigene Sterben uns real zum Mitdenken oder Handeln herausfordern. Abrupt und unvorbereitet trifft uns nicht nur die Diagnose einer Krankheit. Die meisten existenziellen Krisen kommen – ähnlich dem Tod – nicht dann, wenn es uns passt, sondern wann und wie sie wollen. Ab und zu reiten Boten voraus.

Auch das Leben trifft uns ungefragt und legt einfach los, nur weil sich eine Frau und ein Mann, eine Eizelle und ein kleiner Samenfaden getroffen haben. Aber danach machen wir mit, nehmen das Geschenk des nackten wie begrenzten Lebens an, entwickeln uns, indem wir Tag für Tag unter guten wie schlechten, leichten wie schwierigen Umständen bis in die Stunde des Todes zu gestalten versuchen, was mit uns gemeint sein könnte und unserem Leben Sinn gibt. Und auch das Sinnlose müssen wir akzeptieren. Unser Leben ist in Erwartung seines sicheren Endes darauf angewiesen, dass wir leben wollen, ohne Bedingungen stellen und Verhandlungen führen zu können. Es braucht unsere tägliche Fantasie, Vorstellungskraft und unseren Willen zu leben, trotz vieler Gefährdungen nützliche Entscheidungen zu treffen, und vor allem einigermaßen entschlossen bis zum Ende durchzuhalten, um uns dann mehr oder weniger abrupt am Ende zu verabschieden. Jeder Todesfall bedeutet, dass ein einzigartiger Mensch langsam oder plötzlich, liebevoll begleitet oder allein stirbt und im physischen Abschied vom Leben auch Abschied von den seelischen und geistigen Antworten nimmt, die er auf seine Lebensfragen gefunden hat. Er nimmt Abschied von den offen gebliebenen Fragen, von den Kränkungen und Enttäuschungen, von Menschen, die sich entfernt haben, von Versäumnissen, die ihn möglicherweise bis in die letzten Stunden umtreiben und ihm keine Ruhe zum Kranksein oder Sterben geben. Die Geburt eines Menschen ist das Erwachen der Fragen mitten im Leben. Der Tod ist das Ende der Fragen mitten in diesem gelebten Leben. Bis dahin gilt der Rat Albert Einsteins: »Lerne vom Gestern, lebe heute, hoffe auf morgen. Das Wichtigste aber ist: Höre nie auf zu fragen!«

»Alle 11 Minuten verliebt sich ein Single über Parship« – diese Werbung einer Partnervermittlung wurde zur »Un-statistik des Jahres 2016« gekürt.[19] Jede Minute werden weltweit etwa hundertfünfzig kleine Menschen in die Ungewissheit des Lebens geboren. Das ist statistisch erwiesener, ohne dass irgendein Mensch vorher weiß, ob seine Existenz gesichert ist oder nicht. Nimmt man den Hunger hinzu, dann sterben Menschen weltweit im Sekundentakt, manche so früh, dass sie sich nie verlieben werden oder von ihren Angehörigen oder Pflegekräften gepflegt werden konnten. Wer sich um die Geborenen, die Gebrechlichen, die Sterbenden kümmern und sorgen wird, ist generell offen. Um das konkrete Leben muss unter den jeweiligen historischen Lebens- und Arbeitsbedingungen verhandelt und gekämpft werden.

Ob wir von diesem Augenblick an in Sekunden, Minuten, Stunden, Tagen, Monaten, in Jahren oder Jahrzehnten rechnen: Lebenslang ist jeder immer wieder neu und immer wieder anders auf das Interesse, Mitgefühl, die Unterstützung und die Sorge anderer angewiesen, um ein selbstbestimmter Mensch im aufrechten Gang zu werden. Nichts fürchtet er mehr, als hilflos oder allein gelassen zu werden, wenn er sich selbst nicht mehr helfen kann. Seit Menschen diesen Planeten bevölkern und ihr Dasein organisieren müssen, überlegen und streiten sie über die Formen des Zusammenlebens in Familien, Gruppen, Völkern oder Staaten, die das Überleben sowohl des Einzelnen als auch einer Gemeinschaft im Kontext gegenseitiger Abhängigkeit garantieren sollen – und, wie an vielen Beispielen zu sehen ist, es nicht oder nur ungenügend tun.

Angehörig werden und dazugehören

Der Mensch ist in dem Moment Angehöriger, in dem er geboren wird. Er ist automatisch der Dritte im Bunde, denn zwei sind auf jeden Fall schon da: Eine Mutter und ein Vater, eine Frau und ein Mann legen Zeugnis davon ab, dass sie einander angehören und zugehören. Der neugeborene Mensch hat neun Monate Intensivpflege hinter sich und auf diese Weise auch Erfahrung damit, was man zur Lebensentwicklung braucht, wenn man sich nicht selbst helfen kann: ein Dach über dem Kopf, etwas zu essen und zu trinken, Schutz und ein Gefühl der Sicherheit.

Beweise für den Tatbestand der physischen Zuständigkeit von Eltern für ein Kind können genetisch durch Testverfahren vorgelegt werden. In der Regel erfolgt eine staatliche Anerkennung mittels Geburtsurkunde, in der Name, Geburtsdatum der Eltern, Wohnort und Familienstand festgehalten sind. Der neue Angehörige wird dem schon vorhandenen Bündnis für den Rest seines Lebens zugeordnet, mit Rasselbanden von Geschwistern, schwarzen und weißen Schafen in der Familie, liebenden und gemeingefährlichen Verwandten muss er ebenfalls rechnen.

Wie schon bei seiner Zeugung, so hat der neue Angehörige auch bei der Namensgebung nichts zu melden. Die Eltern bestimmen. Der Nachname, Familienname genannt, steht für den Clan der Angehörigen und steht bereits fest. Erst später stellt sich heraus, wer noch dazugehört, wer zu den nächsten, zum Beispiel erbrelevanten Verwandten und wer zu den ferneren Verwandten gehört, welche familiären Betriebsgeheimnisse es gibt, wer sich um den Zusammenhalt der Angehörigen sorgt und wer, falls »Pflichten« drohen, bereits die Flucht ergriffen hat. Der Vorname des Neuzugangs soll eine Art Alleinstellungsmerkmal sein, wird aber heute eher den Vornamen-Bestsellerlisten angepasst. Seltener gibt es noch einen zusätzlichen Vornamen, der im Rahmen der Familientradition die Erinnerung an geliebte Großeltern, Paten oder Firmengründer aufrechterhalten soll. Der Stempel auf einer Urkunde besiegelt den Anfang eines unbekannten Schicksals: Angehöriger zu sein. Ein Testament, kleine und große Vermächtnisse, eine Patientenverfügung und letztlich eine Sterbeurkunde legen am Ende Zeugnis darüber ab, was daraus geworden ist und was es für einen Menschen biografisch bedeutet hat, Angehöriger gewesen zu sein und Angehörige gehabt zu haben. Fragen Sie sich mal spontan, wen von Ihren Angehörigen Sie am liebsten in Ihre Obhut nehmen würden und wen weniger. Lieber Vater oder Mutter? Lieber Oma oder Opa? Welchen Bruder, welche Schwester? Lieber die sparsame Tante Emma oder Onkel Paul, den Geizkragen?

Ungefragt gezeugt, ungefragt zur Welt gekommen, ungefragt in eine Familie oder Ähnliches geraten, ungefragt als Angehöriger ins Melderegister eingetragen. So beginnt also formal gesehen für jeden Menschen seine Laufbahn als Angehöriger, der dereinst vielleicht Hilfe in Anspruch nehmen oder Sorge tragen wird – und umgekehrt. Wir erkennen durch uns selbst, dass die Rollen wechseln und Leben nur dann funktioniert, wenn ein anderer Mensch, ein anderes Lebewesen die komplementäre Rolle übernimmt und zur Verfügung stellt, was erforderlich ist. Zum Beispiel den Mutterleib als Wohnung, die Brust als Ernährungsquelle, die Hände und Arme, die dazu da sind, zu tragen, zu berühren. Leben ist von Anfang an und bis zuletzt individuelle wie soziale Existenz, gelebte wie »ungelebte« Verbundenheit. Es beruht auf Gegenseitigkeit und Dialog: füttern und gefüttert werden, sorgen und versorgt werden, kontrollieren und kontrolliert werden, pflegen und gepflegt werden. Füreinander bedingungslos Sorge tragen, ist für die meisten Menschen eine natürliche und selbstverständliche Grunderfahrung des frühen Lebens. Nicht wenige werden jedoch schon direkt nach der Geburt hilflos ihrem Schicksal ausgesetzt.

Vom täglichen Brot in täglicher Not

Liebe und vor allem die Liebe zum Leben ist sozusagen der Atem des Lebens, das eigentlich immer auf seine Weise um Hilfe ruft, weil ihm alleine die Luft auszugehen droht und wir ohne Welten und Umwelten nicht zurechtkommen würden. Fühlen zu können, wann wir in Beziehungen gebraucht werden und wann wir selbst etwas brauchen, ist hohe Lebenskunst. Durch alle Lebensphasen hindurch müssen wir als Kinder, Erwachsene oder Greise das eigene Leben zusammen mit anderen im Angesicht vieler Möglichkeiten und ebenso vieler Risiken und Notlagen durchleben, ohne voraussehen zu können, ob es ein »gutes Leben« wird. Die allgemeine Herausforderung besteht darin, eine uns zugestandene Gegenwart mit der Vergangenheit und Zukunft jedes einzelnen Menschen und denen der Gemeinschaft zu verbinden. Wer leben will, muss älter werden – das ist die praktische Seite der Lebendigkeit! Die Frage, wie man das dann konkret bewerkstelligt, bleibt.

Beziehungslosigkeit tötet auf die eine oder andere Weise, und deshalb ist eine der wichtigsten Beziehungsformen zu anderen Menschen und zur Welt, dass wir füreinander nötig sind, dass man uns braucht und für irgendetwas gebrauchen kann. Sich brauchen (nicht *ver*brauchen!) zu lassen, sich einsetzen und helfen ist in der Regel leichter als zum Ausdruck zu bringen, dass man selbst jemanden braucht. Es ist das alte Spiel von Geben und Nehmen. Viele Menschen, denen es leichtfällt, selbstlos jedem Hilferuf zu folgen und sich als helfende Hand anzubieten, haben große Schwierigkeiten, andere anzusprechen und in Anspruch zu nehmen, um Hilfe zu bitten und sich helfen zu lassen. Manche glauben, es nicht verdient zu haben, mögen ihre Unabhängigkeit nicht aufs Spiel setzen, glauben, dass noch Zeit sei, oder wollen einfach niemandem zur Last fallen! Doch das ist ein Irrtum. Wer andere nicht oder nie zu brauchen meint, der hat das Leben nicht verstanden.

Wir kommen unwissend und ahnungslos als »Angehörige der Gattung Mensch« zur Welt und könnten grundsätzlich nicht ohne andere Menschen überleben. Wir brauchen Menschen, die als Angehörige der Menschenfamilie bereits da sind, damit sie uns zeugen, uns die Welt, in die wir kommen, erklären und mit uns das teilen, was im weitesten Sinn für unseren Lebensunterhalt nötig ist. Nicht nur ökonomisch gibt es ein Existenzminimum. Teilen ist das dialogische Prinzip allen Lebens, und das bleibt lebenslang so. Die einen brauchen etwas, das die anderen haben, und umgekehrt. Brauchen und tauschen gehen Hand in Hand. Sollten wir also später Kraft und Orientierung verlieren, weil unsere Sinne nachlassen oder lebenswichtige Ressourcen fehlen, brauchen wir nach der »ersten Hilfe« ebenso selbstverständlich andere oder »letzte Hilfen«. Wenn die früheren Lebensstützen und Hilfskräfte wie Großeltern, Eltern, Lebenspartner, Geschwister, aber auch die Freunde, hilfreichen Nachbarn und Kollegen alt, hilfs- und pflegebedürftig werden, dreht sich der Spieß um: Nun werden wir von den Eltern, den Partnern, Freunden oder fremden Menschen gebraucht, um für sie da zu sein.

Im Wechsel angewiesen sein

Menschen brauchen einander wechselseitig und jeweils auch umgekehrt: die Jungen und die Alten, die Gesunden und die Kranken, die Professionellen und die Laien, die Wissenden und die Unwissenden, die Mutigen und die Ängstlichen, die Hoffenden und die Verzweifelten, die Draufgänger und die Schüchternen, die Pflegenden und die Gepflegten. Generationenverträge sind bunt, unkalkulierbar und vor allem mehr als eine Pflege- oder Sozialversicherung. Sie sind ein Bündnis, das Freiheit, Gleichheit, Geschwisterlichkeit und die Achtung der Würde des Menschen im Gepäck hat. Und sie sind darauf angewiesen, dass es genügend

»Einsatzkräfte« gibt, die sich um die Ziele kümmern. Ohne die Frauen-, Ökologie- oder Hospizbewegung ginge es Frauen, Umwelt und sterbenden Menschen schlechter.

Als Menschen sind wir frei und eingebunden zugleich, brauchen Nähe und Distanz, Selbstfürsorge und Fremdsorge. Angewiesenheit ist ein Lebensprinzip und beruht auf Gegenseitigkeit. Zum Leben sind beide Seiten des Glücks nötig: gebraucht zu werden und sich gleichzeitig nicht dafür zu schämen, abhängig zu sein und andere Menschen zu »brauchen« und »nötig« zu haben. Dieses einander Brauchen muss sich auf Augenhöhe und von Herz zu Herz bewegen, ist Ausdruck von menschlicher Geschwisterlichkeit und Mitgefühl. Es hat nichts oder nur wenig mit jenem Mitleid zu tun, das von außen auf den Leidenden »herabschaut« und etwas in die Schale wirft, was hilfsbedürftige Menschen vielfach als Entwertung oder Beschämung ihrer selbst empfinden. Auch und gerade Angehörige wollen kein Mitleid, sie wollen nicht zum Bittsteller bei Verwandten, Staat oder Krankenkassen werden. »Das geht an die Ehre«, sagen Hochbetagte, wenn die Rente für ihre Medikamente nicht reicht, und schämen sich, Unterstützung in Anspruch zu nehmen, auch wenn diese ihnen rechtlich zusteht. Bettler auf der Straße können ein Lied davon singen. Die Jüngeren unter ihnen schreiben vorsichtshalber auf ihr Pappschild, dass es gar nicht um sie, sondern um den Hund an ihrer Seite geht, der Futter braucht. Immerhin: Wer nie von Mitleid ergriffen wurde, der hat kein Gespür für das, was er als Privileg eines besseren Lebens hat, und für das, was recht und billig ist.

Um einander in Mangelsituationen und Notlagen mit Respekt zu begegnen und sich nicht dafür zu schämen, dass man Hilfe braucht, oder um als Angehöriger die durch den anderen eingeforderte Unterstützung abzulehnen, wenn man sich damit überfordert fühlt, »braucht« es als Grundlage der Beziehung Mitgefühl.

Nur Mitgefühl gewährleistet, dass Menschen wirklich aufeinander zugehen, die Würde der Beteiligten nicht verletzt und man der objektiven Notlage gerecht wird. Nur Menschen, denen andere Menschen in ihrer spezifischen Situation nicht gleichgültig sind, können ein Gefühl dafür entwickeln, was es heißt, sich selbst als eine Person unter Personen zu sehen, der im Leben Ähnliches geschehen kann.

»Das könnte *mir* nicht passieren« ist ein Satz, mit dem die Kälte auch ins eigene Leben einzieht. Mitzufühlen ist kein bloßes Reagieren, sondern setzt voraus, dass man, selbst wenn einem ein Geschehen sehr unter die Haut geht, zu sich selbst auf Distanz gehen kann. Man muss in der Lage sein, eine Haltung einzunehmen, in der man am Schicksal anderer Anteil nimmt, ohne gleich erklären, übernehmen, managen oder therapieren zu wollen oder zu müssen. Ein tiefes Empfinden oder Mitgefühl für die Lage eines pflegebedürftigen Elternteils, unserer Lebenspartner oder eines sterbenden Kindes beispielsweise kann man nur dann entwickeln, indem man sich vorzustellen versucht, wie es einem selbst ginge, wenn man in der Lage des anderen wäre. Mitgefühl ist eine Form der Selbstreflexion, die Denken und Fühlen ergreift, manchmal handlungsunfähig macht, die Sprache verschlägt oder sogar »fühllos« macht, wie das folgende Beispiel beschreibt.

Peter Handke schrieb nach der Selbsttötung seiner Mutter, er habe mit »stumpfsinniger Sprachlosigkeit reagiert«, als er davon erfuhr. Er beschreibt den Zusammenhang zwischen seinen verdeckten Gefühlen und seiner für ihn ungewohnten Reizbarkeit in »Wunschloses Unglück« so:

> *Seit ein paar Wochen bin ich auch reizbarer als sonst, bei Unordnung, Kälte und Stille kaum mehr ansprechbar, bücke mich nach jedem Wollfussel und Brotkrümel auf dem Boden. Manchmal wundere ich mich, dass mir die Sachen, die ich*

halte, nicht schon längst aus der Hand gefallen sind, so fühllos werde ich plötzlich bei dem Gedanken an diesen Selbstmord.[20]

Dem Glück, jemanden zu brauchen oder selbst wirklich gebraucht zu werden, steht das mögliche Unglück oder die Missempfindung gegenüber, sich nützlich machen zu *müssen*, um geliebt oder anerkannt zu werden. Professionell wegen seiner Kompetenzen wie eine Sache benutzt oder als Humankapital effektiv eingesetzt zu werden erzeugt dauerhaft weder inneren noch äußeren Arbeitsfrieden. Ehrenamtliche fühlen ähnlich, wenn sie nur zum Kaffeekochen eingesetzt oder anderweitig instrumentalisiert werden. Auf den »seelischen Mülleimer«, den »lebenslangen Geldbeschaffer«, auf die »Koch-, Reinigungs- und Pflegekraft« einer Familie reduziert und umfunktioniert zu werden ist bei aller Liebe kein Glück. Wer das erfährt und sich nicht wehrt oder wehren kann, erlebt das Unglück eines »nützlichen Idioten«, wird seiner Würde beraubt und »brennt« auf Dauer aus, weil ihm der tiefere Sinn für seine Arbeit, seine Lebensaufgabe und schließlich für sich selbst verloren geht.

Es macht einen Unterschied, ob man gebraucht wird, um die eigenen wie die Lebensmöglichkeiten anderer zu erweitern, einer guten Idee oder einfach dem Leben zu dienen, oder ob man nur für die Zwecke anderer existiert. So schwierig es sein mag, der »Benutzung« der eigenen Potenziale durch einseitige »Ausnutzung« und »Zweckentfremdung« entgegenzutreten – jeder Mensch kann sich für ein »humanes Gebrauchtwerden«[21] entscheiden, in dem neben der Tatkraft der Hände das liebende und mitfühlende Herz, also die ganze Person, gebraucht wird. Wir können dem Zwang entkommen, uns nur durch Funktionieren zu rechtfertigen! Wir können uns entscheiden, wofür wir in unserem Leben stehen wollen, oder es zumindest versuchen. Und wir müssen uns hin und wieder fragen, wer außer uns selbst in diesem Leben noch vorkommt, aber auch, ob und wie wir selbst darin vorkommen.

Wer sich in der Sorge und Pflege um andere Menschen selbst vergisst und sich blind aufopfert, statt die mögliche Hingabe und nötige Distanz zu üben, verliert auf Dauer seine Kraft, sein Herz und damit auch jenes Mitgefühl, das sich mit dem anderen verbunden, aber nicht identisch weiß. Man kann andere durch sein mitleidiges Mitgefühl erdrücken und sogar ersticken. Dies geschieht dann, wenn die von Mitgefühl und Empathie »Ergriffenen« sich gleichsam an die Stelle derjenigen setzen, denen sie beistehen wollen. Pflegende, die über Jahre tagein, tagaus an der Seite ihrer zu pflegenden Angehörigen leben und schwierige Arbeit leisten, können Augenmaß und Distanz verlieren. Mit der Zeit glauben sie sogar, dass sie persönlich das Leiden, die Schmerzen und die Nöte des Betreuten tiefer erleben als dieser selbst. In der Folge kommen sie dann einerseits in ihren eigenen Gefühlen nicht mehr vor, weil die Intensität der Anteilnahme das Gespür für das eigene Befinden bis zum seelischen oder körperlichen Zusammenbruch trübt. Andererseits fühlen sie sich unbewusst berechtigt, das Leben der anderen wohlwollend zu besetzen und so in ihre Hand zu nehmen, dass den Betroffenen kein Spielraum mehr bleibt, sich ins eigene Leben einzumischen. Die Höchstform der Identifikation ist erreicht, wenn der Zustand der Beziehung mit den Worten beschrieben wird: »Zwischen uns passt kein Blatt Papier!« Übersteigerte Empathie, symbiotische Liebe, totale Identifizierung münden in Missachtung sowohl der anderen wie unserer selbst. Im Interview mit einem Journalisten der *Frankfurter Rundschau* erklärt der an Alzheimer erkrankte Richard Taylor: »Bestimmt ist das nicht boshaft gemeint, und doch haben wir von den wohlmeinenden Menschen so viel zu ertragen: Sie nehmen uns unser Geld weg, unsere Autos, unsere Kleidung. Wir dürfen keine Entscheidungen mehr treffen – meist im Namen der Sicherheit.«[22]

Jede als »gute Tat« gemeinte Sorge, Fürsorge oder Pflege birgt immer auch die Gefahr, die Menschen, die von dieser guten Tat abhängig sind, mehr als nötig zu kontrollieren, zu überwältigen oder sie gar zu entmündigen. Umgekehrt können die, die sich pflegen lassen müssen, vergessen, dass sie nicht nur von bezahlten Dienstleistern umgeben sind, sondern den anderen menschlich aus tiefster Seele brauchen und jenseits der »Bezahlung« auf ihn verwiesen wie angewiesen sind. Ohne diese Einsicht gehen das Herz, die Demut und die Dankbarkeit, die in der Gegenseitigkeit der Liebe zum Leben stecken, verloren. Das Besondere am Mitgefühl besteht darin, im Verhältnis und in der Beziehung zu anderen Menschen das eigene Empfinden für Empfänglichkeit zu schulen und sich in der Begegnung mit den Lebenslagen anderer für die eigene Lage zu sensibilisieren. Mitgefühl ist nicht nur Mitleiden, sondern ebenso Mitfreuen, Mitwarten, Mitbangen, Mithoffen, Mitzittern, Mitweinen, Mitlachen und Mittanzen – praktizierte Lebendigkeit in den Gefühlslandschaften des Lebens.

Udo Baer, ein erfahrener Therapeut im Umgang mit dementen und traumatisierten alten Menschen, beschreibt eine Erfahrung, die er Anfang der Achtzigerjahre in einem Altenheim am Niederrhein gemacht hat. Er leitete dort eine kreativ-therapeutische Gruppe mit an Demenz erkrankten Menschen. Unter den Teilnehmern war eine Frau Mitte siebzig, die unter fortgeschrittener Demenz litt. Sie sprach nur zwei, drei Worte am Tag, reagierte sehr selten auf Ansprache, war desorientiert, kannte weder ihren Namen noch den anderer. Ihr Körper wirkte verworren. Wie ein Knäuel lagen Arme und Beine über- und umeinander, und sie versuchte immer wieder, ihre Gliedmaßen zu »entwirren«. Udo Baer kam auf die Idee, der Frau durch Musik zu helfen, legte eine Platte mit Tangomusik auf und nahm ihre Hände, als wollte er sie zum Tanz auffordern. »Ich beabsichtigte, mit ihr sitzend den Tango zu tanzen, indem ich ihre Hände bewegte, hoffend, dass sie mit ihren Händen sich daran beteiligen könne. Sie schaute mich an, als sie die ersten Takte des Tangos hörte. Dann stand sie in einer fließenden Bewegung auf, ergriff mich und schob mit mir einen Tango durch den Raum – mit mir, der ich nie die Tango-Schritte behalten konnte. Sie tanzte mit mir, bis die Musik verklang. Dann verbeugte sie sich vor mir und sagte: ›Ich danke Ihnen, junger Mann.‹ Anschließend setzte sie sich und lächelte vor sich hin.«[23]

In Gesundheit und Krankheit lebt der Mensch mit allen Sinnen. Jeder Hilferuf des Lebens, jede Krankheit, das Älterwerden mit seinen Beschwerden geht durch Mark und Bein, sucht sich einen Ort in Körper, Geist und Seele und muss im Umgang mit diesem vor Ort entdeckten Leiden entdeckt und ans Tageslicht geholt werden.

Über Zustände und Zuständigkeiten

Es geschieht jeden Tag. Kinder werden geboren, Paare gleich welchen Geschlechts heiraten, auf dem Weg zur Arbeit erleidet jemand einen Schlaganfall, und auf irgendeiner Autobahn passiert ein schrecklicher Unfall mit Toten und vielen Verletzten, die hoffentlich überleben, aber dann vielleicht lange Zeit Beistand, Hilfe und Pflege brauchen, um zu verarbeiten, was ihnen körperlich und seelisch geschehen ist und was sie zusammen mit ihren Angehörigen und Familien aus der Bahn geworfen und ihrer aller Lebensperspektiven verändert hat.

In jedem Augenblick kann aus der Tatsache, dass jeder Mensch als Angehöriger ohne sein Zutun zunächst in ein spezifisches soziales Netz von Angehörigen hineingeboren wird, eine konkrete Wirklichkeit werden. Als gute oder böse Überraschung kommt das Leben dann daher und löst – erwartet oder unerwartet – überwältigende Freude oder unermessliches Leid, Liebe oder Hass,

Aktivität oder Resignation aus. Mehr oder weniger plötzlich ruft das Leben nicht nur allgemein, sondern ganz konkret und direkt mich, dich oder eine Familie um Hilfe. Und die, die nun gepflegt, versorgt oder im Sterben begleitet werden sollen, erklären manchmal selbst, worum es geht. »Habt ihr schon gemerkt? Ich bilde euch gerade zu Hinterbliebenen aus«, sagt ein Bewohner im Hospiz lachend zu seinen Angehörigen, die ihn ratlos und betrübt besuchen.[24] Und ein Sechsjähriger drückt sehr bald nach dem Tode seines Bruders aus, was ihn nun selbst in der Familie erwartet und dass ihn dieser Abschied noch lange in seinem Leben begleiten wird: »Jetzt, wo mein Bruder gestorben ist, weiß ich ganz genau, ich muss alles für ihn mitarbeiten und mittun, was er nun nicht mehr tun kann.«[25]

Zu Liebe und Mitgefühl, Achtsamkeit und Solidarität, verstehender Pflege, zu sprechender und zuhörender Medizin jenseits der Professionalität, aber auch zu elterlicher Liebe oder zur Ehre von Vater und Mutter ist niemand gesetzlich verpflichtet. Menschliche Zuwendung kann man nicht erzwingen, man kann sie nur empfehlen, damit es allen besser geht. Selbst auf den Autobahnen bitten Polizei und Sanitäter trotz gesetzlicher Vorgaben die Autofahrer, Rettungsgassen zu bilden, damit die Hilfe an den Ort gelangen kann, an dem sie dringend gebraucht wird. Unterlassene Hilfeleistung ist ein Straftatbestand, aber unterlassenes Mitgefühl ist in seiner Auswirkung unberechenbar und steht auf Rechnungen, die wir uns als Menschen gegenseitig ausstellen müssen.

Die gesellschaftlichen und anderen Zustände, die zwischen Geburt und Tod zu den vielfältigen Hilferufen des Lebens führen, müssen politisch, gesellschaftlich und gemeinsam von uns als »Menschenfamilie« verantwortet und getragen werden. Wir sind auf unterschiedliche Weise immer zuständig, wenn es um die Hilferufe des Lebens geht, es könnten die eigenen sein. Hilferufe gehen über allgemeine Regelungen hinaus und appellieren an Einstellungen und Haltungen, die jeder als Idee auch des eigenen Schutzes irgendwie kennt und nachvollziehen kann, wenn er nicht blind, taub, gleichgültig oder gefühllos sein will. Auch wenn wir als Einzelpersonen nicht immer direkt verpflichtet sind, den Hut in den Ring zu werfen, und es ablehnen, als Vollzugsbeamte staatlicher Ordnung oder gesellschaftlicher Vereinbarungen durchs Leben gehen, fühlen wir uns meistens bei Notrufen angesprochen und auf irgendeine Weise zuständig. Professionelle, rechtlich und ökonomisch durchdeklinierte Systeme und ein breit gefächertes, ebenfalls durchdachtes zivilgesellschaftliches Engagement arbeiten Hand in Hand, um Bürgerinnen und Bürgern in den Notfällen ihres Lebens zu helfen und sie zu versorgen: Ärzte, Sozialarbeiter, Pflegekräfte, Gesundheits- und Sozialdienste, Beratungsstellen, Alten- und Pflegheime, Hospize, ambulante Dienste, Seelsorger, Sozialverbände und vieles mehr. Das sorgt in gewissem Umfang in unserem Teil der Welt für das allgemeine Vertrauen, im Notfall auf jener Seite zu sein, die wir »sicher« nennen.

Dieses allgemeine, an objektivierbaren Bedingungen gemessene Sicherheitsgefühl und Vertrauen hat aber eine subjektive Seite und wird anders ausgeleuchtet und schneller erschüttert, wenn es um uns selbst oder um unsere eigenen Angehörigen geht – um Großeltern, Eltern, Schwiegereltern, um Ehepartner oder die eigenen Kinder. Dann geht es, wie der Volksmund sagt, zur Sache, nämlich um die eigenen Vorstellungen, Erwartungen, Ansprüche und Verpflichtungen. Es geht dann nicht nur um die allgemeine Versorgung, sondern um die persönlichen Sorgen, die mit der Fürsorge für einen Angehörigen verbunden sind. So wird die Frage der konkreten palliativen Versorgung in unserer Region für uns meistens erst dann spruchreif, wenn wir dringend einen Platz für unseren sterbenden Vater suchen, der nicht mehr zu Hause versorgt werden kann, aber andererseits darauf pocht, zu Hause sterben zu wollen. Dann brauchen wir verständnisvolle und erfahrene professionelle Begleiter, die zusammen mit uns und dem sterbenden Vater nach einer Lösung suchen.

Wenn eine Notlage sich konkretisiert, Hilfe unübersehbar nötig wird, ein Angehöriger sich meldet, fühlen sich die meisten Menschen direkt angesprochen und in die Pflicht genommen, ohne dieses »Pflichtgefühl« genauer beschreiben oder gar umsetzen zu können. In den Notizbüchern der meisten Menschen stehen an vorgegebener Stelle Telefonnummern von Menschen, die im Notfall benachrichtigt werden sollen. Über Bank- und andere Vollmachten vertrauen wir Angehörigen oder Freunden unser Eigentum an. Patientenverfügungen und Vorsorgemaßnahmen für den Fall, dass wir unseren Willen nicht mehr äußern können, sind zu juristischen Spezialgebieten geworden. Oft treiben uns die Fragen der Übernahme von Verpflichtungen und Zuständigkeiten um, und wie in einem Horrorfilm denken wir im Kopfkino über all die Zustände nach, die eintreten könnten, und übersehen die Lebensumstände, in denen wir gerade leben. »Eigentlich müsste ich längst ... Eigentlich sollte ich sofort ...«, posaunen die Pflicht- und Schuldgefühle, die unsere Existenz umstellen, aber der innere Schweinhund will damit nichts zu tun haben und bleibt auf dem Sofa liegen.

Die tatsächlichen oder versprochenen Sicherungsbemühungen für den Fall der Fälle rund um das bedrohte und endliche Leben »verkleben« und verdüstern das eigene, vor allem aber das familiäre Zusammenleben, während die lebendigen Gefühle, spontanen Begegnungen und das Wissen, wie es uns Menschen wirklich miteinander geht, abnehmen und blasser werden. Manche Ehepartner wissen so gut wie nichts über die Lebensängste ihrer Partner, viele Eltern ahnen nur, was ihren Kindern wirklich Sorgen oder Hoffnung macht, und manche Kinder, die plötzlich ihre Eltern im Hospiz besuchen, können sich kaum daran erinnern, was das Lieblingsessen ihrer Mutter oder die Lieblingskleidung ihres Vaters ist, in der er beerdigt werden sollte.

Zweite Gefühlslandschaft: Angehörig sein leben lernen

Sie lieben, ärgern und schlagen sich

Jeder Mensch hat eine Familie, sozusagen eine Herkunftsbeziehung, genetisches Heimatland. Zugehörigkeit zu einer Familie ist ein notwendiger Bestandteil der menschlichen Biografie. Kinder wissen das und drücken das oft sehr humorvoll aus. »Ich möchte einmal Kinder haben, weil man damit seine Familie größer und breiter macht«, ist der pragmatische Zukunftswunsch einer Drittklässlerin. Eine andere warnt in weiser Voraussicht: »Blinde Liebe macht verschwommene Augen.« Und die dritte kommt gar zu der Erkenntnis: »Die Ehe ist ein Gefängnis.« So Grundschüler aus Hamburg, die um ihre Meinung zu Familie, Liebe und Älterwerden gefragt wurden.[26]

Familie war, ist und bleibt ein Stoff für Dramen, Romane und Filme. Ohne Familie und ihre Probleme wären alle Psychotherapeuten arbeitslos. Familie strukturiert ein Leben von »Person zu Person«[27], sie entwickelt und ist das Beziehungsgeflecht, in der geliebt und gehasst wird. Familienbande garantieren einerseits Bindungen und können sich andererseits im übertragenen Sinne wie eine Art »kriminelle Vereinigung« etablieren, in der alle möglichen Kleinkriege ausgefochten werden und selten Frieden herrscht. Immer aber geht es um Distanz und Nähe, um Rechte und Pflichten, um Schutz und Vernachlässigung, um Wertschätzung und Missachtung, um Selbstverständlichkeiten und totale Entfremdung in der Intimität, wenn Kälte, Misstrauen, Sprachlosigkeit und Hassgefühle die Regie übernommen haben.

Anders als Arbeits-, Liebes- oder Freundschaftsbeziehungen bedingt Familie unsere biologische Existenz, prägt darüber hinaus aber auch unsere soziale Identität. Eltern, Geschwister, Verwandtschaftsbeziehungen beeinflussen unseren Blick auf die Welt, auf andere Menschen und vor allem auf uns selbst. »Wes Kind wir sind« ist Last und Lust zugleich.

Es ist unbestritten, dass für das kindliche Wohl verlässliche Bezugspersonen sowie elterliche Liebe notwendig sind. Aber offen bleibt die Frage, ob Kinder das Recht haben, geliebt zu werden, und die Eltern die Pflicht haben, ihre Kinder zu lieben. Nach allem, was wir wissen, ist die Liebe der Eltern zu ihren Kindern eine fundamentale, geradezu unerlässliche Bedingung für ein gutes Leben, woraus man fast ein Recht auf Liebe ableiten könnte. Aber wie sieht dieses »gefühlte Recht« auf Liebe im Verlauf des Lebens und besonders im Alter aus? Brauchen wir für das Älterwerden in Familien nicht Ähnliches?

Das Schreckliche soll einen Sinn haben

Gregor Eisenhauer, freier Schriftsteller und Buchautor, schreibt Nachrufe in einer Berliner Zeitung. Es geht darin nicht immer um Verstorbene. Manchmal geht es auch um Mütter und Väter, die von ihrem Kind Abschied nehmen mussten, um Verluste, die sich ins Herz eingraben und Spuren hinterlassen.

Die Mutter, die um ihre unerwartet verstorbene Tochter Josi trauerte, wollte Eisenhauer ihre Geschichte erzählen, weil sie hoffte, dass andere Eltern in einer ähnlichen Schmerzlandschaft aus diesen Erfahrungen Trost schöpfen könnten. Das Schreckliche sollte einen Sinn haben.

> *Am Abend des 2. Januar fand der Vater nach der Heimkehr von seiner Arbeit die Tochter tot zu Hause. Wenig später kam die Mutter dazu. Es dauerte Monate, bis die Eltern die vermutliche Todesursache erfuhren: »Sudden unexpected death in epilepsy.« Josi litt an Epilepsie, das wussten die Eltern. Schlimm, aber nicht lebensbedrohlich, und wie viele Eltern hofften sie, dass ihre Tochter Josi ein normales Leben würde führen können (…). Josi hatte viele Pläne und Träume für das Jahr, in dem sie starb. Abitur, Studienbeginn, Praktikum in London oder New York, Sonne, Urlaub. Das Kleid, das sie zum Abiball anziehen würde, hatte sie als Bild schon im Kopf. Am Tag vor ihrem Tod schrieb sie ihrer besten Freundin: »Das wird unser Jahr!« Vierundzwanzig Stunden später war Josi tot. Herzversagen. Keine Vorwarnung.*[28]

In einem weiteren Elterngespräch erfährt Gregor Eisenhauer die Geschichte von Nele. Sie war ein Wunschkind, wunderhübsch, mit strahlenden, dankbaren Augen. Früh mischt sich das Krankheitsgeschehen in das Familienleben ein, und so beginnt schon bald die besondere pädagogische und seelische Begleitung eines Kindes, das eine spezifische Bedrohung in sich trägt. Als Nele zwei Jahre alt war, traten Gleichgewichtsstörungen, andere Beschwerden und später Erbrechen auf. Dann die Diagnose: ein hühnereigroßer Gehirntumor. Der Vater erklärte Nele, dass da was in ihrem Kopf sei, das die Ärzte entfernen müssten. Mit Stoffpuppe Tini zog das Kind mutig ins Krankenhaus. Nach der Operation erfuhren die Eltern jedoch, dass Nele nicht lange überleben würde, der Tumor war zu aggressiv. Ihre Lebenserwartung gaben die Ärzte mit einem Jahr an. Nele erholte sich schnell, ging in den Kindergarten. Sie und ihre Eltern waren sich liebende und leidende Angehörige und versuchten zu lernen, mit diesem Schicksalsschlag umzugehen, und zu üben, was es bedeutet, im Abschiednehmen das Leben bis zum Ende zu begleiten.

> *Einmal fragte sie ihn (den Vater), ob der Tumor nun weg sei. »Und wärt ihr traurig, wenn ich gestorben bin?« Dreieinhalb war sie da. (...) Die besten Freunde hielten den weitesten Abstand, fürchteten wohl um ihre eigene heile Welt. Sie wurde angestarrt von Passanten. Angeglotzt. Bis sie ihnen die Zunge rausstreckte. Zurückstarren. Das hilft. Dann fiel sie ins Koma. Um die Weihnachtszeit. Keiner dachte, dass sie noch einmal erwachen würde. Als sie doch wieder sprechen konnte, flüsterte sie: »Ich muss doch nicht sterben?« »Doch«, antworteten Gabi und Norbert. »Aber du kannst nichts dafür, das ist der Tumor.« »Wann muss ich denn sterben?« »Das spürst du!«(...) »Und wie finde ich euch dann später?« »Das macht der Paradiesvogel, der führt dich. Einen kleinen Schritt musst du allein machen, und schon ist der Vogel da und hilft dir!« Dann schwanden Neles Kräfte. Und sie stellte keine Fragen mehr. Ein kurzes Leben. Aber reich an Liebe. Ein Wunschkind eben.*[29]

Tod und Sterben halten sich nicht an Lebensjahre, haben keinen Plan, den es einzuhalten gäbe. Nele stirbt nicht plötzlich als Notfall, sie lebt und stirbt im Beisein und in der Liebe ihrer Eltern, und es bleibt ihr im Lauf der Jahre nicht verborgen, wie es um sie steht. Sie wird als Wunschkind geboren und stirbt mitten im eigenen und dem Wunsch der Eltern, weiterleben zu können. Keiner der drei wusste vorher, wie es sein würde, auf diese Weise »angehörig« zu sein, aber sie haben es lernen müssen und auf bemerkenswerte Weise gemeistert.

Dann ruft das Leben dich um Hilfe

Wenn es um die direkte Sorge füreinander geht, dann ist jeder Mensch angesprochen, der als »der Nächste« gilt. Meistens sind nahe oder fernere Angehörige zur Stelle – Mutter, Vater, Tochter, Sohn, Schwester oder Bruder, Enkel, Ehepartner, manchmal auch Neffe, Cousine oder eine ferne Verwandte, die geplant oder ungeplant und mehr oder weniger selbstverständlich einspringen und zupacken.

Niemand weiß vorher genau, was dabei auf ihn zukommt, wie er selbst oder der Betroffene reagieren wird, was leichtfallen, was besonders schwer oder gar unerträglich sein wird, welche professionellen Hilfen zur Verfügung stehen werden und was der neue Hilferuf des Lebens, den niemand bestellt hat, kosten wird.

In jedem Augenblick kann jedem das passieren, was wir letztlich alle fürchten. Und wir alle hoffen, dass der Kelch an uns vorübergeht. Manchmal geht er aber nicht vorüber. So wie bei Dorina, der Ehefrau von Thomas Senft, deren Konfrontation mit einem notvollen Lebensereignis beispielhaft in einem Patientenmagazin der Barmer Versicherung dargestellt wird. Ihre Geschichte vermittelt uns einen Eindruck von einer Entscheidungssituation, in die auch andere Angehörige täglich geraten können.

Der 16. Februar 2005 war ein Mittwoch. Das weiß Thomas Senft noch sehr genau. An diesem Tag erhielt der Darmstädter an seinem Arbeitsplatz einen Anruf, dass seine Frau über extrem starke Kopfschmerzen klage und auch verwirrt sei. Der gelernte Molkereifachmann fuhr sofort zu ihr. Als zusätzlich ausgebildeter Rettungssanitäter erfasste er sofort den Ernst der Lage und veranlasste die Einweisung in die Frankfurter Uniklinik. Dort wurde sie aufgrund eines geplatzten

Aneurysmas und Hirnblutens sofort operiert. Die 45-jährige gelernte Fachverkäuferin, Mutter von drei Kindern, war während des Klinikaufenthalts halbseitig gelähmt, konnte weder sprechen noch selbstständig atmen. Sie lernt wieder sprechen, kann später auch wieder ihren Haushalt versorgen und das Ehepaar macht sogar einen gemeinsamen Urlaub in der Türkei … 2011 erleidet die Ehefrau einen Schlaganfall, ist seitdem unter anderem linksseitig gelähmt und sitzt im Rollstuhl. Als Konsequenz kann sie heute nicht mehr allein bleiben. Pflegedienst und Tagesunterbringung in einem Behindertenzentrum machen es möglich, dass Thomas Senft Vollzeit arbeitet. Die Unterbringung seiner Ehefrau in einem Heim kommt für den Ehemann nicht infrage. »Wir sind seit 27 Jahren verheiratet. Ich weiß, was sie braucht, auch wenn sie sich nicht äußert …«[30]

Für Thomas Senft gab es ganz offensichtlich keinen Zweifel an der Entscheidung, den durch die Erkrankung seiner Ehefrau ausgelösten Ein- und Umbruch in ihrem Leben gemeinsam zu meistern. In guten wie in schlechten Zeiten einer Ehe steht man zusammen! Das war und blieb für ihn das Leitmotiv, auch für die unvorhersehbaren Leidenszeiten, die dem Februartag 2005 folgten.

Die meisten Angehörigen, egal wie sie sich tendenziell verhalten und entscheiden werden, fühlen sich bei einem Hilferuf zunächst unter hohem Druck. Ganz unerwartet stehen sie vor der Herausforderung, sich mit der eigenen Familie und vor allem mit der bisherigen Beziehung zu einem hilfsbedürftigen, in akute Not geratenen Angehörigen auseinanderzusetzen und Position zu beziehen. Gute und schlechte Erfahrungen mit dem bestehenden familiären Bindungen werden erinnert, besondere Ereignisse und Erlebnisse tauchen auf und melden Bedenken an, eingefahrene

Verhaltensweisen, Streitpunkte, Familientraditionen werden bewusst, alte Konflikte, unerfüllte Bedürfnisse, falsche Versprechungen gewinnen wieder Bedeutung und säen Misstrauen. Aber auch tiefe Zuneigung, Dankbarkeit und Mitgefühl mischen sich wie Blitzlichter in die Überlegungen ein. Alte Erfahrungen, bereits andere Krisen gemeinsam durchgestanden zu haben, können eben auch Mut machen. »Wir haben schon ganz anderes gemeinsam gemeistert«, motivieren sich die Betroffenen. »Wir gehören doch zusammen, haben Freunde, anderen geht es viel schlechter.«

Gemischte Gefühle und eine Flut von Gedanken erleichtern oder beschweren die bevorstehende Entscheidung, aber in der Regel sind schnelle oder gar problemlose Lösungen nicht in Sicht. Wie eng, schwierig oder verblasst die bisherigen Beziehungen der Menschen auch waren – angesichts der Not und der spezifischen Situation entsteht notwendigerweise eine neue Beziehungsstruktur. Eine veränderte »Paarbeziehung« mit neuer Arbeitsteilung steht im Raum, eingefahrene Rollen zwischen Eltern und Kindern, Eltern und Großeltern oder zwischen Ehepartnern müssen verändert und neu verteilt werden, Gefühle und Erwartungen kommen auf den Prüfstand, ein neues Miteinander muss geübt werden.

Wie das aussehen kann, berichtet nochmals Thomas Senft. Seine Frau kann auf einmal nicht mehr allein bleiben, was den Ehealltag gravierend verändert.

»Sie hat den Pflegegrad 5, morgens um 6.30 Uhr kommt der Pflegedienst zum Waschen und Anziehen, und dann wird sie mit einem Bus abgeholt und verbringt den Tag in einem Behindertenzentrum. Dort ist man bemüht, ihr kleine Aufgaben, wie Handtücher zusammenlegen, zu übertragen und sie wieder in den Alltag einzubinden«, erzählt Thomas Senft, der

selbst in Vollzeit arbeitet. »Wenn ich nicht einen verständnisvollen Arbeitgeber und eine große Verwandtschaft hätte, die auch mal einspringen kann, wäre meine Frau ein stationärer Pflegefall.«[31]

Eine Ehefrau berichtet in einer Selbsthilfegruppe für Angehörige demenziell erkrankter Partner:

»Wir hatten uns das recht schön ausgemalt mit dem Alter«, sagt sie. Nun sei sie 69, er 79 – und für sie würde es immer schwieriger, Wohnung und Leben in Ordnung zu halten und den Alltag umzustrukturieren, berichtet sie weiter. »Seit fünf Jahren führen wir eine Ehe zu dritt. Rolf, ich und Alzheimer.« Der Ehemann hat mitbekommen, dass von ihm die Rede ist. »Ich hab das nicht verstanden«, ruft er aus dem Sessel. »Ist auch gut so«, sagt sie.[32]

Ebenfalls in einer Selbsthilfegruppe erzählt die Angehörige einer an Demenz Erkrankten, wie belastend die Stimmungsschwankungen und die Unruhe sind, mit denen man umzugehen lernen muss.

Ihre Stimmungen veränderten sich ganz plötzlich. Mal schien sie ruhig, mit allem zufrieden, dann brauste sie auf, beschimpfte mich und stieß die übelsten Schimpfworte aus. Oft tat es ihr hinterher leid, und immer war dieser fragende, Hilfe suchende Ausdruck auf ihrem Gesicht, als erwarte sie von mir eine Erklärung für ihr Verhalten.[33]

Die Hilferufe des Lebens richten sich nicht nur an die Außenwelt, sondern toben auch in den Innenwelten und stiften Verwirrung. Menschen kennen sich plötzlich bei sich selbst nicht mehr aus, verändern ihr Verhalten und ihre Persönlichkeit, fühlen sich außer sich vor Schmerz und werden sich selbst fremd. Nicht anders geht es den Begleitern und Angehörigen, wenn sie ganz konkret zu spüren bekommen, wie die seelische Not einen Menschen in Aufruhr versetzt, in seinen Reaktionen unberechenbar macht und die eigenen Erwartungshorizonte zusammenbrechen. Die Angehörige beschreibt weiter:

> *Die Krankheit hatte ihr die Ruhe geraubt. Davor war sie ein Mensch, der zwar lebhaft und temperamentvoll, aber voller Ruhe und Bedächtigkeit gewesen war. Alles, was sie jetzt tat, brach sie ab – den Satz, das Telefonat. Sie konnte die Dinge ihres Lebens nicht mehr zu Ende bringen. Ging sie spazieren, trieb sie irgendeine Macht nach kurzer Zeit zurück. Sie trank ihr Glas nur zur Hälfte, aß meistens ihr Essen nicht auf. Schubladen, Schränke, Lichtschalter, Wasserhähne, selbst der Telefonhörer – während sie damit umging, vergaß sie es. Ihr Körper war von einer schrecklichen Unruhe erfüllt. Wenn ich sie bat, sitzen zu bleiben, zu entspannen, wollte sie das auch. Doch nach kurzer Zeit stand sie auf und musste irgendetwas tun.*[34]

Pflegender Angehöriger zu sein ist schwer. Niemand ist verpflichtet, weder »gesetzlich« noch »moralisch«, diese Aufgabe zu übernehmen, wenn er sich dazu nicht in der Lage sieht. Niemand kann fordern oder durchsetzen, was nicht geleistet werden kann. Aber damit ist das Problem nicht gelöst und die Auseinandersetzung zwischen den Beteiligten nicht beendet.

Kein Mensch will sich vorstellen, dass ein Ehemann am Tag des folgenreichen Schlaganfalls seiner Ehefrau die Scheidung einreicht oder Eltern ihr sterbendes Kind auf der Palliativstation abliefern und in Urlaub fahren. Diejenigen, die konkret die Sorge für einen anderen Menschen zu übernehmen bereit sind, müssen dennoch die eigenen Motive und Entscheidungskriterien überprüfen, die eigene Familie, die berufliche wie ökonomische Situation einbeziehen und in einen schwierigen Dialog mit sich selbst treten, weil die Gesamtbeurteilung der Sach-, Problem- und Gefühlslage oft unklar und meistens widersprüchlich ist. Wer kann schon in die Zukunft schauen und sicher sein, dass die getroffene Entscheidung nicht zum Gegenteil dessen führt, was man eigentlich zum Wohle aller Beteiligten erreichen wollte, und was als beste der möglichen Lösungen vorstellbar war?

Zur Last fallen und sich doch nicht lästig fühlen

»Ich will keinem Menschen, vor allem nicht meinen Kindern, zur Last fallen.« Dieser beliebte, alles verdrängende Schlachtruf vieler älterer Menschen zur Zukunft der eigenen Versorgung hängt wie eine dunkle Wolke über den möglichen Hilferufen des Lebens und verschwindet nicht, wenn eintritt, was zu befürchten war. Auch Abstürze, die man kommen sieht, kommen überraschend. Wohin mit der Last? »Last-minute-Angebote« in der Wohnungssuche, also bis zum letzten Drücker auf das Wunder der besten Lösung warten, sollte man besser in jungen Jahren nutzen, sie eignen sich weniger für das hohe Alter und seine Besonderheiten. Gesund und fit bis hundert, möglichst hochbetagt ohne schmerzliche Vorboten abends einschlafen und morgens nicht mehr aufwachen – das ist eine Variante des Wunsches, jeder Abhängigkeit von anderen Menschen aus dem Weg zu gehen, selbstbestimmt zu sterben und die Tür hinter sich alleine zuzumachen.

Dass man ohne Belastung für die Eltern nicht geboren worden wäre, ohne Hilfe anderer kein Schul- oder Arbeitsleben erfolgreich hinter sich gebracht hätte und ohne sich selbst zu belasten kein sinnvolles Leben gelebt hätte, sei nur erwähnt. Wie vieles andere hat das Leben uns weder ein beschwerdefreies Dasein noch einen solchen Tod versprochen, auch nicht die Leichtigkeit des Seins. Aber es hält paradoxerweise dennoch viel, wenn wir uns zusammen mit anderen aktiv seiner Herausforderungen annehmen, in die Puschen kommen und uns selbst wie gute Unternehmer um ein »gutes Leben« bemühen. Vom ersten bis zum letzten Atemzug fallen wir anderen Menschen und der Welt, die uns umgibt, mehr oder weniger zur Last, sind aber gleichzeitig selbst Lastenträger für andere! Leben ist geteilte Freude und geteiltes Leid.

Diese unabdingbare Koexistenz kommt besonders dann zum Tragen, wenn uns die besonderen Hilferufe eines einzelnen Menschen erreichen und Gebrechlichkeit, Endlichkeit, Angewiesenheit auch der eigenen menschlichen Existenz in den Vordergrund treten. Leben lebt weniger von Absichtserklärungen denn von Taten, das wissen Familien, Angehörige und enge Freunde sehr gut. Es braucht keine glühenden Verehrer und flammende Reden, sondern zupackende, konkrete Freunde, heißt es bei dem Arzt und Psychoanalytiker Wilhelm Reich, der sich in seinen Schriften immer wieder mit den Lebensbedürfnissen der Menschen auseinandergesetzt hat. Leben braucht das Atmen und eine Luft, die nicht schadet; es braucht Essen, das ausreicht, nährt und nicht krank macht; es braucht stützende und schützende Hände, Liebe, Arbeit, Wissen, Trost und das Mitgefühl und manches mehr.

Familien und Angehörige sind, genau wie Ehepartner, eingetragene oder nicht eingetragene Partnerschaften, im ständigen Dialog mit dem Leben und seinen Herausforderungen. Wie konstruktiv und förderlich dieser Dialog für die einzelnen Partner ist, können wir teilweise an den Fallbeispielen in den folgenden Ausführungen ablesen. Wer sich die bunten, schwarz-weißen oder farblosen Lebens- und Gefühlslandschaften von Familien über Autobiografien, Literatur, Funk und Fernsehen, in der entsprechenden Fachliteratur und vor allem zu Hause in den Küchen,

Schlaf-, Wohn-, Bade- oder Kinderzimmern, beim Liebesleben, in der Kindererziehung oder im Umgang mit Eltern und Großeltern zu Gemüte führt, der kennt und ahnt die Jubel- wie die Hilferufe, die mit dem privaten Zusammenleben von Menschen einhergehen und von der jeweilig spezifischen Verbundenheit berichten.

Schulkinder, die nach ihrer Meinung über Liebe, Lust, Kinderkriegen oder den Sinn von Heirat und Ehe gefragt werden, bringen meistens lebensnah auf den Punkt, worum es da für sie geht und was es mit dem Heiraten und der Familiengründung auf sich hat. Aus dem Mund der bereits erwähnten Drittklässler hören sich die Empfehlungen etwa so an:

»Wenn man heiratet, lebe ich Tradition weiter.« Und die sind durchaus sehr spezifisch: »Wenn man heiratet, muss man sich vorher lieben, sonst geht das nicht.« Wer wollte das bestreiten? Aber wie liebt man vorher? »Die Geburt ist für Babys am schlimmsten.« Es hat übrigens lange gedauert, bis die Wissenschaft das Drama wie das Trauma von der Geburt zum Gegenstand der Forschung gemacht hat. »Nach der Hochzeitsreise geht es richtig los.« Ein interessanter Blick auf die Ehe und die nötige Beziehungsarbeit. »Ich will sieben Kinder und eine Oma.« Das ist ein klarer Plan mit pragmatischer Einsicht, denn ohne Oma wären sieben Kinder schon ein wenig verloren. »Ich will nicht heiraten, ich werde lieber Tänzerin.«[35] Bei Nachfrage würde uns die Schülerin sicher erklären, warum ihre Wahl auf die Tänzerin und nicht auf eine Ehefrau fällt.

Eine andere wollte gar nicht heiraten, sondern lieber gleich Witwe werden. Warum sie diesen Status wählte, ist unklar.

Auch dass die »Liebe durch den Magen« gehen kann, wissen Kinder aus eigenen Erfahrungen im Familienleben. Dass der Gedanke an Kochen und Familiengerichte bei manchen älteren Menschen dagegen großen Stress auslöst – Frauen denken ungern an die viele Arbeit des regelmäßigen Kochens für die Familie, bei alten, dementen Ehemännern kann die Erinnerung an Hunger und Wassersuppe im Krieg auftauchen –, sei nur erwähnt. Es erklärt aber, warum Essen auf Rädern für manche ältere Frauen und Männer inakzeptabel ist, dass die gemeinsamen Mahlzeiten in Alten- und Pflegeheimen aus unterschiedlichen Gründen viel Konfliktstoff enthalten und dass einer der großen Liebesbeweise und Mitbringsel in der Angehörigenpflege die selbst zubereiteten Lieblingsgerichte aus der Familienküche sind.

Aber Essen ist nicht alles. Bei genauem Hinsehen wird neben dem Spaß, den man mit Familien und als Fan gelingender häuslicher Angehörigenpflege haben kann, auch deutlich, wie umfassend und komplex die Themen und Problemlagen sind, mit denen sich Lebensgemeinschaften auseinanderzusetzen haben, wenn ein Hilferuf an die familiäre Gemeinschaft ergeht. Worum genau geht es bei der Suche nach einem guten Weg bis zum Ende und zwischendrin in all den Kombinationen, die wir sehen? Welche Fragen und Erfahrungen werden – auch in familienähnlich strukturierten Wohngemeinschaften und Einrichtungen der Altenhilfe – besonders dann wieder bedeutsam, wenn die alten Eltern oder andere pflegebedürftige Angehörige zu uns nach Hause ziehen oder wenn nur ein Elternteil oder Ehepartner in ein Heim muss und der andere zurückbleibt und sich neu organisieren muss?

In Familien, Lebensgemeinschaften wie anderen Formen des Gemeinschaftslebens geht es immer um die verschiedenen Bedürfnisse und Formen von Freiheit und Notwendigkeit, um Autonomie und Angewiesenheit, um Rechte und Pflichten der unterschiedlich Betroffenen und Beteiligten.

Es geht vor allem um den schwierigen Umgang mit Lebenszeit, um das Zeitmanagement, das schon unter normalen Bedingungen und nicht erst durch zusätzliche Belastungen schwer genug fällt: Zeit für sich, füreinander, für die Liebe, für Freundschaften, für Politik und Gesellschaft, für vieles, was das Leben braucht.

Es geht um Erwerbsarbeit und Reproduktion, um tägliche Sorge, Selbstsorge und Fremdsorge. Muss man den Beruf aufgeben, um die Eltern zu pflegen oder ein behindertes Kind zu versorgen?

Es geht um Erziehung, Bildung, Fort- und Weiterbildung für sich, die Kinder und andere Angehörige. Welche Fortbildung braucht ein pflegender Angehöriger, um zu können, was er können sollte?

Es geht um gute Generationsbeziehungen, Fürsorglichkeit, Verlässlichkeit, um gute Nachbarschaft. Wer bleibt an Bord, wenn es um eine Langzeitpflege geht? Können Enkelkinder einbezogen werden?

Es geht um häusliche Pflege für Menschen, Tiere, die materielle Welt wie Haus und Garten. Was geschieht mit der Lieblingskatze oder dem geliebten Dackel, wenn die Besitzer zu alt geworden sind, um die Pflege ihrer Haustiere weiter zu leisten? Können sie im Altenheim oder im Hospiz zu Besuch kommen?

Es geht um Migration und Familienkulturen. Sind wir als Gesellschaft auf die Versorgung alter Menschen durch andere Menschen aus verschiedenen Ländern und Kulturen angewiesen? Welche seelischen Nöte entstehen, wenn die erwachsenen Kinder, die in Deutschland arbeiten, die Pflege ihrer Eltern in den Heimatländern nicht übernehmen können? Wenn die jungen Flüchtlinge aus Syrien oder Afrika ihre Eltern und Großeltern unversorgt zurücklassen mussten?

Es geht um Reichtum und Armut: Was können wir uns leisten? Wie teuer darf die Pflege der Angehörigen sein? Soll der arbeitslose Enkel einspringen? Für was wird das Pflegegeld gebraucht?

Es geht um Umgang mit Geld, Altersversorgung, Eigentumsfragen, Erbschaft. Es geht um Religion, um spirituelle Seelsorge, um Bestattungsrituale, um politische Einbindungen.

Es geht um interne und externe Familienpolitik und Sozialpolitik: Wer ist für wen verantwortlich, wer zahlt, wer zahlt nicht, wer stellt die Anträge und bekommt Kinder- oder Pflegegeld oder einen Mietzuschuss?

»Denn zu Zeiten der Not bedarf man seiner Verwandten«, heißt es bei Goethe im *Reineke Fuchs* (1794), und in einem Brief an Herzog Carl August im Dezember 1806 erklärt er: »Wenn alle Bande sich auflösen, wird man zu den häuslichen zurückgewiesen.« Eine zutreffende Analyse für die Lage alter, hilfsbedürftiger Familienangehöriger und ihrer Angehörigen, die sich der Aufgabe angenommen haben.

Es ist nicht wenig, was besprochen, verhandelt, bearbeitet oder liegen gelassen, verschoben, unter den Teppich gekehrt oder verdrängt werden muss. Wer hat für wen eine Vollmacht? Wie steht es um Testamente, Patientenverfügungen, um Diätvorschriften oder besondere Verfügungen, mit denen man notfalls in ein deutsches Altenheim einzieht oder wegen des Preises und des besseren Wetters nach Thailand übersiedelt. Im Fall konkreter Hilferufe rund um ein Krisengeschehen legt das Leben eines Angehörigen die speziellen Fragen auf den Tisch des jeweiligen Hauses. Zu Antworten werden diejenigen aufgefordert, die neben dem Betroffenen als Angehörige, Zugehörige oder professionelle Ansprechpartner gelten. Es ist herauszufinden, worum es geht, was zu tun oder zu lassen ist, wenn das Schicksal zum Beispiel mit einem konkreten Schlag, einem Schlaganfall, das Leben einer Familie durcheinanderbringt.

Die Akutversorgung von Schlaganfallpatienten wurde in den vergangenen Jahren nicht nur kontinuierlich verbessert, sondern hat (wie auch bei anderen Krankheiten) dazu geführt, dass jährlich etwa 270 000 Betroffene überleben. Wesentlichen Anteil daran haben sowohl informierte Patienten wie vor allem ihre Familienangehörigen, die schnell und umsichtig reagieren, wenn es passiert. Der Hilferuf des Lebens ist jedoch mit dem ersten Notruf nicht beendet: Menschen, die einen Schlaganfall überleben, müssen danach meistens langsam lernen, mit schweren Beeinträchtigungen zurechtzukommen. Schlaganfall ist der häufigste Grund für Behinderungen im Erwachsenenalter, und die Mehrheit dieser Patienten ist dauerhaft auf Pflege, Therapie und andere Handreichungen angewiesen. Lähmungen schränken die Mobilität ein, Sprachstörungen beeinträchtigen die Kommunikation, Antriebsverlust und Persönlichkeitsveränderungen erschweren das Zusammenleben, Depressionen verdunkeln die Lebensfreude. Freiheitsverluste für beide Seiten der Partnerschaft verursachen bei aller Liebe und Hingabe immer wieder Verzweiflung, und die Suche nach Freiräumen jenseits des Miteinanders bleibt eine der zentralen Herausforderungen. Schlaganfallpatienten müssen – zusammen mit ihren Angehörigen – vieles im Leben neu lernen, sich umstellen, neue Perspektiven für ihre Zukunft entwickeln.

Ein fünfundfünfzigjähriger Ehemann berichtet:

»Meine Frau hat 2012 im Alter von 49 Jahren einen schweren Schlaganfall erlitten. Nach fünfmonatigem Krankenhaus- und Reha-Aufenthalt war sie so sehr auf mich fixiert und hatte extreme Angst vor dem Alleinsein, dass ich keinen Schritt mehr ohne sie machen konnte. Mittlerweile nutzen wir die Verhinderungspflege und die zusätzlichen Betreuungs- und Entlastungsleistungen, um mir im Pflege- und Betreuungsalltag etwas Freizeit zu verschaffen. (In der Selbsthilfegruppe) sind Kontakte entstanden, die es mir ermöglichen, auch mal einen ganzen Tag oder sogar ein Wochenende mit Freunden zu verbringen, um neue Kraft zu tanken.«[36]

Ob und wie Ehepartner, erwachsene Kinder oder andere Angehörige den Hilferuf eines Schlaganfalls oder einer anderen folgenreiche Diagnose annehmen, sich einsetzen und sich langfristig zur

Suche nach Antworten aufgerufen und bereit fühlen, bleibt immer ein äußerst schwieriger Prozess, dessen Ausgang offen ist. Die Diagnose trifft zwar einen einzelnen Menschen, aber die Behandlung und der Umgang mit der diagnostizierten Krankheit trifft die ganze Familie oder die jeweilige Lebens- und Beziehungsgemeinschaft, deren eigenen Lebenszusammenhang samt Plänen und Zukunftsperspektiven. Wer von der Familie ist überhaupt »dran« und wie lange? Wer in der Schicksalsgemeinschaft übernimmt schon bisher in Krisensituationen die innere Führung, wer wird zum Sprecher nach außen, wer regelt die Finanzen? Wer hat die bessere Beziehung zum betroffenen Angehörigen, wer die erforderlichen Fähigkeiten und Kenntnisse, wer die besseren Ressourcen, um lang- oder kurzfristig einzuspringen und zu helfen? Was muss überhaupt getan und übernommen werden, was hätte schon längst anders laufen sollen, was kann man lassen, und wie sehen Einverständnis, Mitarbeit oder Abwehrmechanismen des Hilfsbedürftigen aus? Was will der betroffene Angehörige wirklich, und kann er seinen Willen entsprechend zum Ausdruck bringen? Was können Angehörige an Professionelle abtreten, welche ambulanten und stationären Angebote sind nützlich, welche machen Sinn, und wie gut informiert sind die, die zeitweise einspringen und nur bedingt helfen wollen? Darf sich die »helfende Hand« zurückziehen, wenn sie ausgeschlagen wird? Muss oder soll man sich einmischen, wenn der Betroffene es nicht will?

Die Sozialpädagogin, Gestalt- und Familientherapeutin Birgit Lambers hat in ihrem 2016 erschienenen Buch *Wenn die Eltern plötzlich alt sind* zu vielen dieser Fragen typische Fallbeispiele und Anregungen gesammelt, um pflegende Angehörige in dem Konflikt zwischen Sorge, Liebe und Überforderung zu einem Weg zu ermutigen, der ihnen hilft, die Belastungen zu meistern.[37]

Welche kleinen und großen Hindernisse den Weg zu einem eigenen Weg behindern können, zeigt das folgende Beispiel.

Mein Vater war mein Held, stark, intelligent und erfolgreich. Auf alles wusste er eine Antwort. Und plötzlich wurde er zerbrechlich, unsicher und ängstlich. Meine Fragen beantwortete er alle nur noch mit: »Weiß ich auch nicht.« Der 49-jährigen Simone ist klar: Ihr Vater hat sie verlassen. Sie selbst muss in die Rolle der Heldin schlüpfen. Sie sagt nun, wo es langgeht, und gibt Antworten auf die drängendsten Fragen.[38]

»Nichts ist wie vorher«, sagen Menschen, die von einem unerwarteten Schicksalsschlag betroffen sind. Das Ereignis stellt die bisherige Lebens-, Arbeits- und Hausordnung auf den Kopf. Gleichzeitig soll möglichst vieles bleiben oder wieder so werden, wie es früher war. Im Leben bleibt jedoch auch ohne plötzlichen Schicksalsschlag nichts, wie es war, denn Leben steht nicht still. Aber wer es anders sehen will, wer überraschend in eine Unordnung gerät und sich zur Neuorientierung gezwungen sieht, sucht umso intensiver nach einem vertrauten Halt oder einem alten Geländer, an dem zu gehen er gewohnt war.

Rollenspiele und Inszenierungen

Aber wie war es früher, in der Zeit vor dem Hilferuf? Wie tragfähig und realistisch sind Rückblick und Selbsteinschätzung? Wie waren und sind die familiären Kommunikationsstrukturen, wie fest und wie belastbar das Vertrauen zueinander?

In der Erinnerung und bei selbstkritischem Rückblick fühlen sich Familienbeziehungen unter der neuen Belastungsprobe anders an, werden Rollenaufteilungen vielfach brüchiger oder stabiler gesehen, als sie wirklich waren. Finden sich in der Vergangenheit gute Beispiele für die solidarische Bewältigung von Krisen und Konflikten sowie Angehörige, auf die auch in der neuen Situation Verlass sein wird, wenn die Belastung über längere Zeit anhalten wird? Viele Menschen behaupten ja, dass sich erst in einer lang andauernden Krise, in der es an die Substanz geht, die wahren, sprich treuen Freunde zeigen. Treue hat etwas mit Bleiben zu tun, ist kein loser Pakt, den man schnell kündigen kann.

Heute hilfsbedürftige Eltern schienen früher genau zu wissen, was richtig oder falsch war, konnten Kräfte und Durchhaltevermögen sowie die Folgen ihres Handelns absehen. Nun wackelt das Selbstbild, Weltsichten zerbröseln, die Selbstständigkeit steht auf wackligen Beinen, und die erwachsenen Kinder übernehmen die Regie. Je autoritärer und einseitiger die Beziehungen zwischen Eltern, Kindern und anderen Angehörigen wie Großeltern früher waren und je kritischer diese Muster damals wahrgenommen wurden, desto stärker halten erwachsene Kinder manchmal bei der Pflege ihrer Eltern unbewusst an den vertrauten Umgangsformen fest, nur jetzt mit vertauschten Rollen: »Einer muss ja schließlich das Sagen haben!«, »Ordnung muss sein!«, »Ich weiß, was das Beste für dich ist!«, »Lass mich mal machen, dann geht es schneller!«, »Vertrauen ist gut, Kontrolle ist besser!«, »Das haben wir immer schon so gemacht!« – die Drehorgel solcher Mustersätze spielt weiter, und alle, ob Kind, Oma, Opa oder andere, die auf Hilfe angewiesen sind, sitzen in der ersten Reihe.

So bin ich, so bleibe und so pflege ich

Je nach Selbstreflexion, Achtsamkeit und Offenheit, nach Zuneigung oder Abneigung im menschlichen Miteinander, je nach persönlichem Rollenverständnis, wirtschaftlicher Situation oder sozialer Vernetzung der Beteiligten finden sich in den neu entstehenden »Kümmerbeziehungen« zunächst wie selbstverständlich die alten Verhaltensmuster und unterschiedlichen »Grundstimmungen« wieder, die auf beiden Seiten – sowohl der Pflegenden wie der Gepflegten – im Laufe des bisherigen Lebens bereits mehr oder wenige erfolgreich »eingeübt« wurden. Dabei lassen sich verschiedene typische Rollenstrukturen beobachten.

Es gibt Menschen, die immer am Rande der Verausgabung leben, sozusagen eine *exzessive* Existenz führen, in der Verausgabung fast zum Selbstzweck wird. Sie sind und fühlen sich stets an irgendeiner Grenze: der Schmerzen, der Erträglichkeit der Lebensumstände, der Selbstansprüche, der Herausforderungen des Alltags, der Geduld. Bei solchen Menschen fällt es schwer, reale Überforderung und Belastung richtig einzuschätzen. Als Pflegebedürftige oder pflegende Angehörige geraten sie schnell und meistens unbewusst in selbst inszenierte dramatische Situationen, wenn ihre körperliche oder seelische Kraft für einen exzessiven Einsatz nicht mehr ausreicht. Sie können einfach nicht anders leben, nicht anders krank sein, nicht anders pflegebedürftig sein. Sie können aber auch nicht anders arbeiten, pflegen, umsorgen. Entweder so oder gar nicht!

Andere Menschen führen eine *eruptive*, eine von Wut, Ungeduld und anderen emotionalen Ausbrüchen umstellte Existenz, die ihre Umgebung in Angst und Schrecken versetzen kann. Im alltäglichen Umgang erkennt man eine Art Macho- oder Diva-Verhalten. Als Patienten oder pflegende Angehörige nehmen eruptive Charaktere jedes Missverständnis, Missgeschick, jede Panne, jedes kritische oder ungerechte Verhalten ihnen gegenüber zum Anlass für einen Wutausbruch, eine Kündigung, einen Arztwechsel oder einen anderen dramatischen Auftritt.

Für den Menschen, der sich einer *normalen* Existenz verschrieben hat, besteht die wesentliche Anstrengung darin, auf keinen Fall aufzufallen. Was zu tun ist oder gefordert wird, wird gemacht – still, schüchtern, höflich und angepasst. Diese Menschen erscheinen gelassener, als sie sind, ihre Neugier hält sich in Grenzen, und das Aussitzen des Lebens ist ihnen lieber, als sich in sein Abenteuer zu stürzen. Wer nicht auffallen will, will auch nicht aus der Reihe tanzen. Die normale Existenz setzt auf Seriosität und bezahlt oft mit einem Mangel an Kreativität und Fantasie. In unruhigen Zeiten verspricht sie eine Art gesteuerte Sicherheit. Nicht zufällig spricht man auch vom »Wahnsinn der Normalität«[39], der Anpassungsstrategie vieler Menschen, die mit Normalgewicht, normaler Sexualität, normalem Kaufverhalten, normalem Bewegungsdrang bis ins hohe Alter ihre statistisch mögliche Gesundheit zu sichern versuchen. Als pflegende Angehörige begleiten sie lieber die Folgen einer normalen Herzerkrankung denn eine Demenz.

Wer gesteigert auf eine *harmonische* Existenz setzt, will Spannungen vermeiden, stets ausgleichen, ohne Streit leben. Alles, was nach Disharmonie oder Konflikt riecht und zur klaren Stellungnahme herausfordert, wird unter den Teppich gekehrt. Ein heftiger, aber klärender Streit mit dem Pflegebedürftigen oder eine offene Auseinandersetzung mit einem Arzt oder einer Heimleitung ist dem auf Harmonie gepolten Angehörigen kaum möglich.

Die *aktivistische* Existenz lässt nichts anbrennen, nimmt alles in die Hand und aus der Hand der anderen, die gern wenigstens für sich mitsorgen würden. Sie fügt sich in nichts, agiert unentwegt, ist viel unterwegs, aber selten da. Viele alte Menschen werden nicht nur in der Demenz von großer Unruhe getrieben: Still herumsitzen geht gar nicht. Fleißige Lieschen und Rennmäuse findet man überall. Pflegebedürftige Angehörige fürchten solche Angehörige, die sie in der häuslichen Pflege ständig mit aktivierenden Angeboten, mit Wasserflaschen, kleinen Mahlzeiten oder anderen Ritualen traktieren oder bei ihren täglichen Besuchen wie ein Wirbelwind durch das Pflegeheim sausen, alles kontrollieren, kaum Zeit für ein Gespräch haben und schon wieder weg sind. Alles gut gemeint, aber deshalb nicht gut!

Die *moralisierende* Existenz ist geprägt von Pflichtgefühlen und Beschuldigungen. Wer ihr begegnet, kommt selten mit einem guten Gewissen davon und weiß schnell, warum ein schlechtes Gewissen eine jener Antriebskräfte ist, sich in Arbeitsbeziehungen, zu der auch die Pflege von Angehörigen zählt, total zu verausgaben. Das schlechte Gewissen und die damit verbundenen Schuldgefühle sind eine Art Sekundenkleber für missglückende und unerfüllte Beziehungen und seit jeher ein wichtiges Hilfsmittel bei der Erziehung und Umerziehung von Menschen. Wenn die Entscheidung ansteht, wer im Fall des Hilferufs eines Angehörigen den Ruf anzunehmen hat, sind die »Moralisten« in einer Familie schnell zur Stelle, ohne ihren Hut in den Ring zu werfen. Wer jedoch nur aus Pflichtgefühl, schlechtem Gewissen oder Schuldgefühlen die Pflege eines Angehörigen übernimmt, der wird das alle Beteiligten spüren lassen und kaum eine mitfühlende Zuwendung aufbauen können.

Die *altruistische* Existenz macht die Hingabe an andere zum wichtigsten, manchmal einzigen Lebensinhalt. Vor allem in der ehrenamtlichen Arbeit verdienen solche Menschen höchsten Respekt und große Anerkennung. In privaten, vor allem familiären Pflegebeziehungen besteht jedoch manchmal die Gefahr, dass sich solche Menschen unbewusst selbst zum Opfer machen und auch so verhalten. Wer als Empfänger mit so viel uneigennütziger Hingabe überschüttet wird, entwickelt mit der Zeit das Gefühl, selbst nicht gebraucht zu werden, letztlich nie etwas zurückgeben zu können, und muss sich auf Dauer bedeutungslos vorkommen. Die Erfahrung, in der Gegenwart des Altruisten alles abgenommen zu bekommen und mit Güte überschüttet zu werden, nimmt dem Empfänger all dieser Güte das befriedigende Gefühl, auch auf eigene Rechnung glücklich werden zu können.

Ausgang offen

Wie und aus welchen Gründen pflegende Angehörige, professionelle Helfer und betreute Sorgenkinder ihre Rollen spielen, um jeden Preis durchhalten, anpassen oder verändern, ob sie sich eruptiv, harmonisch, moralisch, normal oder altruistisch in die jeweiligen »Kümmerbeziehungen« und an den verschiedenen Orten einbringen, ob sich dabei Trauerspiele, Tragödien, Komödien oder Schlagerparaden abspielen, bleibt offen. Manchmal erklärt eine Karikatur, worum es geht. »Wenn du nicht gleich stirbst, lasse ich mich scheiden!«, kommt in einer Sprechblase aus dem Mund einer Ehefrau, die erschöpft neben ihrem Ehemann auf einer Bank hockt und offensichtlich nicht weiß, wie es weitergehen soll. Könnte Ihre Mutter nach zwanzig Pflegejahren eine solche Idee haben? Kennen Sie Ehepaare, bei denen es für Sie ein Rätsel ist, warum diese aus angeblicher Sorge füreinander zusammenbleiben, aber sich verbittert mit Vorwürfen traktieren?

Der bayerische Humorist und Philosoph Karl Valentin hat die Offenheit aller Antworten auf die Hilferufe des Lebens so beschrieben: »Jedes Ding hat drei Seiten, eine positive, eine negative und eine komische.« Auch bei der Begleitung schwer kranker Menschen und am Ende des Lebens ist nicht Schluss mit lustig, selbst wenn man Loriots Einsicht »Komisch ist alles, was scheitert« nicht immer folgen will. Humor ist ein Widersacher der Angst, und auch wenn wir ihn nicht immer annehmen können, bringt er sich wie von selbst ein, wenn wir einmal versuchen, auf Distanz zum Geschehen zu gehen, uns selbst von der Seite anschauen und die Perspektive wechseln. Oft stimmt der Spruch: »Humor ist, wenn man trotzdem lacht.« Einige Beispiele aus einem eher seltenen, aber segensreichen Humortagebuch für Pflegemitarbeiter in einem Hospiz, das diese selbst angelegt haben, zeigen, wie das geschieht:

Herr Keller fällt fast um, ich halte ihn und setze ihn auf den Stuhl. »Warum schwanke ich so?«, fragt er. »Wegen Ihrem Schlaganfall.« »Ach so, früher musste ich dazu ein paar Maß trinken, heute habe ich das umsonst.«

Ich unterhalte mich mit der Patientin aus Zimmer 9. Sie erzählt mir von ihrem Beruf. Plötzlich fragt sie: »Und was machen Sie so beruflich?« Bin so verblüfft, dass ich lachen muss.[40]

Menschen eignen sich im Leben die unterschiedlichsten Strategien an, um auch mit dem umgehen zu lernen, was ihnen plötzlich vor die Füße gelegt wird. Der Perfekte muss akzeptieren, dass seine Pflege nicht so läuft, wie er sich das vorstellt. Der Aktivist muss Pausen einlegen, weil sich der zu pflegende Angehörige nicht treiben lässt. Der Moralist und pflichtbewusste Bruder ist mit einer jüngeren Schwester konfrontiert, die sich weigert, die Pflege der Eltern zu übernehmen, weil sie gerade einen Auslandsaufenthalt geplant hat.

Die bisherigen Rollen, Einstellungen und Verhaltensweisen aller aktuell Beteiligten werden zum Gelingen oder Misslingen der zu treffenden Entscheidungen und der erforderlichen Interaktionen zwischen den Beteiligten beitragen. Das Leben steht zwar nach seinem Hilferuf Kopf, aber die Beteiligten müssen wieder Boden unter die Füße bekommen und bleiben zunächst die, die sie im bisherigen Leben geworden sind.

Zündstoff gibt es genug

Wenn das Leben um Hilfe ruft, schlagen die Blitze selten wie aus heiterem Himmeln ein. Die Lebensbude brennt mehr oder weniger lichterloh. Wer retten, löschen und bewahren kann, ist noch nicht ausgemacht. Anders als beim Notruf nach Polizei und Feuerwehr braucht die Planung für den Einsatz und die Übungsabfolge für pflegende Angehörige mehr Zeit.

Familiäre Umbrüche und plötzliche Schicksalsschläge erzeugen bei allen Betroffenen große Unsicherheiten, lassen das Gewohnte brüchig werden, bringen die Routinen durcheinander und treiben geradezu panisch den Wunsch an, alles schnell hinter sich zu bringen und am liebsten zum Ausgangspunkt zurückzukehren. Was bisher Halt und Richtung gab, was sich als Alltagsstrategie und Routine bewährt hatte, soll auch jetzt bevorzugt die Unsicherheit vertreiben und Ordnung ins Chaos bringen. Und so beginnt sich das persönliche Karussell zu drehen. Die einen müssen oder meinen zu müssen, was sie nicht können, die anderen sollten, was sie nicht wollen, weil es selbstverständlich erwartet wird, aber das eigene Leben bedroht. Wer als Tochter endlich wie versprochen Mutter oder Vater oder auch beide pflegen darf und dem Herzensanliegen folgend ins Elternhaus zurückkehrt, fühlt anders als die Tochter, die sich beruflich täglich im Minutentakt um andere Menschen kümmert, aber sich nicht vorstellen kann, dass die eigene Mutter ins Pflegeheim einzieht und wie immer auf ihrer Sonderrolle als Mutter bestehen wird, deren Zuwendung sie nicht mit anderen Heimbewohnern zu teilen gedenkt.

Heimliche und stille Erwartungen bevölkern unser Leben, solange wir leben. Wir wissen zwar, dass auch unser Leben vom Teilen lebt, aber lieb ist uns das nicht unbedingt. Unsere Altersgenossen sind zwar schon im Alten- oder Pflegeheim, aber wir wollen nicht hin, wo schon andere Alte und Pflegebedürftige sind.

So lauern ungestillte Bedürfnisse, vergebliche Hoffnungen und eine ganze Armee von Erwartungen in jeder Ecke einer Familie, einer Ehe, einer langjährigen Freundschaft oder in einer betreuten Wohngemeinschaft, zu der uns vielleicht irgendjemand überredet hat. Allgemeine wie besondere Erwartungen bereiten sich im Lebenslauf von Menschen heimlich, still und leise auf ihren großen Auftritt vor, halten wenig von Gerechtigkeit, wollen endlich alles, und zwar sofort, leugnen Interessenkonflikte und haben meistens eine spezifische Person aus dem Kreis der Angehörigen im Blick, wenn es um die Versorgung im Alter geht, wie das folgende Beispiel zeigt.

Vera, eine alleinstehende 69-Jährige, hatte seit Jahrzehnten eine beste Freundin: ihre Mutter. Die Freundschaft entwickelte sich schon sehr früh, denn Veras Vater war beruflich sehr viel unterwegs. Weder der Tod des Vaters noch die 70 Kilometer zwischen ihren Wohnorten hatten Einfluss auf das enge Verhältnis der beiden. Als Vera wieder mal ein Wochenende bei ihrer Mutter verbrachte, meinte diese eher beiläufig: »So, Vera, jetzt ist es so weit, jetzt musst du zu mir ziehen.« Vera war sprachlos, denn das hatte sie weder geplant noch vorausgeahnt, und obwohl sie bereits seit Jahren pensioniert war, kam es für sie nicht infrage, diese Forderung ihrer Mutter zu erfüllen. Das wiederum hatte ihre Mutter nicht erwartet: Sie war viele Monate sehr verärgert und beleidigt, obwohl Vera sich vier Tage in der Woche komplett um sie kümmerte und für die restliche Zeit eine Hilfe organisierte. Veras Bruder, der zehn Minuten entfernt von der Mutter wohnte, wurde nie mit Erwartungen konfrontiert: »Markus hat keine Zeit, er hat ja auch noch Familie.« Dass seine drei Kinder längst erwachsen waren und in alle Winde verstreut lebten, wurde nicht thematisiert.[41]

Der Glaube, dass sich Familienmitglieder gut kennen, selbstverständlich aufeinander Rücksicht nehmen und in den jeweiligen Lebensphasen Nähe und Distanz auf verschiedene Weise praktizieren, ist naiv und manchmal ein krankmachender Irrglaube. Speziell das schwierige Verhältnis von Müttern und Töchtern ist ein Dauerbrenner in der psychotherapeutischen Literatur und im Umgang von älter gewordenen Töchtern mit ihren alten Müttern. Die siebzigjährige Tochter, die ihre über neunzigjährige Mutter viermal in der Woche im Altenheim besucht, hört immer wieder den Satz: »Du kommst ja nie!« und selten ein Dankeschön! Der wesentlich jüngere Bruder und Sohn, der einmal im Jahr für einen

Kurzbesuch einfliegt, wird dagegen wie ein König empfangen, und, angestachelt von der Begeisterung der stolzen Mutter, steht das ganze Heim Kopf.

Angehörige: Lieblingskinder der Nation

Wenn das Leben in besondere Not gerät, Selbstständigkeit und Selbstversorgung gefährdet erscheinen oder tatsächlich sind, und wenn Sorge- und Pflegebedürftigkeit zum beherrschenden Thema werden, richtet sich der öffentliche wie der private Blick automatisch auf Angehörige oder Zugehörige, also auf die Menschen, die einander nahe sind oder fühlen oder zu denen lebensgemeinschaftliche Beziehungen bestehen. Neben Familie gehören dazu auch andere Lebensgemeinschaften, Freundeskreise oder aktive Nachbarschaften.

Wir glauben es kaum: 70 Prozent aller Pflegebedürftigen in Deutschland werden ohne weitere Hilfe nur von Angehörigen versorgt.[42] Die meisten, die im Fall der Fälle Hilfe brauchen, kurzfristig oder dauerhaft gepflegt werden müssen, und die, die als An- und Zugehörige ihre Hilfe anbieten und die komplexe Aufgabe übernehmen, ohne genau zu wissen, was auf sie zukommt, kennen sich oder meinen, sich aufgrund gemeinsamer Herkunft und Lebensgeschichte zu kennen. »Fremde kommen mir nicht ins Haus!«, »Ich will nicht ins Heim!«, » Niemand wird abgeschoben!«, » Das packen wir!« – an solchen klaren Bekenntnissen zur Zugehörigkeit fehlt es nicht. Die praktische Umsetzung ist schon schwieriger.

Leben bleibt gerade im Krisen und Notfällen und auch an einem Ort wie der Familie, wo jeder jeden zu kennen meint, ein Weg durch die Fremde. Aber nur indem wir den unbekannten Weg einschlagen, lernen wir genauer kennen, worum es geht und wer sich für die Begleitung eines pflegebedürftigen oder hilflosen Angehörigen eignet und wer eher nicht.

Das Gefühl, Vater und Mutter verpflichtet zu sein und sie »ehren« zu sollen, erinnert die meisten Menschen nicht primär an ein christliches oder religiöses Gebot, sondern eher an eine Zuständigkeit, in der es – ähnlich wie beim Eheversprechen – um das verinnerlichte persönliche wie gesellschaftlich vermittelte Pflichtgefühl geht, sich irgendwann im Leben um die eigenen Großeltern, Eltern, Schwiegereltern oder auch entferntere Angehörige in Not zu kümmern. Bevor dieses allgemeine Zuständigkeitsgefühl mit einem realen Zustand und konkreten Forderungen konfrontiert wird, tragen wir den eher unbequemen Gedanken als Gefühl einer zukünftigen Anmahnung an das Unvermeidliche mit uns herum und hoffen, dass das Befürchtete nie eintritt. Deshalb gehen wir gutgläubig davon aus, dass unsere Kinder, Ehepartner und wir selbst gesund und munter bleiben, dass auch die eigenen Eltern und Schwiegereltern – wie diese selbst hoffen – klar im Kopf, gesund und selbstbestimmt alt werden und dass man schon deshalb nicht unbedingt darüber sprechen muss, was es für die Beziehungen zueinander bedeuten würde, wenn es anders kommt.

»Ich will niemandem zur Last fallen« – das ist der Satz, der wie gesagt den Zugang nicht nur zur eigenen Zukunft blockiert, die ja offen ist. Der Satz »Kommt Zeit, kommt Rat!« ist auch nicht viel besser und bringt, wenn die Zeit plötzlich gekommen ist, viel Verzweiflung in das Ringen um eine angemessene Lösung.

Die Geschichte von Renate zeigt, wie die Versorgungsaufgabe nahestehender Personen manchen Angehörigen seelisch und sozial das eigene Leben kosten kann.

Renates Kinder machten Anstalten, flügge zu werden und das Haus zu verlassen. Als ihre Mutter plötzlich unheilbar erkrankte, war es für Renate selbstverständlich, sie zu pflegen und ihr Haus umzubauen, damit die Mutter dort bei zunehmender Hilfsbedürftigkeit versorgt werden könnte. Renate hatte Zeit, denn als Hausfrau war sie seit einigen Jahren mit ihren fast erwachsenen Kindern nicht mehr gefordert, und für eine Wiederaufnahme der vorehelichen Berufstätigkeit war es zu spät.[43]

Viele Frauen, die ihre Kinder zu Hause versorgt haben, kommen beim Auszug der Kinder in einen neuen Lebensabschnitt und müssen überlegen, ob und wie sie sich anderen Lebensaufgaben zuwenden wollen. Manche steigen wieder in ihren Beruf ein, andere gehen spezifischen Bildungsinteressen nach, wieder andere freuen sich auf die Enkelkinder, und auf manche – wie Renate – warten bereits die nächsten Sorgenkinder. Ohne zu zögern, nimmt sie die Aufgabe an.

Ihre Mutter wurde für die letzten vier Jahres ihres Lebens zum Pflegefall, und Renate versorgte sie nur in den letzten Lebensmonaten mithilfe eines ambulanten Pflegedienstes. Renate zählte inzwischen 62 Jahre und hörte die leisen Klagen ihres inzwischen pensionierten Ehemannes, dass er sich sein Rentnerleben mit ihr aber anders vorgestellt habe. Als Renates Mutter starb, war ihr Tod für alle Beteiligten eine Erlösung. Renates Mann schmiedete nun Pläne für eine Reise nach Kanada, die vom örtlichen Wohlfahrtsverband organisiert wurde. Kurz bevor es losging, erlitt er einen Schlaganfall und hüpfte dem Tod nur ganz knapp von der Schippe. Als Invalide mit massiven Einschränkungen kehrte er aus dem Krankenhaus zurück und wurde zum Pflegefall. Die folgenden 14 Jahre versorgte Renate nun aufopfernd und mit unendlicher Geduld ihren Mann, und als er verstarb, war sie 77. Ein Jahr nach seinem Tod wurde bei ihr Alzheimer diagnostiziert.[44]

Jede spezifische Sorge- oder Pflegebeziehung – ob zu einem Kind, den Eltern oder einem Ehepartner – ist wie gesagt eine neue Beziehung, die bewusst und unbewusst auf die bereits bestehenden Beziehungen einwirkt und diese überlagert. Im besten Fall lassen sich die unterschiedlichen Ansprüche und Interessen ausgleichen. Ein relativ harmonisches Gleichgewicht kann entstehen, wenn die neuen Aufgaben mit den bestehenden kombinierbar sind, sich die bisherigen familiären Beziehungserfahrungen überprüfen, neu strukturieren oder verändern lassen und sich das Verhältnis von Selbstsorge und Fremdsorge für alle Beteiligten immer wieder ausbalancieren lässt. Bei Renate aus dem Beispiel oben gelingt das nur bedingt. Die Sorge um die Mutter lässt ihr kaum Zeit für die Lebensbedürfnisse in ihrer Ehe. Dieser ungelöste Interessenkonflikt und das Hintanstellen eigener Bedürfnisse zeigen ihre tragische Seite darin, dass die lang ersehnte gemeinsame Reise mit dem Ehemann auch nach dem Tod der Mutter nicht stattfinden kann, weil nun der Ehemann Renates nächster Pflegefall wird und sie nach dessen Tod am Ende selbst als Pflegefall »mutterseelenallein« bleibt.

Wenn eine spezifische Pflegebeziehung die familiäre Situation tiefgreifend verändert, muss sie als neue und zusätzliche Belastung gut durchdacht werden. Geschieht das nicht und werden Ambivalenzen und Unsicherheiten mit eisernem Willen, plakativen Sprüchen oder Durchhalteparolen überspielt, werden widersprüchliche Interessenlagen ignoriert und unbearbeitete Beziehungskonflikte, Geschwisterrivalitäten, Scham, Beschämung oder Schuldgefühle bei allen Beteiligten unter den Teppich gekehrt, so ist der Aufbau einer »selbstbestimmten und menschlichen Pflegebeziehung« nicht möglich. Damit ist auch der von allen angestrebte würdevolle Umgang miteinander gefährdet. Wenn sich im Beziehungsverhältnis zwischen Eheleuten oder zwischen Eltern und Kindern Macht-, Abhängigkeits- und Bedrohungsmuster eingespielt und das Zusammenleben geprägt haben, werden diese Muster auch die aktuelle Pflegebeziehung nicht nur bestimmen, sondern sogar verschärfen, wie das folgende Beispiel eines älteren Ehepaares zeigt.

> *Der Mann hatte klassischerweise immer »die Hosen an« und bestimmte entscheidend über das Leben seiner Frau und seiner Kinder. Die Frau wiederum beugte sich seinem Willen, federte die Härten für die Kinder ab, versuchte, das Beste draus zu machen. Nun hat der alte Mann einen Schlaganfall und brüllt seine ebenso alte Frau an, wenn sie nicht spurt. Dabei tut sie doch alles, um die Anforderungen des Alltags mit der Pflege ihres Mannes in Einklang zu bringen. Da sie das ihr gemeinsames Eheleben lang so und nicht anders kennt, versteht sie zunächst nicht das Ausmaß ihres seelischen Schmerzes und Unglücks. Erst, als ihre Tochter sagt, dass sie es kaum aushalten könne, wie »opferbereit« sie sei, und dass sie sich das bieten lasse, werden ihr sein ungerechtfertigtes, überforderndes und als lieblos empfundenes Verhalten, ihr Bedürfnis nach Anerkennung vonseiten ihres Mannes und ihr Gefühl der Unzulänglichkeit schmerzlich bewusst.*[45]

Individuelle familiäre und professionelle Pflegebeziehungen können gelingen oder scheitern. Was als liebevolle Zuwendung und mit Hingabe begann, kann in Wut, Verzweiflung und latenten Todeswünschen enden. Was vorher mehr als schwierig war, kann noch schwieriger werden. Was unvorstellbar war, kann funktionieren. Was vertraut war, kann fremd, was fremdartig war, kann vertraut werden. Was möglich schien, überschreitet mit der Zeit die Grenzen seelischer und körperlicher Belastbarkeit. Was versprochen wurde oder sicher schien, kann plötzlich seine Gültigkeit verlieren.

Wo Fröhlichkeit, Hingabe, Ausdauer und Hoffnung immer wieder das Zusammensein bestimmten, beherrschen auf längere Sicht Grübeln, Angst, Hilflosigkeit und Depression die Stimmung, wenn die Belastungsgrenzen erreicht, aber nicht bewusst gemacht werden. Bisherige gemeinsame Wege werden verlassen, erscheinen illusionär und als Sackgasse. Neue Gemeinsamkeiten werden gefunden und wirken wie eine Rundumerneuerung. Hilfsmöglichkeiten werden oft nicht gesehen oder prinzipiell abgelehnt, Vereinzelung und Einsamkeit sind oft die Folge, müssen es aber nicht sein, wenn Augen und Ohren neue Sichtweisen und Töne entdecken. Auf die Frage: »Braucht ihr Hilfe?«, antworten viele ältere Eltern: »Nein danke, wir kommen gut zurecht und melden uns, wenn wir Unterstützung brauchen.« Oft ist dann das Kind schon in den berüchtigten Brunnen gefallen. Das Brett vor dem Kopf ist nicht nur selbst gezimmert, sondern auch gegen Bohrlöcher resistent.

Art und das Ausmaß zunehmender Hilfsbedürftigkeit wird auch in vertrauten, familiären Beziehungen oder gut funktionierenden Nachbarschaften oft eher zufällig erkannt: ein Überraschungsbesuch bei einem allein lebenden Elternteil zeigt den leeren Kühlschrank, die eingestaubte Wohnung, die ungeöffneten Rechnungen, die Einsamkeit. Es ist schon bei uns selbst oft nicht leicht, wahrzunehmen, wie sich körperliche und seelisch-geistige Verfassungen verändern, welche Kraftgrenzen erreicht werden, welche Veränderungen notwendig sind, aus welcher Richtung der Wind wehen müsste, ob Sturm und Bestürmung angesagt sind, und welche Art von Hilfe nötig wäre.

Der Schriftsteller Arno Geiger beschreibt diese Schwierigkeit bei der langsamen Entdeckung der Hilflosigkeit und Verwirrtheit seines Vaters seitens der Familie so:

Da der Vater schon immer einen Hang zum Eigenbrötlerischen hatte, erklärten wir uns seine bald nach der Pensionie-

rung auftretenden Aussetzer damit, dass er jetzt Anstalten machte, jegliches Interesse an seiner Umwelt zu verlieren. Sein Verhalten erschien typisch für ihn. Also gingen wir ihm etliche Jahre mit Beschwörungen auf die Nerven, er solle sich zusammenreißen.[46]

Geiger beschreibt hier einen vielen Menschen bekannten Prozess der Verdrängung von Eindrücken und Wahrnehmungen, die unangenehm sind, schwierige Folgen haben könnten, einfach nicht ins Bild passen und die eigentlich eine Reaktion verlangen. Seelische Erkrankungen wie Depressionen, Suchtverhalten oder in den letzten Jahren zunehmend der langsame Prozess einer demenziellen Erkrankung bei Verwandten und Freunden gehören in diesen Kontext der Verweigerung oder Vertagung von Problemen seitens der Angehörigen. Statt sich auf das sichtbar Kommende einzulassen, taucht man mit den Betroffenen in das Beängstigende ab und versucht eine Normalität abzurufen, die gerade verloren geht. Arno Geiger beschreibt das so:

Heute überfällt mich ein stiller Zorn über diese Vergeudung von Kräften: Denn wir schimpften mit der Person und meinten die Krankheit. »Lass dich nicht so gehen!«, sagten wir hundertmal, und der Vater nahm es hin, geduldig und nach dem Motto, dass man es am leichtesten hat, wenn man rechtzeitig resigniert.[47]

Viele Angehörige erleben in ähnlicher Weise, welche demütigenden und kränkenden Folgen die Tabuisierung einer Krankheit wie Demenz, aber auch das Verschweigen anderer körperlicher und seelischer Veränderungen wie Schwerhörigkeit, Angstzustände, Schlaflosigkeit, leichte Desorientierung oder Inkontinenz für den Umgang miteinander haben. Der Vater, so erkennt der Sohn, *leistete sich keinen hartnäckigen Stellungskrieg gegen seinen geistigen Verfall und suchte nicht ein einziges Mal das Gespräch darüber. Wenn der Vater zu einem seiner Kinder gesagt hätte, tut mir leid, mein Gehirn lässt mich im Stich, hätten alle besser mit der Situation umgehen können. So jedoch fand ein jahrelanges Katz-und-Maus-Spiel statt, mit dem Vater als Maus, mit uns als Mäusen und mit der Krankheit als Katze.*[48]

Der Verlust von Lebenskompetenzen und die Entwicklung von Hilfsbedürftigkeit sind subtile Prozesse, die meistens in aller Stille verlaufen. Obwohl gestern noch alles zu funktionieren schien, sich sozusagen im grünen Bereich der Normalität bewegte, hat sich hinter den Kulissen eine bisher gut strukturierte Lebensordnung langsam, aber sicher in eine Welt verwandelt, die immer weniger beherrschbar ist. Nur langsam lernt der Sohn, »dass man für das Leben eines an Demenz erkrankten Menschen neue Maßstäbe braucht« und auch den Witz und die besondere Weisheit erkennen muss, wenn der demente Vater auf die Frage, wie es ihm gehe, antwortet: »Es geschehen keine Wunder, aber Zeichen«, oder feststellt: »Das Leben ist ohne Probleme auch nicht leichter.«[49]

Wie andere Menschen, so werden auch unsere eigenen Eltern auf ihre ganz spezifische Weise alt, krank, widerständig und manchmal unbegreiflich komisch. Ehepartner entwickeln sich in der Krankheit zu unbekannten Wesen, manchmal zu Zeitbomben. Der geistreiche, immer aktive Bruder ist langsam und unerkannt in eine ausweglose Depression geschlittert, hängt tagelang vor dem Fernseher und hat jeden Tatendrang verloren. Die unverheiratete, chronisch kranke Schwester ist mehr und mehr in Armut geraten und lebt inmitten reicher Verwandter voller Scham und Schuldgefühle von Sozialhilfe. Der erwachsene Sohn erleidet einen schweren Unfall, sitzt im Rollstuhl, will aufwendig heiraten und mit allen Ansprüchen auf Versorgung wieder ins Elternhaus einziehen.

Auf nichts können wir uns wirklich verlassen, auf fast nichts wirklich vorbereiten, was uns aus der gefühlten Sicherheit nicht doch herauskatapultieren könnte. Ein lebensveränderndes Ereignis erwischt den Menschen mehr oder weniger kalt, wenn es unter seinem Ruhesessel heiß wird, das bisherige Leben unter Beschuss gerät und einem die ganze mühsam erreichte Normalität um die Ohren fliegt. Jahrzehnte alte, stabile Beziehungen mit festen Ritualen, klarer Rollenverteilung und scheinbar sicherer Zukunft geraten aus den Fugen und verschwinden unwiederbringlich.

Das gemeinsame Leben sollte erst beginnen, und es gab noch keinen Ruhesessel, auf dem man bereits Platz genommen hatte. Der Überfall kam sozusagen aus heiterem Himmel.

> *Wir kannten uns 1991 erst ein gutes Jahr, als mein damals 25-jähriger Mann Jürgen von der Neurologin mitgeteilt bekam: »Sie haben Multiple Sklerose!« Das war zunächst ein Schock.*[50]

Es gelingt dem Paar jedoch, die Diagnose nicht zum Mittelpunkt seines Lebens zu machen, sondern sie draußen vor der Tür anzusiedeln, gewissermaßen mit Blickkontakt.

> *Aber in den ersten zehn Jahren nach der Diagnose war die Krankheit zwar da, bestimmte jedoch nicht unseren Alltag. 1999 wurde unsere Tochter Leah geboren. Zu diesem Zeitpunkt konnte Jürgen noch gut laufen. Allmählich, ab dem Jahr 2000, schlich sich die Multiple Sklerose (MS) immer mehr in unser Leben hinein. Im Jahr 2005 fragte unsere Tochter, damals 6 Jahre alt, wie selbstverständlich: »Papa, wann bekommst du einen Rollstuhl? Dann kommst du doch viel besser voran.«*[51]

Recht hat sie, findet die Mutter und freut sich, dass die Tochter ihren eigenen Umgang mit der Krankheit des Vaters entwickelt. Dennoch gesteht sie:

> *Womit ich aber in den ersten Jahren des Krankheitsverlaufs zu kämpfen hatte, waren meine gefühlte Ohnmacht und die Verzweiflung über diese verdammte, sich stetig verschlimmernde Krankheit. »Ich kann nichts tun«, dachte ich damals. Nur zuschauen. All das gepaart mit Selbstmitleid: Wieso gerade ich? Zugegebenermaßen vergaß ich manchmal, dass mein Mann die größere Last zu tragen hatte. Ich haderte und konnte dieses Schicksal nicht annehmen (…). In diesem jahrelangen Prozess habe ich eine bewusste Entscheidung getroffen: Du gehst den Weg mit. Denn ich wollte und will zusammen mit meinem Mann und mit unserer Tochter als Familie leben.*[52]

Was geschieht? Eine Diagnose, in der Folge mindestens zwei, wenn nicht mehr Patienten. Jürgen Dolle, seine Ehefrau Kirsten und Tochter Leah leben inzwischen seit fünfundzwanzig Jahren mit der chronisch fortschreitenden Krankheit MS. Sie gehört zu ihrem Familienleben und fordert jeden von ihnen immer wieder neu heraus. Das Leben ist anstrengend und kreativ zugleich und braucht die Kraft und Fantasie derer, die es leben müssen.

> *»Das Leben ist schon deshalb anstrengender, weil man sehr viel mehr organisieren muss, selbst im größten Stress – etwa wenn Züge spontan gestrichen werden. Darin sind wir Meister geworden. Wir brauchen unsere Energie, und deshalb rege ich mich tatsächlicher weniger auf als früher (…). Die aufzuwendende Zeit für Anträge, auszufüllende Formulare, Rücksprachen oder Widersprüche ist enorm«, sagt die Ehefrau, aber auch: »Wir schaffen es, die Zeit, die wir haben, zu genießen.«*[53]

Sowohl pflegende als auch zu pflegende Angehörige können durch die Pflegesituation in eine spezifische, auf Dauer krank machende Beziehung geraten, wenn sie nicht wie im obigen Beispiel in einen nachhaltigen Dialog mit der neuen Situation und ihren Gegebenheiten eintreten wollen oder können. Eine anfangs spontane, freiwillige und als fürsorgliche Zuwendung gedachte Beziehung kann mit der Zeit ohne eine reflektierte Selbstbesinnung, Selbstprüfung und Geduld für den langwierigen und immer wieder auch überraschenden Prozess in eine krank machende fatalistische Abhängigkeit münden. In dieser verlieren dann Distanz und Nähe, Freiheit und Selbstständigkeit auf der einen und Abhängigkeit, Eingebundenheit und Einschränkung auf der anderen Seite ihr wechselseitig komplementäres, also aufeinander bezogenes und sich ausgleichendes Verhältnis. Die Folge sind einseitig strukturierte Verhältnisse, in denen letztlich alle Beteiligten auf Dauer die notwendige Balance verlieren, um nicht nur zu überleben, sondern auch in eigener und gemeinsamer Regie zu leben.

Wir stehen vor einem Dilemma. Die meisten Menschen möchten sich in Krisensituationen nicht in fremde Hände begeben, und viele Angehörige wollen als Eheleute oder Kinder geliebter Eltern aus unterschiedlichen Gründen so viel Zeit wie möglich mit ihren Angehörigen verbringen. Die private, familienorientierte häusliche Pflege und die professionelle öffentlich Pflege greifen ineinander, müssen sich abstimmen und haben ihre jeweiligen Problemzonen. Anerkennung und Dankbarkeit finden sich neben übertriebenen Forderungen, Misstrauen und dem Verdacht, dass die Zuteilung von Hilfen nicht gerecht ist. Die Berichte über die Großwetterlage im Bereich von Altenarbeit und Krankenpflege versetzen die älter werdenden Bürger und Bürgerinnen häufig in Angst und Schrecken. Aber die differenzierte Wahrnehmung dessen, was direkt um uns herum, in der eigenen Familie, in Nachbarschaft und Kommune geschieht, kann helfen, den Schrecken zu mindern. Sie kann dazu auffordern, früh genug selbst nachzudenken und zumindest dort Hand anzulegen, wo es um das eigene und das Leben unserer Liebsten geht.

Was wissen wir über die konkreten Situationen und Herausforderungen, die links und rechts neben uns die Menschen in Beschlag nehmen? Angehörigenarbeit wie auch professionelle Arbeit in den Bereichen Sozialarbeit, Kranken- und Altenpflege ist kein »Geheimnis«, aber, wie man leicht erkennen kann, in besonderer und vielfacher Weise eine Grenzerfahrung. Jeder von uns kennt einen Menschen, der pflegt, gepflegt hat oder sich demnächst um jemanden kümmern wird. Und er kennt auch irgendeinen Menschen, der sich mühsam durchs Leben quält und Hilfe braucht. Diese Menschen gehören zu unserer Familie, wohnen als Nachbarn neben uns, kaufen im selben Supermarkt ein, sind plötzlich von der Bildfläche verschwunden oder werden von den ambulanten Diensten betreut, deren Autos vor unserer Haustür parken. Es geht immer darum, Angewiesenheit als eine Grundstruktur lebendigen Lebens zu begreifen und persönlich wie professionell eine Haltung zu entwickeln, die sich den Bedürfnissen der menschlichen Existenz ethisch verpflichtet sieht und versteht, warum wir von »humanen Dienstleistungen« sprechen. Wer die Hilferufe des Lebens hört und ihre Klagelieder wahrnimmt, bekommt die Gelegenheit, sich selbst darin zu erkennen. Die Sintflut kommt nicht nach uns, sondern flutet neben uns, auch das spüren wir.

Nicht nur die Fülle, auch die Alltäglichkeit der Notrufe löst manchen Schrecken aus. Sobald eine Diagnose wie Krebs oder Demenz die eigene Familie erreicht, hat man das Gefühl, rundum nur noch solche Diagnosen zu sehen. Die ganze Welt der alten Menschen scheint von Demenz betroffen, und beim ersten Namensausfall setzt man sich selbst schon mal auf die Risikoliste. Hilferufe des Lebens sind immer ambivalent und lösen Ambivalenzen aus. Sowohl die Rufer als auch die, die sie hören, angesprochen sind und bereitstehen, sind in der Einschätzung der Lage unsicher. Sie fühlen sich von Fakten überwältigt, wissen nicht, welche erste Hilfe nötig ist, von wem sie kommen könnte, was sie kosten darf, können Art und Weise, Zeit und Raum nicht abschätzen, in die hinein sie als Angehörige wirksam werden können und wollen. Das Gefühl, »irgendwie« zuständig zu sein, ist meistens klarer als die Zustände, um die es geht. Alles sollte und scheint möglich! Die Einsicht, was geht und was nicht, wächst langsam und kostet viel Kraft.

»Wo ein Wille ist, ist auch ein Weg«, haben wir als Kinder von unseren Eltern gelernt. Wenn diese selbst aber in späteren Jahren ihre Willenskraft verlieren, depressiv werden und keinen Ausweg aus ihrer Misere finden, einerseits auf den Mut und die Kreativität ihrer Kinder hoffen, aber jedem Vorschlag gleichzeitig mit Misstrauen begegnen und sich nicht bevormunden lassen wollen, wird die Hilfe schwierig. Goldene Regeln werden verworfen, bisherige Erfahrungen eingeäschert, Bezugssysteme umdefiniert und die Karten so lange neu gemischt, bis möglicherweise alle Beteiligten die Orientierung verloren haben oder tatsächlich eine Lösung möglich wird. Man braucht viele Joker, um den praktizierbaren Weg zu finden.

Wie und aus welchen Gründen die Grenzen der körperlichen, seelischen, geistigen und sozialen Belastbarkeit erreicht werden können, zeigt das folgende Beispiel eines alten Ehepaares, das sich einerseits das Versprechen gegeben hat, sich gegenseitig zu helfen, aber kein Bewusstsein von den Schatten der Vergangenheit hatte, die die Ausgestaltung des Versprechens mehr als schwierig machten.

»Die nimmt jetzt so richtig Rache an mir«, erzählt ein pflegender Ehemann in der Beratungsstelle für Angehörige mit leiser, zittriger Stimme, in der neben Traurigkeit auch unter-

drückter Zorn mitklingt. Er lässt keinen Zweifel daran, dass er seine Frau pflegen will. Aber er leidet unter alten Beziehungsmustern mit umgekehrten Vorzeichen. »Jetzt, wo ich alt bin und auch meine gesundheitlichen Schwierigkeiten habe und nicht mehr so kann, zahlt sie mir alles heim, womit ich sie verletzt habe. Dass ich sie nicht genug beachtet hätte, dass sie mir nie was hätte so richtig recht machen können, dass ich so oft lieblos und unfreundlich gewesen sei usw. Und richtig hämisch wird sie, wenn sie sagt, dass ich auch jeden Tag an Attraktivität verliere. Vor allem diese Häme, die tut mir richtig weh. Dagegen weiß ich mich nicht zu wehren. Egal, was ich alles falsch gemacht haben mag, und da fällt mir 'ne Menge ein – ich habe doch immer zu ihr gestanden und tue das auch immer noch. Warum macht sie das? Warum macht sie uns das Leben so schwer?«[54]

Ein häufiges Problem in der gegenseitigen Pflege alter Ehepaare. Die Verletzungen und Lieblosigkeiten der Partnerschaft im bisherigen Zusammenleben kochen im Rahmen der Pflegebeziehung und ihrer veränderten Rollenaufteilung hoch, gefährden den Rest der Beziehungsfähigkeit und fordern gleichzeitig dennoch dazu auf, die eingespielten Beziehungsmuster zu verändern und den eigentlichen, lebensnotwendigen Sehnsüchten und Gefühlen Raum zu geben. Nachdem der Ehemann über seine Verletzungen, seine Fehler, aber auch über die Liebe zu seiner Frau und seine Sehnsucht nach Frieden sprechen konnte, veränderte sich die Situation, und beide Partner konnten wieder respektvoller miteinander umgehen.

Seelischer Schmerz, Gedankenlosigkeit, Befindlichkeitsstörungen, Krankheitssymptome und Ängste aller Art sind Ausdruck von unterschiedlichen Schwierigkeiten, die mit der Komplexität der Pflegesituation, der öffentlichen Wahrnehmung und den individuellen Pflegebeziehungen zusammenhängen. Bei der Suche nach möglichen, den beteiligten Menschen gerecht werdenden Lösungen, die für beide Seiten gangbar sind, begleiten häufig Alarmsignale und Befindlichkeitsstörungen den Prozess. Solche Störungen sind Suchbewegungen von Körper, Geist und Seele und können sich sehr unterschiedlich äußern: Beim Umzug in ein Pflegeheim bekommt die alte Dame an der Tür zu ihrer neuen Wohnung eine Spontanlähmung und kann keinen Schritt weitergehen. Ein pflegebedürftiger Rentner, der gern von seiner berufstätigen, im Ausland lebenden Tochter gepflegt worden wäre, verschenkt sein ganzes Vermögen an die Tochter eines Freundes, die ihn regelmäßig einmal die Woche besucht. Oder die Tochter einer pflegebedürftigen Mutter, die von dieser zum wiederholten Mal hört, dass sie – wie schon als Kind – zu nichts zu gebrauchen sei: Buchstäblich ohnmächtig vor Wut bricht die Tochter zusammen und weigert sich, die Mutter noch einmal zu besuchen.

Zwischen dem Wunsch nach bedingungsloser Hingabe, Selbstüberforderung, Pflichtgefühlen, Verweigerung, Verdrängung, Ohnmacht und Verzweiflung reagieren sowohl pflegende Angehörigen als auch hilfsbedürftige Menschen häufig mit Schwindel, Herzrasen, schmerzhaften Muskelverspannungen, mit Verdauungsproblemen, Atemnot, Schlafstörungen, Zukunftsängsten, mit Morgenmüdigkeit und zunehmender Vermeidung von Kontakten im Freundes- und Familienkreis auf diese Herausforderungen. Damit melden sich die unterschiedlichen Formen der Überbelastung, des Ausbrennens, des Sinnverlustes zu Wort. Die Angst, durch das Einfordern oder die Inanspruchnahme fremder Hilfe den Angehörigen zu überfordern, ihn gar im Stich zu lassen oder aus Stolz und Unkenntnis nicht rechtzeitig fremde Hilfe zu holen, löst Scham und Schuldgefühle aufseiten der Pflegenden aus und verschärft die Lage.

Aber um welche Belastungen auf Seiten derer, die die Gebrechlichkeit der menschlichen Existenz und die damit verbundene Angewiesenheit auf Hilfe erleben müssen, geht es grundsätzlich? Welche Unsicherheiten und Veränderungen beeinflussen die Lebensqualität eines Menschen und machen gemeinsame Sorge so schwierig?

Die Freude an der eigenen körperlichen Kraft, am eigenen Wohlbefinden, das mit relativer Lebenszufriedenheit und seelischer Ausgeglichenheit verbunden wird, die Freude an Selbstständigkeit und Unabhängigkeit sowie an guten Beziehungen zu Familie, Freunden, Kollegen und Nachbarn gehören zur Vorstellung von einem guten und erfüllten Leben. Dass sich das schnell ändern kann, erfahren und erleben wir täglich. In den Berichten und Erzählungen darüber ist allerdings vor allem von den dramatischen Ein- und Zusammenbrüchen die Rede. Viel zu wenig hören wir von den Verläufen der Krisen, von der Kraft, dem Mut und der Geduld der Menschen, die sich mit ihrem Schicksal auseinandersetzen mussten, von den bewältigten Umbrüchen in Ehen und Familien, den gelungenen Lösungen und Genesungsprozessen, hinter denen sich auch die Erfolge der Angehörigenarbeit, der Selbsthilfe und der großartigen Bündnisse zwischen privater und professioneller Arbeit und ihrer Kooperation zeigen.

In schwierigen und bedrohten Lebenslagen nehmen Verunsicherung und Lebensängste auf spezifische und subjektive Weise zu. Jeder Schlaganfall, jede Krebserkrankung, jede Demenz tritt ja nicht als abstrakte Diagnose, als statistischer Fall oder lediglich als Begriff auf die Bühne des Lebens, sondern als ein Ereignis und ein Erlebnis, das von einem Menschen erfahren wird und getragen werden muss. Die Geschichte einer Krankheit ist etwas anderes als die Geschichte des erkrankten Menschen, heißt es in der biografischen Medizin des Arztes Viktor von Weizsäcker. Der Arzt behandelt keine Diagnose, sondern einen erkrankten Menschen. Der Physiotherapeut behandelt keine gelähmte Seite, sondern einen Schlaganfallpatienten, der sich wieder bewegen möchte. Der Sohn

Arno Geiger kümmert sich nicht um irgendeinen pflegebedürftigen alten Menschen, sondern um seinen Vater, mit dem er eine Lebensgeschichte teilt und dessen Welt »sich zerbröselt«, wie der verwirrte Vater seinen Zustand beschreibt.

»Ich möchte doch weiter mein eigenes Leben führen und nicht auf andere angewiesen sein«, sagt ein zweiundachtzigjähriger Mann bei der Entlassung aus dem Krankenhaus nach einem Schlaganfall. Seine Lebenssituation hat sich »schlagartig« verändert. Die Selbstständigkeit hat einen tiefen Riss erlitten, und die Einschränkungen und Erfahrungen, die dem alten Mann bevorstehen und gegen die er sich aufbäumt, rauben ihm seinen Mut und seine spezielle Lebensfreude schon im Voraus. Er weiß besser als jeder andere, was ihm schwerfallen oder was er vermissen wird. Vom Krankheitsereignis mitbetroffen, spricht auch die Ehefrau von einer Lebensveränderung, die sie gemeinsam mit ihrem Ehemann trifft und die sie auf ihre Weise miterlebt. Auch sie muss sich umstellen, andere Aufgaben übernehmen und fühlt aus vollem Herzen mit:

> *»Er konnte früher alles alleine. Wir haben Reisen gemacht, schöne Ausflüge, wir dachten, dass das Leben so weitergehe. Sicherlich haben wir mit Krankheiten gerechnet. Aber so plötzlich? Jetzt habe ich einen Mann, den ich versorgen muss. Das macht mich schon traurig.«*[55]

Versprochen ist versprochen?

Elternschaft, Ehe und andere Lebensgemeinschaften sind freiwillige Bündnisse. Sie gehen immer davon aus, dass, wer das Leben teilt, auch die Sorgen teilt, die mit diesem Leben verbunden sind. Man teilt sich im wahrsten Sinne des Wortes »Lebens-Mittel«: Lebenszeit, Intimität, Essen und Trinken, ein oder auch zwei Dächer über dem Kopf, geistige Nahrung im Gespräch, seelische Unterstützung im Dschungel der Gefühle, soziale Nähe. Wesentlich geht es um die Entwicklung und gegenseitige Befähigung zu einer »Praxis der Liebe«, um derentwillen man die Bünde fürs Leben eingegangen ist. Gerade im Ungewissen soll Verlass auf etwas sein. Das Unberechenbare durch ein Versprechen berechenbarer zu machen ist der Sinn der vielen Ja-Worte, die Menschen einander geben und die bis zum Ende der Tage gelten sollen.

Das Besondere an solchen lebenslangen Versprechungen besteht darin, dass die Beteiligten weder wissen noch ahnen können, was sie konkret versprochen haben und ob sie das gegebene Versprechen auch halten und einlösen können, wenn es eines Tages zum Schwur kommt. Welche belastenden Konflikte, strittigen Fragen, unvorhersehbaren Schicksalsschläge, gesellschaftlichen Umbrüche wie Verarmung, Krieg oder Flucht auf die Bündnispartner zukommen, wissen sie nicht. Das Versprechen, »in guten wie in schlechten Zeiten« zusammenzustehen, komme, was da wolle, ist schwer abzuwägen. Es ist nicht einklagbar, sondern zielt auf eine Haltung von »Treu und Glauben«, auf Anstand, Ehrlichkeit und Verlässlichkeit. In Scheidungsakten, Sorgerechtsverhandlungen oder psychotherapeutischen Akten und Gutachten kann man nachlesen, wie tief die Verletzungen gehen, wenn das gegebene Versprechen oder die geschworenen Eide aus welchen Gründen auch immer nicht eingehalten oder nicht erinnert werden.

Im Fall einer plötzlichen Erkrankung muss aus dem allgemeinen Versprechen eine konkrete Entscheidung werden. Ist die Krankheit lebensbedrohlich, soll alles auf einmal geschehen, die Beteiligten werden sozusagen überrollt. Alle Überlegungen und Entscheidungen müssen in der Regel Veränderungen Rechnung tragen, die nicht auf dem Lebensplan standen, aber die bisherige Lebensordnung auf den Kopf stellen. Vielleicht muss ein Job gekündigt, die Wohnung umgebaut oder gewechselt werden, vielleicht reicht das Geld für den Lebensunterhalt nicht mehr, und vielleicht wird die Gemeinsamkeit unter einem Dach auf Dauer unmöglich. »Wir sind für Sie da!«, heißt es beim bundesweiten Alzheimer-Telefon der Deutschen Alzheimer Gesellschaft in Berlin. Hier wie bei vielen anderen Beratungsstellen kommen die verzweifelten Fragen an, wenn Menschen plötzlich aus dem gewohnten Lebensalltag herausgeworfen werden. Die gegebenen Versprechen für einen gemeinsamen Lebensabend werden zu einer großen Herausforderung und sind oft nicht einzuhalten, wie das folgende Beispiel zeigt.

Frau Braun hat lange ihren Mann zu Hause gepflegt. Aufgrund ihrer eigenen Erkrankung hat sie »schweren Herzens« ihren Mann in ein Heim gegeben. Ihr Mann fühlt sich nicht wohl, und sie berichtet traurig: »Immer wird mein Mann negativ dargestellt. Mir wird gesagt, das Personal will kündigen, weil sie mit meinem Mann nicht zurechtkommen. Er läuft immer hinter ihnen her. Er macht das eben so. Er war immer mein Schatten. Ich bin manchmal total aufgebraucht, weil meine Seele so verletzt ist.«[56]

»Er macht das eben so«, sagt Frau Braun und beschreibt auf diese Weise, wie Verhaltensweisen, die im bisherigen Leben zum Wohlbefinden eines Menschen beitragen haben, nun in der Pflegebeziehung zur Belastung für alle Beteiligten werden: Herr Braun fühlt sich »verurteilt«, die Pflegekräfte ärgern sich, und Frau Braun ist am Ende ihrer Kräfte, weil sie sich verletzt und in die Enge getrieben fühlt.

Die Fragen, die in den Beratungsstellen ankommen, zeigen, wie unterschiedlich die Problemlagen sind und welche persönlichen Entscheidungen getroffen werden müssen.

Frau Groß aus einem kleinen Ort in NRW ruft an. Sie steht vor einer schwierigen Entscheidung. Bei ihrem Mann wurde vor Kurzem Alzheimer diagnostiziert. Er ist 78 Jahre alt, und beide wohnen im eigenen Haus. Schon jetzt ist ihr die Arbeit manchmal zu viel, und sie überlegt, ob betreutes Wohnen besser wäre. Sie sagt: »Ich muss das ganz allein entscheiden. Wenn wir unser Haus verkaufen, ist es passiert, und es gibt kein Zurück mehr. Meine Tochter wohnt weit weg und kann mir wenig helfen.«[57]

Ob das Ehepaar Groß die Entscheidung über den Hausverkauf und den rechtzeitigen Umzug ins betreute Wohnen ohne die Alzheimer-Erkrankung leichter oder überhaupt getroffen hätte, sei dahingestellt. Aber nun muss sie fallen. Frau Groß steht allein vor der Frage, was richtig ist, und kann sich über die auf sie zukommenden Probleme mit ihrem Mann nicht mehr wie gewohnt austauschen.

Wenn der Blitz einschlägt, das Licht ausgeht und die Menschen sich im Dunkel fühlen, sind jedoch, ähnlich wie beim Schlaganfall, zum Glück nicht alle »Leitungen« blockiert oder unbrauchbar geworden. Andere Schalter, Schaltungen und Verbindungen müssen, um im Bild zu bleiben, neu entdeckt und in Gebrauch genommen werden. »Gute Beleuchtung ist mehr als nur helleres Licht«, heißt es in einem Artikel über den Umgang mit Schlafstörungen bei schwerer Krankheit.

Besonders mühsam ist – vor allem nach einem Schlaganfall, der das Sprachzentrum getroffen hat –, für die Patienten wie für die pflegenden Angehörigen die erschwerte Kommunikation. Die eingeschränkte Leistungsfähigkeit, verbunden mit depressiven Verstimmungen, Ungeduld, Frustration und Ärger, macht es schwer, jenen individuellen Schalter zu finden, der einen Zugang zum erkrankten Menschen ermöglicht. Bei einer Aphasie fällt es den Betroffenen zum Beispiel schwer, die richtigen Worte zu finden, die Worte anderer zu verstehen oder den Dingen, die sie sehen, Begriffe zuzuordnen. Sie haben eine Vorstellung von dem, was sie vermitteln möchten, aber es gelingt nicht oder eben nur langsam. Pflegende Angehörige müssen diesen Frust aushalten und sich in Geduld üben. Aber sie können auf diese Weise sogar etwas sehr Wichtiges über die Regeln in familiären Kommunikationsstrukturen lernen, die auch jenseits der Krankheitskrise für manche gesunde Familienmitglieder nützlich wären, weil viele von ihnen auch sonst nur schwer zu Wort kommen. »Wer als Angehöriger immer sofort helfend zur Seite steht und dem Betroffenen förmlich die Worte, die er noch sucht, aus dem Mund nimmt, der nimmt ihm auch die Möglichkeit, sich selbst zu entwickeln«, erklärt Mario Leisle, Pressesprecher der Stiftung Deutsche Schlaganfall-Hilfe. Manche Eltern, Eheleute, Lehrer oder Ärzte könnten sich das hinter die Ohren schreiben und mit ihren Ohren erst einmal zuhören, bevor sie – meistens zu schnell – selbst wieder sprechen.

Die Wege zu neuer Hoffnung, Lebensfreude und veränderten Lebensperspektiven sind steinig. Betroffene und ihre Angehörigen sehen vielfach »schwarz«, fühlen sich vom Schicksal ungerecht behandelt und bestraft. Sie verrennen sich in und verbrennen sich an der Frage, warum gerade sie dieses Unglück getroffen hat und welche Schuld sie oder andere daran tragen. War es der Stress, die Ernährung, der Fehler des Hausarztes, die fehlende Bewegung, die anstrengende Schwiegermutter oder die bevorstehende Steuerprüfung? Die Suche nach plausiblen Erklärungen zehrt an Nerven und Kräften. Viele Betroffene ziehen sich resigniert zurück, machen dicht, gewähren anderen keinen Einblick in ihre seelischen Abgründe und halten ihre Situation letztlich für so spezifisch, dass es für sie keine adäquate Hilfe geben kann. Doch die beständige negative, manchmal aggressive Abwehr gegen die Angehörigen, die ständig helfen wollen, kostet mehr Kraft, als einmal eine Lösung zu versuchen, die sich hinterher vielleicht als falsch erweist. Wer mit aller Kraft und verzweifelt an einer Tür rüttelt, die er öffnen will, merkt vielleicht nicht, dass sie nicht nach außen, sondern nach innen aufgeht.

»Selbstsorge« ist ein schwieriges Geschäft, wenn man vor schwierigen Entscheidungen steht und das Leben uns auf den Kopf stellt. Eine Frau erzählt in einem Interview zum Thema Selbstfürsorge, was für viele Angehörige in helfenden Berufen typisch ist:

> *Als bei mir der Krebs diagnostiziert wurde, stand ich damit alleine da. Ich habe so oft anderen geholfen, auch bei solchen Erkrankungen. Doch nun, als es um mich ging, wusste ich gar nicht, was ich tun sollte, an wen ich mich wenden sollte. Das war schlimm. Ich habe mich plötzlich so alleine gefühlt.*[58]

Und ebenfalls in einem Interview berichtet eine Sozialarbeiterin von ihrem Gefühl, sich allein ihrem Kummer ausgesetzt zu fühlen und keine Hilfe holen zu können:

> *Als meine Einrichtung geschlossen wurde, weil kein Geld mehr dafür da war, kam es mir vor, als würde mir der Boden unter den Füßen weggezogen. Ich wusste nichts mehr mit mir anzufangen. Nach einiger Zeit schloss ich mich ein und heulte nur noch. Da hätte ich jemanden gebraucht, der zu mir kommt und mich in den Arm nimmt und einfach gesagt hätte, dass es schon wieder wird … Aber es kam niemand.*[59]

Menschen brauchen und geben Trost. Trost ist eine der vielen Stimmen des Mitgefühls. Er kann uns über die Schwelle oder Stufe hinweghelfen, die sich dem ersten Schritt in die nächste Zukunft entgegenstellt. Auch Hoffnung ist eine dieser Stimmen.

Sie sei ins Gelingen verliebt und vertrüge kein Hundeleben, schrieb der Philosoph Ernst Bloch in seinem berühmten Werk *Das Prinzip Hoffnung*. Aber wenn der Glaube an sich selbst und die Kraft für gelingende Veränderungen im Leben schwinden, fühlen sich Menschen in Krisen tatsächlich wie verlassene Hunde, als Opfer der Verhältnisse. Gut gemeinte Vergleiche mit Menschen in ähnlichen Lebenssituationen und Notlagen, denen heilsame und hilfreiche Veränderungen gelungen sind, spenden nicht immer Trost, sondern erzeugen eher Aggressionen oder Schuldgefühle, beschweren mehr, als dass sie erleichtern. Betroffene und ihre pflegenden Angehörigen fühlen sich durch solche Hinweise und Vergleiche oft »gemaßregelt«, zur Lösung gezwungen und persönlich mit ihrer spezifischen Situation nicht ernst genug genommen.

Viele von uns erinnern sich vielleicht noch an die unseligen Vergleiche, die in Familien ihr Unwesen treiben: Vergleiche mit den Schulleistungen von Geschwistern, mit den Tugenden und Untugenden, mit den Erfolgen und Niederlagen anderer Familienmitglieder. Nicht umsonst wollen ältere Menschen nicht an die Orte, wo schon andere gleichen Alters sind, die ihnen dann klarmachen, wie man richtig oder falsch alt wird, wer die besseren Angehörigen hat, wer noch Yoga macht oder nur pflegebedürftig faul im Bett liegt. Während die einen vor lauter Angst, anderen auf die Nerven zu gehen, zu allem Ja und Amen sagen, pochen die anderen trotzig auf ihre spezifischen Belastungen, ihre ganz besonderen Lebenserfahrungen, berechtigten Ansprüche und Sonderwünsche und vor allem darauf, dass sie immer schon wussten, wie es kommen würde. Sie sind jetzt zwar vielleicht unglücklich, haben aber immerhin recht behalten.

Du gehst mir ans Herz und an die Nieren

Was uns nicht nur in der Pflege manchmal als purer Eigensinn, Unsinn oder trotzige Verweigerungshaltung entgegenkommt und im Alltag der Familienarbeit oder in der Pflegebeziehung die Nerven raubt, kann uns aber auch ins Herz der »verstehenden Pflege«[60] geleiten. In deren Zentrum steht das Anerkennen und Respektieren der individuellen Biografie als Lebensleistung eines Pflegebedürftigen wie eines pflegenden Angehörigen sowie die allgemeine Frage, wie ein Mensch in allem, was er ist und zum Ausdruck bringt, ein Gewordener, ein Mensch mit einer Geschichte ist.

Wie schwer, aber auch öffnend diese »verstehende Pflege« für das sorgende Füreinander zu Hause oder in einem Alten- oder Pflegeheim sein kann, zeigt das folgende Beispiel eines Bewohners einer Pflegeeinrichtung. Er war mit der Diagnose »Dissoziative Persönlichkeitsstörung« ins Heim gekommen, als schwieriger und auffälliger Mensch angekündigt, und es dauerte fast ein Jahr, bis er den Ärzten und Pflegkräften, die jetzt seine ihm zugeordneten professionellen Angehörigen geworden waren, etwas von sich und den Hilferufen seines Lebens erzählten konnte. Nur Schritt für Schritt konnte er erklären, welche Rituale und Verhaltensweisen ihn vor seinen bedrohlichen Ängsten schützen konnten und warum er – für andere Menschen natürlich auffällig und ungewöhnlich – eine Art verschließbare Speisekammer in seinem Kleiderschrank eingerichtet hatte.

»Die große Dose mit dem Zucker, sie musste immer voll sein. Das große Glas mit dem löslichen Kaffee, es musste immer in Reichweite stehen. Und Ölsardinen mussten da sein, viele Ölsardinenbüchsen, mindestens 20, und andere Konservendosen, in seinem Zimmer, in seiner Reichweite. Und das Licht

musste Tag und Nacht brennen und immer musste das Fernsehgerät an sein und auch das Radio.«[61]

Der alte Mann war, wie sich herausstellte, als kleiner Junge im KZ gewesen. Damals hatte er gehungert und um ihn herum starben die, die nichts bekamen. Hunger war für ihn zu einem biografischen Knotenpunkt geworden. Schon als Kind hatte er gelernt: Wer Hunger hat, muss sich etwas besorgen und aufpassen, dass ihm das Essbare nicht wieder abhandenkommt. Das hatte er bis auf die Ebene der Zelle verinnerlicht, und im Alter machten sich diese Erfahrungen weiter und sogar immer stärker bemerkbar, obwohl sich die äußeren Verhältnisse verändert hatten und er der regelmäßigen Mahlzeiten im Heim sicher sein konnte. Lebensbiografien sind Lernbiografien. Sie erzählen immer auch vom existenziellen Kampf ums Überleben. Leben ist auf seine Weise ein Waisenkind. Es fordert jeden von uns auf, es zu adoptieren, zu pflegen, ihm in der Not zur Seite zu springen und, wenn das nicht reicht, nach weiterer Hilfe zu suchen und diese auch anzunehmen.

Was hatte der kleine Junge im KZ erfahren und der alte Mann erlernt und nicht vergessen, als er in die Pflegeeinrichtung kam? Er brauchte den Zucker, denn Zucker bedeutete Energie. Er brauchte den Kaffee, denn Kaffee bedeutete, wach zu bleiben. Er brauchte die Stimmen aus dem Radio und dem Fernseher, denn so fühlte er sich nicht allein. Und er brauchte das Öl der Ölsardinen, das konnte er trinken, weil das Fett für ihn ein Lebenselixier war! Oft kam er zum Personal und fragte: »Kannst du mir einen Schweinebauch kochen, so ein großes Stück, ordentlich fett?« Das brauchte er. Er musste sich versichern, dass er, wann auch immer, etwas zu essen bekommen konnte. Diese Erfahrung war der späte Trost für eine verlorene Hoffnung aus früheren Tagen.

Was wir nachträglich gerade im Umgang mit hilfsbedürftigen, pflegeabhängigen, oft eben alten Menschen als Persönlichkeitsstörung, auffälliges Verhalten, Störfaktor und als Folgesymptome einer Krankheit diagnostizieren, hat immer eine Geschichte. Solche Verhaltensweisen basieren auf konkreten oder gefühlten Erfahrungen, manifestieren sich als eine zur Gewohnheit gewordene Überlebenserfahrung, die zunächst vor allem Akzeptanz, Respekt und den Versuch durch Angehörige benötigt, die Innenwelt eines Pflegebedürftigen verstehen zu lernen.

Es hat im obigen Beispiel Jahre gedauert, bis der »auffällige Mann« seine Gewohnheiten aufgeben konnte, keine Vorräte mehr brauchte und ganz »normal«, befreit von der Angst essen, trinken und an den Mahlzeiten in der Pflegeeinrichtung teilnehmen konnte. Die Veränderung kam schleichend und nur, weil seine Verhaltensweisen langsam entschlüsselt und verstanden, aber vor allem zugelassen wurden. Niemand musste sich durch die Vorratshaltung des Mannes gestört fühlen, niemand sofort therapeutische oder medikamentöse Maßnahmen ergreifen, um ihn in den Heimalltag zu »integrieren«. Reserven machen eigentlich immer Sinn, weil man nie im Leben weiß, was kommt.

Auch die häusliche Pflege durch Angehörige wäre in vielen Fällen weniger belastend, wenn das vorherrschende Konzept der »Erziehung und Umerziehung« der abhängigen Hilfsbedürftigen und der ständigen, gut gemeinten pädagogischen und sozialen Kontrolle ihres Verhaltens zugunsten eines kreativen, weniger routinierten Umgangs miteinander und einer »verstehenden Pflege« zurückgefahren würde. Wenn Ehepartner, Töchter und Söhne in der Betreuung ihrer Ehepartner, der Großeltern oder der möglicherweise an Demenz erkrankten Eltern mehr Spielraum für deren besonderes Verhalten oder ihre spezifischen, sinnlos erscheinenden Alltagsrituale ließen, wären auch sie freier, zu erkennen, welche Art von Sorge ihre Angehörigen wirklich brauchen und wie sich Zeiten für »Aufsicht« in Zeiten der achtsamen Zuwendung ummünzen lassen.

Das Senioren- und Pflegheim Eringerfeld bei Geseke in Nordrhein-Westfalen beispielsweise bemüht sich um eine solche biografiegestützte Demenzbetreuung nach dem Modell der Großfamilie. Vor einigen Jahren hat die Heimleitung eine »Haus-Unordnung« entwickelt, die auf einfache Weise dem »Wahnsinn der Normalität« begegnet und mancher Verzweiflung und einigem Stress im Pflegealltag von Heimen und Familien zumindest ein Lächeln abringen könnte. Und das steht in dieser »Haus-Unordnung«:

Es ist prinzipiell alles normal
Es kann alles angefasst und hin und her getragen werden
Es hängen einige Bilder schief
Mein und Dein ist nicht so wichtig
Das Wandern ist des Müllers Lust
Die Schränke sind nicht aufgeräumt
Die Kleidungsstücke passen nicht zusammen, aber ich habe mich alleine angezogen
In Handtaschen und Koffern kann man »Gefundenes« gut transportieren
Mein Bett ist besetzt. Das macht nichts
In Gemeinschaft schläft es sich auch im Sitzen gut[62]

Nicht nur die Kriegsgeneration mit ihren teilweise traumatischen Erfahrungen, nicht nur Menschen mit anderen als den gewohnten kulturellen und religiösen Hintergründen, sondern auch unsere bisher so vertrauten und bekannten Eltern, Ehepartner und Verwandten stellen uns als pflegende Angehörige im Alltag vor komplexe Aufgaben, die weniger routinierte, sondern eher spezifische, biografisch orientierte persönliche Antworten erfordern. Die Hilfsbedürftigkeit nimmt oft unerwartet zu, die Persönlichkeit verändert sich schleichend, Verhaltensweisen sind häufig ungewöhnlich oder schwierig. Manchmal überraschen hilfsbedürftige

Angehörige aber auch durch ihr unerwartetes Verhalten oder ihre fantasievollen Eingebungen. Ihnen fällt plötzlich etwas auf, das sie vorher nie beachtet haben, sie bedanken sich mehr als je zuvor, oder sie benehmen sich daneben und erinnern uns an unsere Fluchtversuche in Kindheit und Pubertät, als wir auch nur noch abhauen wollten, um dem häuslichen Kontrollsystem zu entkommen. Gelebtes und ungelebtes Leben, das in den biografischen Erzählungen und Handlungen zum Vorschein kommt, berührt Angehörige und andere Begleiter, irritiert auf verschiedene Weise und verlangt eine eigene biografische wie professionelle Offenheit und Neugier, die über das übliche Interesse und Fassbare hinausgeht und Empathie für das Ungewöhnliche und Fremdartige aufbringen kann.

Zu Hause sein

»Es geht auch anders!«, sagt Marion Scheffler, eine ungewöhnliche Altenpflegerin mit vielen Zusatzausbildungen, die ihr selbst gegründetes Alten- und Pflegeheim, das »Schefflerheim«, zusammen mit ihrer Tochter in Hamburg leitet. Den Entmutigungsprozessen, dem Burn-out und der zunehmenden Verzweiflung im Pflegealltag zu Hause und in öffentlichen, professionellen Einrichtungen stellt sie ihr Konzept einer »verstehenden Praxis« zur Seite. Zum gegenwärtigen Stand der Organisation der Pflege sagt sie:

> *»Die Häuser gleichen meistens rein optisch großartigen Hotels. Meine Frage: Kann ein Hotel wirklich ein Zuhause sein? Für mich niemals. Ich brauche mein Milieu, möchte nach meinen Möglichkeiten schalten und walten dürfen. Ja, ich möchte gesehen, gefragt und verstanden werden, ich möchte dort Hilfe haben, wo und wann ich sie wirklich brauche (…). Es sind die ganz normalen Dinge, die das Leben auch in einer*

Einrichtung schön machen. Heim kommt von Heimat und nicht von Hotel.«[63]

Was Marion Scheffler und ihr Team darunter verstehen, zeigt die folgende Geschichte, die nicht spektakulär, sondern eben ganz »normal« ist.

Hilde ist 85 Jahre alt und nach einem Krankenhausaufenthalt per Krankenwagen auf dem Weg in ein Heim. Zu Hause geht es nicht mehr, sagen die Fachleute. Sie hat Angst vor dem, was nun auf sie zukommt. Es ist ihr peinlich, dass sie so abgemagert ist, sagt sie, und auch: »Außerdem gibt es noch etwas, mir ist das ja sehr peinlich, aber ich rauche und trinke gern Alkohol. Wie soll ich denen das nur erklären? Oh Mann, oh Mann, ganz schön schwierig.«[64]

Es gibt viele, nicht nur alte Menschen, die fast täglich so etwas wie Ausgrenzung erleben. Man sieht ihnen die Armut an, sie sprechen vor sich hin, kleiden sich falsch, kramen in Mülltonnen herum, rauchen oder trinken auf der Parkbank ein Bier, während sie gleichzeitig betteln. Hilde ist abgemagert, schämt sich dafür und bringt auf dem Weg ins Heim noch zwei Verhaltensweisen mit, die bei Fünfundachtzigjährigen in öffentlichen Einrichtungen nicht gern gesehen sind.

Sie wird sehr freundlich empfangen, bekommt ein Einzelzimmer, ist zu schwach, um aufzustehen, und wird erst einmal liebevoll umsorgt. »Hier muss man scheinbar den ganzen Tag essen, immer kommt jemand und fragt, was ich essen oder trinken möchte. Die geben keine Ruhe. Dauernd wird etwas gebracht, nur klitzekleine Portionen, die schaffe sogar ich, geht doch.« (…) Sie erzählt denen, die Zeit haben, viel aus ihrem Leben, und eines Tages nimmt sie ihren ganzen Mut zusammen und fragt, ob sie rauchen darf. Endlich war es raus und die erstaunliche Antwort: »Na klar dürfen Sie rauchen, aber dazu müssen Sie aufstehen und im Sessel sitzen. Wir können es gemeinsam versuchen«, sagt die Pflegerin.[65]

Unauffällig leitet die Pflegerin damit eine Gesundheitsmaßnahme ein! Wer sich in den Landschaften von Gesundheitsförderung und Prävention bewegt, ist nicht nur in den Strudel von Warnungen und Verboten aller Art geraten, die eigentlich jedes Vergnügen der Menschen madig machen – nicht rauchen, nicht trinken, kaum essen, sich nicht aufregen und von morgens bis abends messen, ob man überhaupt noch lebt –, sondern erlebt einen meiner Meinung nach auch demütigenden und oft fast »polizeistaatlichen« Umgang mit Menschen, die aus der Reihe zu tanzen scheinen. Eine alte Dame, dazu noch Heimbewohnerin und finanziell nicht gut gestellt, sollte doch auf jeden Fall auf Genussmittel verzichten und sich dem gesunden Obst zuwenden. Natürlich soll Hilde sich bewegen, aber es geht eben leichter, wenn sie einen konkreten Vorteil wittert. Und so heißt es im Bericht:

Die Aussicht auf ihre heiß geliebte Zigarette treibt Hilde aus dem Bett, und mit Unterstützung geht es auch. Und irgendwann klärt sich das auch mit dem Alkohol. »Ich hätte so gern einen Korn, am allerliebsten zum Frühstück. Ist doch auch gesund, so ein klitzekleiner Schluck ist einfach Lebensqualität. Die wollen das im Team besprechen. Ich bin etwas ängstlich, werden sie das erlauben? Am nächsten Tag kommt meine Lieblingspflegerin und bespricht mit mir die Sachlage. Wenn ich meine Scheibe Weißbrot zum Frühstück aufgegessen habe, bekomme ich in meine zweite Tasse Kaffee einen Korn, und wenn ich im Sessel sitze, auch noch eine Zigarette.

Ich freue mich, das kriege ich gut hin. Es fällt mir schwer, aufzustehen, aber es gibt immer einen guten Grund. Dafür lohnt es sich, diese Anstrengung in Kauf zu nehmen. Außerdem muss ich es nicht mehr geheim halten, brauche mich nicht zu schämen, Gott, bin ich froh.«[66]

Bedürfnisse einbringen können, gemeinsam mit den Pflegenden nach Lösungen suchen, sich nicht schämen müssen, Normalität zulassen – das ist für Hilde, die Wilde, Lebensqualität. Und als Mitarbeiter des medizinischen Dienstes sie eines Tages auf ihre Orientierung testen und fragen, ob sie wisse, wo sie sei, muss sie nicht lange überlegen. »Zuhause, wo denn sonst!« Die Adresse konnte sie nicht nennen, aber wie sie sich fühlt, das konnte sie ganz genau sagen.

Bei der Aufnahme im Schefflerheim war Herr W. 67 Jahre alt und nach einem Schlaganfall in Pflegestufe drei. Angehörige, die sich um ihn kümmern konnten, gab es nicht. Herr W. litt unter Wortfindungsschwierigkeiten und einer Veränderung der Persönlichkeit. Bevor er ins Schefflerheim kam, war er in einer anderen Einrichtung gewesen, dort galt er als schwierig. Er lebte sich gut ein, verfolgte bestimmte Rituale in seinem Tagesablauf, ging immer wieder zu seinem alten Arbeitsplatz und besuchte dort den Pförtner, den das Heim auf diese Besuche vorbereitet hatte. Im Lauf der Jahre baute Herr. W ab.

Eines Tages wollte er keine Mittagsmahlzeit und auch sonst nichts mehr essen. Es gab keine sichtbare Erklärung. Auf die Frage, was denn mit dem Essen los sei, weshalb er nichts mehr essen wolle, kam die Antwort sehr schnell. Er könne hier nicht essen, da er keine Essensmarken und auch keinen Ausweis habe, um sich diese zu besorgen. Wir besorgten ihm einen Brustbeutel. Dort kamen sein alter Personalausweis hinein und eine Visitenkarte. Von jetzt an zeigte er beides vor und konnte wieder seine Mahlzeiten einnehmen.[67]

Was von außen befremdlich, verrückt, uneinsichtig, als Verdrängung, Verweigerung, Altersstarrsinn oder kindischer Trotz erscheint, kann subjektiv gute Gründe haben. Menschen bleiben sich selbst auf unterschiedliche Weise treu, haben ihre Gewohnheiten, kennen trotz Leugnung durchaus ihre Ängste und ihre Scham, wissen um Empfindlichkeiten und Schwächen. Sie spüren unbewusst Familiendynamiken, glauben intuitiv die Grenzen der Belastbarkeit ihrer Partner oder Familien einschätzen zu können und ahnen manchmal aufgrund anderer Erfahrungen, wo die Risiken einer Pflegebeziehung stecken. »Wir haben Herrn W. ernst genommen und ihm vieles ermöglicht«, sagt die Heimleiterin. Die Zeiten, in denen man Essensmarken hatte, liegen ja nicht so lange zurück, und wenn man ein Verhalten verstehen lernt, kann man Ruhe in eine Situation bringen und für Sicherheit auf beiden Seiten sorgen.
Um jemanden aus einer verwirrenden Situation herauszuführen, muss man die Verwirrung jedoch zunächst verstehen lernen und dabei selbst einen Standort finden, von dem aus man den Betroffenen begleiten kann. Viele Angehörige können schwer nachvollziehen, warum bei ihren Partnern oder Eltern plötzlich Irritationen, Angstzustände oder Orientierungsschwierigkeiten in Situationen oder gegenüber Menschen eintreten, die sie bisher gemeinsam erlebt, gut bewältigt und nie als Problem erlebt haben. Die meisten von uns kennen das Innenleben ihrer Liebsten nicht, wissen wenig über zunehmende Depressionen in der Partnerschaft, ahnen nichts von den Suizidgedanken ihrer pflegebedürftigen Eltern, übersehen das eigene und das Suchtverhalten ihrer Kinder und stehen immer wieder vor einem großen Rätsel, wenn sich plötzlich diese Art von Geheimnissen auftut.

Wenn das Leben eines Menschen mit Symptomen, Auffälligkeiten und Ängsten um Hilfe ruft, ist eine angemessene Unterstützung durch die Angehörigen, Zugehörigen oder professionellen Helfer nur dann möglich, wenn Beruhigung eintritt. Es ist unerlässlich, dass alle Beteiligten entlang ihrer Lebens- und Arbeitsbedingungen ehrlich und empfindsam über die zusätzlichen Belastungen, beängstigenden Gedanken, aufkommenden Gefühle und Dynamiken nachzudenken und zu sprechen wagen. Dabei geht es auch um den Rückblick auf die bisherigen Erfahrungen und das Erleben der Beziehung vor der aktuellen Situation, denn aller Voraussicht nach werden sie auch weiterhin die Beziehung beeinflussen und bestimmen.

Nichts spricht zunächst dafür, dass spezifische Eigenschaften, besondere Alltagsgewohnheiten oder Verhaltensweisen von Familienangehörigen unter dem Schock der neuen Belastungen leichter zu verändern wären, weil der gesunde Menschenverstand das für wünschenswert hält und es die Gesamtsituation erleichtern würde. Wenn ein Mensch immer darauf bestanden hat, im Recht zu sein, und das auch durchsetzen will, wird er diese Haltung nicht leichter aufgeben, nur weil er plötzlich von seinen Angehörigen abhängiger geworden ist. Wer sein Leben immer selbst im Griff zu haben glaubte, kann nur schwer ertragen, dass die Kräfte schwinden und eine Krankheit diese perfekte Art des Zugriffs erschwert, und sich damit bescheiden, das, was noch geht, auch aufrechtzuerhalten. »Alles oder nichts« ist keine gute Formel, wenn es um Selbstbestimmung im Alter geht. Wer Hilfe kaum annehmen kann, schlimmer noch, um diese vielleicht ausdrücklich bitten muss, weil nicht alles einsehbar oder selbstverständlich ist, macht es Angehörigen unendlich schwer, einen Pflegealltag zu organisieren.

Für die zu Pflegenden wie die pflegenden Angehörigen und professionellen Helfer geht es grundsätzlich darum, in Krisen, die niemand willentlich verschuldet hat, Veränderungen zu akzeptieren und gemeinsam nach praktischen und praktizierbaren Lösungen zu suchen, die bisher nicht nötig waren oder nicht möglich schienen. Es geht darum, die Vergangenheit durch die Gegenwart in eine noch mögliche, wie auch immer begrenzte Zukunft zu schleusen. Vom ersten bis zum letzten Atemzug und vor allem dazwischen bleibt die Bedürfnislage des Menschen, die es zu beachten und zu befriedigen gilt, immer die gleiche: existenzielle Sicherheit, körperliche Unversehrtheit, Geborgenheit, Anerkennung des sozialen und des persönlichen Status, Selbstentfaltung, Selbstbestimmung und Leistung. Auch der letzte Atemzug, der letzte Bissen, der letzte Dank und die letzte Hilfe gehören zu einem sich ständig verändernden Leben mit wechselnden Bedürfnislagen und mit unterschiedlichen Formen der eigenen Verantwortung und Mitwirkung.

Der erkrankte, alte, hilfs- und pflegebedürftige Angehörige auf der einen Seite und die zugehörigen Hilfspersonen auf der anderen haben grundsätzlich die gleichen Lebensbedürfnisse. Der große Unterschied besteht aber darin, dass der eine zunehmend auf fremde Sorge angewiesen ist und sich weniger selbst helfen kann, während der andere weiter im Besitz seiner Kraft ist, Entscheidungen treffen und sich selbst helfen kann und dies auch muss! Die möglichen Interessenkonflikte liegen auf dem Tisch. Immer wieder können wir sehen, wie dieser Unterschied in der Ausgangslage unbewusst ins Pflegegeschehen eingreift. Welcher Mensch mag schon zugeben, dass er als pflegebedürftige Ehefrau eifersüchtig wird, wenn der pflegende Ehemann zweimal die Woche seinen Abend in der fröhlichen Sportgruppe verbringt, die das Paar vorher gemeinsam besucht hatte? Wer eine Pflegekraft aus Polen beschäftigt, muss auch innerlich und nicht nur durch den Arbeitsvertrag akzeptieren lernen, dass diese eine eigene Familie in Polen hat und ihren Lebens- und Arbeitsort in gewissen Zeitabständen wechselt. Wer früh aufgrund chronischer Krankheit seinen Arbeitsplatz verliert, kann möglicherweise den Besuch von Kollegen kaum ertragen, wenn diese über den Betrieb und die Probleme dort erzählen, obwohl er gleichzeitig nicht ausgeschlossen bleiben will.

Bedürfnisse, Interessenlagen und Realität kämpfen miteinander. So sieht die Ehefrau, die ihren Mann zu pflegen bereit ist, angesichts finanzieller Mehrbelastungen durch die Pflegesituation die gemeinsame wie ihre ganz persönliche existenzielle Sicherheit bedroht. Im Kontext ihrer hohen und aktiven Verantwortung für das Wohlergehen ihres Ehemannes verliert sie das Gefühl, in ihrer Ehe beschützt und geborgen zu sein. Vielen pflegenden Angehörigen fehlt ähnlich denen, die sie betreuen, im Stress des Pflegealltags Anerkennung, zärtliche Zuwendung und Bewegungsfreiheit. Das freie, unabhängige, selbst gestaltete Leben findet spätestens in der Pflegesituation seine Grenze, wenn nicht gar sein Ende. So wie Ehepartner, überschätzen oft auch viele Kinder, die sich trotz eigener Familie und Beruf für die Übernahme der Pflege eines Elternteils entschieden haben, die eigenen Möglichkeiten. Vor allem aber unterschätzen sie die große emotionale Belastung, die mit der Pflege einhergeht.

Oft haben pflegende Angehörige eine andere Vorstellung vom Sollen, Müssen und Können desjenigen Angehörigen im Kopf, der zur Verfügung steht und um den es geht. Sibille, 44, berichtet von der spezifischen Falle, in die sie gemeinsam mit ihrer Mutter geraten ist, weil diese auf keinen Fall in ein Heim wollte:

> *»Ich hatte eine tolle Mutter, sie war positiv und immer für mich da. Seit einem Schlaganfall ist sie ein Vollpflegefall, und ohne nachzudenken, nahm ich sie zu mir. Allerdings entwickelte sich meine fröhliche, gütige und alle umsorgende Mutter zur anspruchsvollen und nörgelnden Patientin.*

Hier sehen wir, wie sich die alte Mutter-Tochter-Beziehung im Kontext der Pflegebeziehung emotional verändert, aber beide Beteiligten sich nur schwer auf die neue Situation und die veränderten Bedürfnisse einlassen können. Die Tochter wünscht sich, dass ihre Kinder eine tolle Oma genießen können, die ihnen Pullover strickt, Märchen vorliest und Lieder aus der »Mundorgel« mit ihnen singt.

Aber kennengelernt haben sie eine egoistische, fordernde und übellaunige alte Dame, vor der sie sogar Angst haben.

Die Tochter arbeitet wie bisher in Teilzeit, versorgt ihren Haushalt und kümmert sich um ihre beiden Söhne, die sieben und neun Jahre alt sind. Diese Lebensrealität ihrer Tochter will die Mutter angesichts ihrer veränderten Lebenssituation nicht mehr anerkennen und verfolgt radikal ihre eigenen Bedürfnisse. Das hat Folgen.

> *Meine Mutter ruft mich jederzeit, oft mehrmals pro Stunde, auch nachts, wenn sie nicht schlafen kann und sich langweilt. Seit vier Jahren bin ich ans Haus gebunden, länger als drei Stunden kann ich nicht weg, denn dann müsste ich eine Pflegekraft für sie engagieren (…). Jetzt bin ich am Ende, ich kann nicht mehr: Ich bekomme zu wenig Schlaf, fühle mich chronisch überfordert, leide unter Herzrhythmusstörungen, meine Kräfte schwinden, und ich werde schnell wütend und ungerecht (…). Es ist, als ob ich mich im Laufe der Jahre selbst verloren hätte, ich löse mich langsam in Nichts auf.«*[68]

Schlimmer kann es kaum kommen. Das Beispiel zeigt, wie schwer, aber nötig es ist, eine Balance im Interessenausgleich zu finden, der alle Beteiligten im Blick hat und im offenen Dialog oder durch klare Entscheidung um eine Lösung ringt

Die Mutter will verständlicherweise kein Vollpflegefall sein und drangsaliert ihre Umwelt, vor allem die Tochter, mit den Folgen, die der Schlaganfall nach sich zog. Die Tochter ihrerseits hängt an einem vergangenen Bild ihrer Mutter. Sie kann vor dem Hintergrund der früheren familiären Erfahrungen kaum verstehen, was aus dieser fürsorglichen und liebevollen Frau nach ihrer schweren Erkrankung geworden ist. Der Blitzeinschlag der Krankheit hat der Mutter alles genommen, was bis dahin für sie bedeutsam und Grundlage ihrer fröhlichen Lebenshaltung war. Überwältigt und überfordert, aber ihrem Pflichtgefühl folgend, verliert die Tochter ihre körperliche und seelische Integrität. Die Kinder haben keine nette Oma gewonnen, aber eine ausgeglichene Mutter verloren, die ständig ausrastet. Die Familie ist außer Rand und Band, auch die Balance zwischen den Ehepartnern ist in Gefahr. Wie lange Sibilles Ehemann das Ganze noch mitmacht, ist unklar.

Am Beispiel der Pflegesituation zwischen Sibille und ihrer Mutter wird durch die »objektiven« Belastungen deutlich, welche Wirkung und Bedeutung das bisherige Beziehungsgeflecht der beiden und die Überlagerung der alten Mutter-Tochter-Beziehung mit der neuen Pflegebeziehung gewinnt. Weder Mutter noch Tochter können verstehen, was und wie »ihnen« geschieht. Die eine hat ihre Selbstständigkeit verloren, braucht rundum Hilfe und ist unvorbereitet in die totale Abhängigkeit von ihrer Tochter geraten. Die Tochter kann offensichtlich nicht verstehen lernen, warum die Mutter sich so verändert hat und ihre ganze Wut und Verzweiflung über das, was ihr geschehen ist, durch permanente Beanspruchung ihrer Tochter auf diese überträgt. Aber auch die Mutter bleibt stur und ist offenbar weder einsichtig noch bereit, die Lebenssituation ihrer Tochter und deren Familie in den Blick zu nehmen und mit ihr zusammen einen Weg »verstehender Pflege« zu finden, der die Pflegebedürftigkeit der einen und die Pflegebereitschaft der anderen in eine lebbare Balance bringen könnte. Die bisher »guten« Familienbeziehungen haben schnell einen zerrütteten Zustand erreicht. Eine Trennung scheint unvermeidlich.

Dieser Burn-out in Beziehungen, in denen das Gleichgewicht verloren gegangen scheint, ist meiner Meinung nach ein zentrales, aber vernachlässigtes Problem in allen Beziehungen, in denen es um personenbezogene Dienstleistungen geht. Das gilt besonders dort, wo – wie in der Angehörigenpflege – Menschen aufeinandertreffen, die emotional stark miteinander verbunden sind, sich mehr oder weniger gut kennen und plötzlich stärker als je zuvor aufeinander angewiesen sind.

Auf andere Weise begleitet dieser Beziehungsburn-out aber auch die professionelle Pflege, wie Marion Scheffler in ihrem 2010 erschienenen Buch *Es geht auch anders!* zeigt. Das Ende von Kooperation und menschlichem Miteinander ist schnell erreicht, wenn Menschen – Pflegende und Gepflegte – durch tiefgreifende Lebensveränderungen, Angst vor Konflikten, mangelndes Selbstbewusstsein oder besonders kräftezehrende Herausforderungen den gemeinsamen Bezugspunkt zueinander und die Maßstäbe der Gegenseitigkeit verlieren. Die einen verstricken sich in eine ständig wachsende Anspruchshaltung, resignierten Rückzug oder aggressive Verweigerung, während die anderen sich verbissen in der ehrgeizigen Hingabe an die Arbeit oder im abstrakten Pflichtgefühl ihren Arbeitgebern gegenüber verausgaben. Spätesten wenn dieser Punkt erreicht ist, müssen alle an der Sorge- und Pflegebeziehung Beteiligten ins Gespräch kommen und einen neuen sachlichen wie emotionalen Bezugspunkt finden, der das Machbare, Mögliche und wirklich Nötige in den Mittelpunkt rückt.

Wie schwierig es sein kann, in Ausnahmesituationen die Wahrnehmungen, Einstellungen und Vorstellungen über Menschen zu überprüfen, neu verstehen zu lernen oder zu korrigieren, die uns als Eltern, Ehepartner oder Kinder besonders nahestehen und die wir doch so gut zu kennen glaubten, beschreibt Arno Geiger in seinem Buch über die Begleitung seines dementen Vaters sehr treffend.

Der tägliche Umgang mit ihm glich jetzt immer öfter einem Leben in der Fiktion. Wir richteten uns in all den Erinnerungslücken, Wahnvorstellungen und Hilfskonstruktionen ein, mit denen sein Verstand sich gegen das Unverständliche und die Halluzinationen wappnete. Der einzig verbliebene Platz für ein Miteinander, das sich lohnte, war die Welt, wie der Vater sie wahrnahm (…). Einem Demenzkranken eine nach herkömmlichen Regeln sachlich korrekte Antwort zu geben, ohne Rücksicht darauf, wo er sich befindet, heißt versuchen, ihm eine Welt aufzuzwingen, die nicht die seine ist (…). Gespräche mit ihm waren eine gute Gymnastik gegen das eigene Einrosten.[69]

Ähnlich wie Arno Geiger geht es Ehepartnern, Eltern mit adoptierten Kindern oder Kindern mit ihren alten Eltern und Schwiegereltern, wenn plötzlich neue Verhaltensmuster, Aggression oder Rückzug der Betroffenen zeigen, dass sich die Beziehung verändert und die eingespielte Alltagsroutine nicht mehr wie gewohnt und abgesprochen klappt. Wie die Liebesbeziehung oder jede andere emotionale Beziehung, so bleibt aber auch die Pflegebeziehung zwischen Angehörigen eine intime Ich-Du-Beziehung. Der Ehemann ist nicht der Arzt, die Tochter nicht die Krankenschwester, der behinderte Sohn im Erwachsenenalter nicht mehr das zu versorgende Kleinkind. Die Pflegerin ist nicht mit der Ehefrau zu verwechseln, die alles tat, was verlangt wurde. Der Arzt nicht mit dem Vater, der sagt, was gemacht wird. Pflegebedürftige Angehörige sind mehr als nur Patienten. Sie bleiben die, die sie waren, selbst wenn vieles anders ist.

Wie du mir, so ich dir

Bei der Sorge füreinander geht es um die »Pflege« menschlicher Beziehungen unter anderen Umständen. Wenn zum Beispiel ein Sohn wie der schon zitierte Arno Geiger bei seinem dementen Vater die »väterliche Rolle« übernimmt, geht er eine neue Art der Beziehung zu ihm ein. Man könnte sie väterlich oder brüderlich nennen. Und dennoch bleibt der Vater der Vater, und der Sohn bleibt Sohn. Erwachsene Menschen müssen Rollen tauschen, den sich wandelnden Alltag anders organisieren, müssen zeitweise mehr geben als nehmen oder umgekehrt. Sie müssen Entscheidungen treffen oder die der anderen akzeptieren lernen. Hingabe und Distanz, Pflichten und Pflichtgefühle, Hoffnung und Verzweiflung ziehen wie gute und schlechte Wetterfronten durch die Gemüter. Aber komme, was das wolle, und wie schwer es auch sein mag: Immer ist Augenhöhe und gegenseitiger Respekt verlangt. Ohne den anderen geht es nicht, was immer zu tun oder zu lassen ist.

Hören und gehört werden, sehen und gesehen werden, sprechen und angesprochen werden, erleiden und entscheiden – Fürsorge für den anderen und Fürsorge für sich selbst greifen ineinander und müssen im gemeinsamen Blickfeld bleiben und eingefordert werden. Wer ständig von sich, seinen Absichten und Aufgaben spricht, kann den anderen nicht hören und überhört, dass der vielleicht andere Vorstellungen hat. Wer professionell nur das sieht, was er gelernt hat, sehen will oder per Anweisung sehen darf, übersieht andere Blickwinkel und Positionen, die seine Arbeit und sein Leben erleichtern könnten. Wer mit trostloser Miene fest behauptet, wunschlos glücklich zu sein, kommt selten auf die Idee, dass der andere, dem er angeblich alle Wünsche von den Augen abliest, andere Wünsche haben könnte als vermutet. Manchmal geht es trotz Magenproblemen um ein Wiener Schnitzel mit

Pommes statt um den gesunden Salat, den der Angehörige mit bester Absicht in letzter Minute vorbereitet hat und servieren will.

Die Frage, wer, was, wann, wie und warum will oder nicht, ist eine der schwersten, und die Suche nach Antworten gehört zu den Lieblingsspielen in Beziehungen. Liebes- und Familienbeziehungen sind dabei besondere Übungsfelder. Das hört vor allem dann nicht auf, wenn es aus unterschiedlichen Gründen schwer wird, seinen Willen zu äußern, einzubringen oder zu erfüllen. Ob des Menschen Wille sein Himmelreich ist, will ich angesichts der Schwierigkeiten und Konflikte, die in der Angehörigenarbeit mit dem »eisernen«, schwachen« oder »letzten« Willen verbunden sind, nicht entscheiden. Das folgende Beispiel eines kleinen Teams, das zusammen mit einem Angehörigen eine alte Damen im Sterben begleitete, zeigt, dass auch am Ende des Lebens weder Schluss mit lustig noch mit dem Willen ist.

Arzt und Krankenschwester stehen mit ernstem Gesicht am Bett meiner Mutter, die nur noch flach atmet. Ich befürchte das Schlimmste. Plötzlich schlägt meine Mutter die Augen auf, blickt uns verdutzt an und fragt: »Kann man den Tod nicht abbestellen?« Sie schmunzelt, und wir können nicht anders, als berührt zu lachen. Im Heim für betreutes Wohnen muss man, was man haben will, bestellen – und wenn man es nicht will, eben abbestellen. Warum also nicht auch den Tod abbestellen? Sie lächelt mich an und gibt Anweisung, ich solle ihr erst mal einen starken Kaffee holen (…). Eine kleine und doch hilfreiche Insel des Aufatmens im Meer des Leidens.[70]

Wie sonst in einem dem Menschen würdigen Leben geht es auch und gerade in der Sorge- und Pflegebeziehung grundsätzlich darum, das menschliche Bedürfnis nach Selbstbestimmung, Anerkennung, Pflege, Schutz und achtsamem Umgang mit den spezifischen Lebensbedürfnissen und dem subjektiven Willen nicht aus dem Auge zu verlieren, gleichzeitig aber konflikt- und handlungsorientiert die Unterschiede und Ambivalenzen zu beachten. Die Tochter, die ihre Mutter pflegt, will und muss ihre eigene Familie versorgen und ihrem Beruf nachgehen. Der Ehemann, der seine behinderte Frau rundum versorgen will, darf und muss Anspruch auf ein eigenes Leben haben.

Im Fall der Pflege eines anderen Menschen treffen, wie wir gesehen haben, angesichts der Zeitprobleme oder der verfügbaren Ressourcen häufig widerstreitende Interessen aufeinander. Sie einzugestehen, zu reflektieren und zu berücksichtigen ist Voraussetzung für eine gelingende wie verstehende Pflege. Familien mit ihrem Netzwerk von Angehörigen, ihren Generationsbeziehungen und ihrer Einbindung in Kultur und Gesellschaft sind immer wieder Übungsstätten für soziales Lernen, Fürsorglichkeit und praktische Hilfe. Was muss, soll, kann, will oder darf ich im Umgang mit meiner pflegebedürftigen, ständig nörgelnden Ehefrau, meinem störrischen Vater oder meinem aggressiven Bruder tun oder lassen, wenn diese sich eigentlich gegen jeden konkreten Hilfsvorschlag sperren, aber trotzdem ständig erwarten, dass alle um sie herum sind und das Richtige tun? Welchen Nachdruck oder Kompromiss muss, soll, kann, will oder darf ich eingehen, wenn ich meinerseits von meinen Angehörigen Rücksicht, Einsicht, Umsicht und Beihilfe einfordern möchte?

Wer leben will, muss älter werden, und wer es geworden ist, hat sich selbst im Gepäck und will, wie es meistens heißt, »niemandem zur Last fallen«, alles selbst und wie bisher auch alles richtig machen. Aber ob Last oder nicht – wenn man das Notwendige und das Gewünschte nicht mehr alleine tun kann, muss Hilfe her, und wir lernen verstehen, dass das schon öfter vorgekommen ist und wir im Laufe unseres Lebens immer mal wieder Last oder Lust für diejenigen waren, die um uns herum und mit uns zusammen unter guten Bedingungen oder widrigen Umständen ihr Leben gestalten mussten. Das Ausmaß, in dem wir uns selbst und anderen durch schlechte Gewohnheiten, kaum durchsetzbare Lebenspläne oder durch Mobbing, Selbstgefälligkeit, Rechthaberei und Machtgelüste bis ins hohe Alter ständig zur Last fallen – alles Dinge, die krank machen und schaden –, ist noch nicht wirklich evidenzbasiert erhoben worden. Lust und Last stehen jedenfalls in einem verbindlichen Zusammenhang, weil des einen Lust des anderen Last sein kann, wie uns das Sprichwort lehrt. Weil man aber besonders in Familien wenig über sehr persönliche emotionale Belastungen, über unangenehme Gefühle den Partnern oder zu pflegenden Eltern gegenüber oder über besondere Gelüste spricht, halten diese sich weitgehend im Hinter- oder Untergrund und betreiben dort ihre »Wühlarbeit«.

Dritte Gefühlslandschaft: Älter werden und alt sein

»Erwachsen ist man ungefähr mit hundert.«

Wie subjektiv und den eigenen biografischen Erfahrungen geschuldet spezifische Bedürfnisse und Wünsche auch sein mögen – wenn Menschen zunehmend auf längere und ausführliche Hilfe angewiesen sind, treten bestimmte »menschliche Grundbedürfnisse« – wie etwa das Bedürfnis, dem Leben einen Sinn zuzuordnen oder in seiner Würde nicht verletzt zu werden – in den Vordergrund. Sie dienen uns als Kriterien für alle Überlegungen, wenn es um eine menschenwürdige und altersfreundliche Sorgekultur geht. Der älter gewordene Mensch bleibt bis zuletzt Bürger oder Bürgerin des Landes, in dem er lebt. Auch wenn er dement, schwer krank, pflegebedürftig, von seinen Angehörigen oder in einem Alten- oder Pflegeheim betreut wird, bleibt er trotz mancher Besonderheit doch eine Person, deren Würde »unantastbar« ist und die ein Recht auf Selbstbestimmung hat.

Ähnliches gilt für einen jungen Menschen, der zum »Störenfried« wird, den gesellschaftlichen und familiären Anforderungen nicht gerecht werden will oder auf Provokationskurs geht. Auch wenn die Familie sich überfordert fühlt, sich abzugrenzen versucht oder zum Angriff übergeht, bleibt er Mitglied unserer Gesellschaft, einer Familie oder einer Schule mit dem Anspruch auf Unterstützung, Anerkennung seiner Problemlage und angemessenen Umgang.

Einzelschicksale können aber auch zu Massenschicksalen werden, wie wir es an den weltweiten Flüchtlingsbewegungen sehen. Und aus den Massenschicksalen schälen sich die Einzelschicksale heraus, die wiederum uns als einzelne Menschen auffordern, unser Mitgefühl zu zeigen, tätig zu werden oder uns bewusst und erklärend zurückzuziehen.

Die Herausforderungen liegen auf der Hand. Geburtendefizit und steigende Lebenserwartung haben Deutschland zu einer alternden Gesellschaft gemacht. Alterssicherung, Generationsvertrag, Balance zwischen Erwerbstätigen und Rentnern, Kranken- und Pflegeversicherung, Bildungssystem, Arbeitsmarkt und vieles mehr müssen überdacht, auch neu gedacht und interdisziplinär aus psychologischer, anthropologischer, biologischer wie ökonomischer Sicht überprüft werden.

Vor dem Hintergrund dieser allgemeinen Herausforderungen einer alternden Gesellschaft zeigen sich auch die konkreten Bedingungen und besonderen Probleme, denen sich auf fremde Hilfe angewiesene Menschen und Pflegebedürftige auf der einen und Angehörige wie professionelle Helfer auf der anderen Seite gegenübersehen. Wer zahlt, wenn Einkommen und Rente in der Not nicht mehr reichen? Wie wirken sich die Bildungsunterschiede bei der Suche nach guten Lösungen aus? Was machen die, die keine Kinder haben? Wie wirken sich schlechte Bezahlung und Stellenmangel im Pflegebereich auf die Betroffenen und auf die Pflegenden aus? Wie viel Selbstgestaltung und Selbstbestimmung im eigenen Leben gab es vor der zunehmenden Einschränkung und des Verlustes der Selbstständigkeit? Wie viel Kompromiss- oder Kampfbereitschaft, wie viel Anpassung und Unterwerfungsgeist, wie viele gemeisterte Krisen und wie viele tatsächliche oder gefühlte Niederlagen beherrschen die Lebensstimmung?

Was braucht der Mensch?

Andreas Kruse, einer der bedeutendsten Altersforscher in Deutschland, hat in seinen fundierten empirischen Studien und zahlreichen theoretischen Beiträgen die Grundlagen zu einer »Anthropologie des Alters« zusammengetragen, die uns zu verstehen hilft, worum es geht, wenn das Leben nicht nur auf die alten Tage, aber besonders dann um Hilfe ruft. Er gibt uns Kriterien einer altersfreundlichen Kultur an die Hand, die sich als Leitlinien für das Verstehen und den Umgang mit Angehörigen eignen – sowohl derer, die dringend Hilfe benötigen, als auch derer, die zwischen Hingabe, Pflichtgefühl und Verzweiflung zu unterstützen versuchen.

Nach Andreas Kruse und anderen interdisziplinären Forschungen und Stimmen aus dem Alltag der praktischen Arbeit geht es in einer altersfreundlichen Kultur und einer Kultur der Sorge grundsätzlich immer wieder um folgende Themen:

> Teilhabe
> Selbstständigkeit
> Mobilität
> Rücksichtnahme auf die wachsende Verletzlichkeit
> Zielgruppenspezifische Dienstleistungssysteme der Medizin, der Pflege, der Stadtentwicklung, der Wohnraumgestaltung
> Schlüsselressourcen für die Humanität einer alternden Gesellschaft wie Ruhe, spirituelle Praxis, Zeiten der Integration von Wissen und Weisheit[71]

Aus biologischer und psychologischer Sicht bedeutet Altern eine natürliche, kontinuierlich verlaufende Reihe von Veränderungen, die gleichzeitig mit Gestaltungsmöglichkeiten des Individuums, der Gesellschaft und der Kultur verbunden sind, erklärt uns Kruse. Was auf diese Weise nicht nur klar und sachlich definiert und von jedem älter werdenden Menschen empirisch erfahren und erlebt wird, geht in einer eher altersskeptischen Kultur und Gesellschaft verloren. Diese sieht im Alter eher eine Krankheit und im längeren Unterwegssein alter Menschen eine demografische Katastrophe. Wir alle werden kontinuierlich älter, und die Gestaltungsmöglichkeiten der Individuen bezüglich ihrer freien und selbst bestimmten Lebensführung sind höchst unterschiedlich.

Eine der wichtigsten Gestaltungsmöglichkeiten ist laut Kruse die Tatsache der Verdichtung von Krankheit und Gebrechen in der späten Lebensphase der letzten Jahre und die damit vor dieser Phase verbundene Zunahme an Jahren in relativer Gesundheit. Immer mehr Menschen werden alt, sogar sehr alt, haben nach dem Ende der Erwerbsarbeit unter unterschiedlichsten Voraussetzungen vielleicht noch zwei Jahrzehnte zur Gestaltung ihrer Lebenszeit zur Verfügung. Was sie mit dieser Gestaltungszeit anfangen wollen, hängt auch davon ab, wie ihre Vorstellungen von Teilhabe, Selbstständigkeit und Mobilität sind, welche Beeinträchtigungen und Verletzungen emotionaler Art sie im Gepäck haben, wie und mit wem sie an ihren Wohnorten vernetzt sind und ob sie Teil dessen sind, was Kruse eine »altersfreundliche Kultur« nennt. An deren kreativer Ausgestaltung sind übrigens die Alten und die Ältesten, die erkrankten, behinderten und hilfsbedürftigen Menschen, die Alleinlebenden, die Paare und die Mehrgenerationenfamilien, die Angehörigen und Professionellen im Pflegebereich aktiv und passiv beteiligt. Für alle geht es um den Austausch und die Weitergabe von Erfahrungen und Wissen an und zwischen den Generationen. Es geht für alle um zivilgesellschaftliches Engagement in eigener Sache, um den Nutzen, den eine längere Lebenszeit mit sich bringt, und um gegenseitige Hilfe bei den Risiken und Nebenwirkungen des Lebens.

Wer in der Statistik über all das hängen bleibt, was wir über Alter, demografischen Wandel, Anzahl der Pflegebedürftigen, chronisch Kranke, über die Zunahme seelischer Erkrankungen und Demenz erfahren, kann die Freude am Älterwerden verlieren. Wer über den hohen Anteil der Angehörigenpflege oder den Zustand der Alten- und Pflegeheime liest, schaut sich besorgt in der eigenen Familie um oder nimmt sein Single-Dasein kritischer aufs Korn. Wer dagegen die Ideen zur altersgerechten Stadtentwicklung und zu neuen Wohnformen zur Kenntnis nimmt, sie mit den eigenen Bedürfnissen, Vorstellungen und Ideen verbindet und auf diese Weise für sich und vielleicht auch seine Angehörigen eine freundliche, generationsübergreifende Perspektive entwickeln kann, lernt das notwendige Umdenken. Es geht nicht darum, die Wirklichkeit zu leugnen, Sichtweisen gegeneinander auszuspielen, das Individuelle und das Gesellschaftliche, Verhalten und Verhältnisse auseinanderzudividieren. Es geht darum, die Hilferufe des Lebens als gemeinsame, persönliche wie gesellschaftliche Aufgabe und Auftrag verstehen zu lernen. Es geht darum, die Zukunft im Umgang mit den Gefährdungen und Risiken des Lebens mitdenkend und mitfühlend in die Hand zu nehmen – zumindest für sich und für die, um die man sich kümmern will oder für die man sich politisch und beruflich engagiert.

Um Lebendes zu erforschen, muss man sich am Leben beteiligen. Diese Erkenntnis hat Viktor von Weizsäcker (1886-1957) zum Ausgangspunkt seiner »anthropologischen Medizin« gemacht, in deren Zentrum nicht die Krankheit selbst, sondern der erkrankte Mensch mit seiner Biografie steht. Das ist auch der Ausgangspunkt für eine Anthropologie des Alters und unserer Versuche, offene Leitbilder, nützliche Fragen und mögliche Lösungen für den Umgang von Pflegenden mit Pflegebedürftigen und umgekehrt zu entwickeln.

Wer sind die »anderen Alten«?

Erheiternd, zum Verzweifeln und auch ermutigend sind die Bilder vom Alter und die Altenbilder, die sich aufdrängen, wenn man den Berichten aus Funk, Fernsehen, Gazetten, »ernsten Medien«, der unüberschaubaren Ratgeberliteratur, aber auch der Flut literarischer und wissenschaftlicher Beiträge folgt. Gregor Eisenhauer hält richtigerweise den Kopf für die größte Problemzone im Alter, überlegt, »wie wir alt werden, ohne zu altern«, und entwickelt in seinem Buch sieben Ideen gegen die »Verholzung des Denkens«, wie er die Herausforderung nennt, um die es geht.[72]

Altern sei ein Prozess, hat die Wissenschaft herausgefunden. Keine überwältigende Erkenntnis, wenn man weiß, dass manche schon bei der Geburt alt aussehen. Alter als Lebenslust. Altern erscheint als Restgröße des Lebens. Oder als gesellschaftliches Drama mit und ohne Haftung. Wer überhaupt muss in Haftung genommen werden, könnte man fragen, und warum? Daten, Fakten, Analysen, aber eigentlich Märchen und Gruselgeschichten aus 1001 Nacht umstellen das, was wir Alter und Altwerden nennen. Die Jüngeren fürchten Sturmfluten von Altenbergen, mit und ohne Demenz, Dammbrüche aller Art. Pflegebedürftig, Mallorca-süchtig oder fit wie ein Turnschuh – man kann sich nicht aussuchen, welche einem lieber sind. In Villen, Einfamilienhäusern, betreuten Wohngemeinschaften oder Pflegeheimen, als Witwen, Singles oder mit Großfamilie im Anhang rollen älter gewordene Menschen bedrohlich als »demografische Wellen« auf die Gesellschaft und ihre Jugend zu. Sie übernehmen weltweit schnell noch einige Regierungsämter und kämpfen um die Führungspositionen im Seniorenbeirat wie früher die Jungen in der Schülermitverwaltung!

Das Bedrohliche: Die meisten Alten machen sich gegenseitig Angst. Alte Menschen, vor allem die Pflegebedürftigen, wollen nicht in Heime, weil da schon andere Alte sind! Im Jahr 2015 wurde fast die Hälfte der 2,9 Millionen Pflegebedürftigen zu Hause durch Angehörige betreut. Mit steigendem Alter nimmt die Versorgung in Heimen zu. Virtuell ziehen manche Angehörigen dann aus Schuldgefühlen mit ein und übernehmen die Aufsichts- und Kontrollfunktion.

Jeder zweite ältere Deutsche stirbt im Krankenhaus, obwohl 75 Prozent der Menschen das Sterben in den eigenen vier Wänden bevorzugen würden, ohne dass sie jedoch vorher über das Wie der Begleitung oder die faktischen Voraussetzungen nachgedacht, geschweige denn gesprochen hätten. Die meisten sterben auf Intensiv- oder anderen Stationen, vor allem auch in Pflegeheimen. Einige haben das Glück, den Abschied vom Leben auf Palliativstationen oder in Hospizen nehmen zu können, wieder andere setzen zusammen mit ihren Angehörigen beim Sterben zu Hause auf die ambulante Versorgung, die besser und manchmal ausgezeichnet geworden ist, aber nicht reicht.

Manche Alten sind ständig auf Schnäppchenjagd, inzwischen auch mit Rollator und dem von der Krankenkasse genehmigten Rollstuhl. Endlich ein wenig Bewegungsfreiheit und die Möglichkeit, abzuhauen, bevor einem die vier Wände auf den Kopf fallen. Internet und Supermärkte sind die neuen Reiseziele, und manche machen ihre letzten Ferienreisen mit Bus und Bahn nach Breslau und Königsberg, woher sie einst kamen. Die einen kaufen bei H&M die Klamotten für die Enkelkinder und probieren das eine oder andere selbst noch an, die anderen stapeln im Altenheim Nachthemden und Waschlappen für den Fall, dass sie ins Krankenhaus verlegt werden müssen. Wieder andere tragen ihre Kleider wie im Krieg auf, verkaufen den Rest auf dem Flohmarkt, wo die Alten aus anderen Ländern ihre besten Kunden sind.

Die einen Alten sind stimmungsmäßig »pflegeleicht« und sagen auch mal danke, die anderen machen auf Meckerziege und pochen auf bezahlte Dienstleistung. Für das eigene Alter kann man wie für das Wetter leider niemanden zur Rechenschaft ziehen und verantwortlich machen, das mindert die beliebte Möglichkeit, andere für die eigene Existenz zu beschuldigen. Zunehmend leben auch ältere Menschen auf der Straße und suchen als Wohnungslose abends einen sicheren Schlafplatz, manchmal im Schutz jüngerer Wohnungsloser, deren Eltern sie sein könnten. Familienclans aus unterschiedlichen Ländern schicken die Oma oder die junge Mutter samt Baby zum Betteln. Die, die es in den Seniorenresidenzen besser haben, finden das skandalös!

Aber wer definiert, wer zu welcher Gruppe gehört und warum das so ist? Wie erleben wir selbst unser Älterwerden, die Pensionierung, die sich verändernden Kräfte, die nicht mehr zum Lebensstil passen, oder die Gebrechlichkeit, die zu leugnen wir uns bemühen? Wie erleben meine Leser und Leserinnen ihre Großeltern, Eltern, Tanten und Onkel, wie die mürrischen Nachbarn oder die liebevolle, schon gehbehinderte Nachbarin, die die Hausschlüssel verwaltet, wenn sie im Urlaub sind? Was können wir von denen lernen, die bereits bewältigen, wovor wir uns noch fürchten, und die wir oft mitleidig beobachten? Was wollen wir auf jeden Fall vermeiden? Und womit könnten wir vorausschauend jetzt schon beginnen, um uns, solange es geht, bei aller Vorsicht, aber auch bequem selbst zu helfen? Einen Wohnungswechsel ins Auge fassen, ein Hörgerät benutzen oder mit Freunden und Angehörigen eine Lagebesprechung machen? Haben wir irgendein primäres oder sekundäres »Präventionskonzept« für uns selbst oder unsere Angehörigen in unserem Kopf, der die größte »Problemzone« ist, wie Eisenhauer schreibt?

Persönliches

»Gesund altern in Deutschland« – die Autorin gehört längst zur Gruppe der davon Betroffenen, schreibt darüber und oft auch gegen den Unsinn, der das Altsein zum größten Problem des Lebens macht und dem Alter den Krieg erklärt. Die eigentliche Frage lautet doch, wie man das biografische Älterwerden und Altsein (wie übrigens auch die Kindheit und Jugend) unter den jeweiligen historischen Lebens- und Arbeitsbedingungen trotz vieler Widrigkeiten und im Angesicht von mehr Möglichkeiten als je zuvor in der Geschichte lebt, gestaltet und überlebt. »Gesund und fit bis hundert« kann dabei nicht das einzige Ziel sein, wie die offizielle Gesundheitsförderung uns manchmal zu suggerieren versucht. Ist denn wirklich schon mal jemand in einem umfassenderen Sinn gesund und fit hundert Jahre alt geworden, wenn man an mehr als normalen Blutdruck, normales Gewicht, gute Verdauung und die Kenntnis seines Namens und seiner Adresse denkt?

Mit achtundsiebzig Jahren wird man zum Hochrisikofaktor für die Krankenkasse. Ich bin es allerdings schon länger! Nach Herzinfarkt, Brust- und Darmkrebs, Schilddrüsenentfernung, ohne Galle, mit schmerzendem Rücken und anderen Lebensschmerzen, die wie Nomaden durch meinen Körper ziehen, nehme ich mehr als vier Medikamente täglich. Die Verträglichkeit wurde überprüft, doch die Risiken und Nebenwirkungen habe ich weder zum Arzt noch zum Apotheker tragen können. Sie blieben treu mit mir im gewohnten Zuhause. Ich habe gelernt, dass sie zu mir gehören und dort bleiben werden. Geist und Seele fühlen sich gut unterwegs, depressive Verstimmungen wechseln, ich kenne sie bereits aus meiner Jugendzeit. Befriedigende Arbeit, soziale Projekte, gute Freunde, Zuwendung und Anerkennung sind die wesentlichen Gründe, warum ich immer noch gerne lebe, auch noch älter werden möchte, aber gleichzeitig Müdigkeit spüre und die Angst vor

Bescherungen fürchte, die ich nicht mehr so gut meistern würde, weil die Kräfte nachlassen.

Ich hatte Lebensabschnitte, in denen ich viel kränker war als heute. Als Kriegskind fürchtete ich den Tod, die Abhängigkeit und ein Alter in Armut früher mehr als jetzt, wo ich tatsächlich alt bin und auf neue Weise lernen muss, gut für mich zu sorgen – was immer das heißen wird. Ich habe zwei gescheiterte Ehen hinter mir und zusammengerechnet hätte es für eine Silberhochzeit gereicht, was statistisch gesehen der Lebenszeitdauer zugutekommt.

In Zeitungen und in wissenschaftlichen Abhandlungen kann ich nachlesen, zu welchem Teil der demografischen Welle ich gehöre, wer ich bin, war und sein werde, wem ich zur Last falle und für wen ich Hoffnung bin. Statistisch bin ich gut erfasst, auch wenn es den »Durchschnittsalten« kaum gibt. Nach Krankheiten, Risikoverhalten und Problemen wird gefragt, wenn man sich für einen Heimplatz meldet oder einen Pflegedienst in Anspruch nehmen will. Nach Wohlbefinden, speziellen Verhaltensweisen, spezifischen Befürchtungen und subjektiven Ausdrucksformen für Lebensqualität weniger. Das gilt auch für die Pflege durch Angehörige, die ähnlich den öffentlichen Einrichtungen immer alles im »grünen Bereich« des Kontrollierbaren sehen wollen, um beruhigt sein zu dürfen.

Ob und welchen Beitrag das Kriegskind in mir, die Achtundsechzigerin, die Woodstock-Besucherin, die Karrierefrau oder die Krisen- und Krankheitserfahrene zu meinem gesunden Altsein geleistet hat, kann ich nicht sagen. Welchen Ort und welche mich pflegenden Menschen ich im Falle eines weiteren Einbruchs in mein Leben oder gar einer Pflegebedürftigkeit finden werde, weiß ich auch nicht – aber ich kümmere mich bereits darum. Schweren Herzens allerdings, das will ich zugeben, denn »selber machen« war das Grundprinzip und das auferlegte Muss meines Lebens seit der Geburt.

Wirkung und Nebenwirkung des Älterwerdens

Ein wichtiger Zugang zu einer Anthropologie des Alters und der Frage, wie ein gelingendes Alter zu beschreiben wäre, ist die Differenzierung zwischen Alterungs- und Krankheitsprozessen auf der einen und die reflektierte Auseinandersetzung mit der Bedeutung der Selbstgestaltung und Selbstsorge für das spezifische Älterwerden auf der anderen Seite.

Leben ist dem Menschen in allen Lebensphasen und bis zuletzt als Auftrag an die Hand gegeben, ohne dass es eine Gebrauchsanweisung für die körperlichen, seelischen, geistigen oder sozialen Aufgaben gäbe. Auch das Alter hat seine Bestimmung und verfügt grundsätzlich über das Potenzial, sich seinen Entwicklungsaufgaben zu stellen, so gut wie möglich der Pflicht zur Selbstgestaltung nachzukommen, aufmerksam zu bleiben, sich ernsthaft um die eigenen Belange zu kümmern und sich seine Entscheidungsfreiheit nicht nehmen lassen, auch wenn andere meinen, sie wüssten besser, was richtig oder falsch ist.

Selbst- und Fremdsorge müssen eine schwierige Balance halten, Körper, Geist und Seele müssen als Team der Lebensorganisation so gut es geht gemeinsam agieren. Andreas Kruse erklärt dazu:

> *Denn das Greisenalter hat nur unter der Bedingung Achtung, wenn es sich selbst schützt, wenn es sein Recht behauptet, wenn es sich niemandes Gewalt überlassen hat, wenn es bis zum letzten Lebenshauch die Gewalt über die Seinigen behauptet (…). Wer dies zu erreichen sucht, der kann wohl dem Körper nach ein Greis werden, dem Geiste nach wird er es nie sein.*[73]

Im biografischen Rückblick beschreibt die ehemalige Buchhändlerin Irmgard Miller (75) in einem Interview über Frauengeschichten in Deutschland den Prozess ihres Älterwerdens, in der das Gelingende immer das Ergebnis eines Umgangs mit der Gefahr des Scheiterns war, so:

Mit achtunddreißig wurde ich Witwe, mein Mann starb ganz plötzlich im Alter von vierzig Jahren, und ich stand mit den zwei Kindern, die vier und zwölf waren, allein da. Ich hatte nie viel Geld zur Verfügung, als Buchhändlerin verdiente ich nicht gut, und ich hatte durch den gemeinsamen Buchladen hunderttausend Mark Schulden, da wir nur wenig Eigenkapital in das Geschäft stecken konnten. Trotzdem wollte ich meinen Söhnen ein Studium ermöglichen, und so musste ich alleine weiterkämpfen und immer sparen. Der Tod meines Mannes erschütterte mich sehr. Er war sehr liebevoll, aber Alkoholiker. Zehn Jahre trank er heimlich. Als ich es bemerkte, machte ich ihm Vorwürfe. Er kam ins Krankenhaus, und ich erwähnte das Problem mit keiner Silbe – aus Unkenntnis. Das Bewusstsein, dass Alkoholismus eine Krankheit ist, war damals noch nicht so ausgeprägt wie heute. Später las ich viele Bücher zum Thema Alkoholismus und realisierte, dass ich alles falsch gemacht hatte. Ich gab mir lange Zeit eine Mitschuld an seinem Tod (…). Demnächst werde ich umziehen, in das Haus meines Sohnes und meiner Schwiegertochter. Ich werde also mit meiner Familie in einem Mehrgenerationenhaus wohnen. Alles ist gut durchdacht (…). Ich bin sehr froh über meinen Entschluss, neu anzufangen. Eigentlich bin ich nicht sehr risikofreudig, aber ich entscheide intuitiv meistens genau das Richtige. (…). Das Alter ist für mich fast die beste Lebenszeit, es sind gute Jahre. Ich habe mehr Luft zum Atmen, zum Leben. Ich nehme das Leben, wie es kommt, und mache mir nicht zu viele Sorgen. Ich bin besonnener und ruhiger geworden, insgesamt weni-

ger aufgeregt und habe das Gefühl, mir könnte nichts mehr passieren (…). Jetzt will ich nicht mehr nur für andere da sein, ich muss es auch mit mir gut meinen, auf meinen Körper hören, Alarmsignale wahrnehmen. Ich finde, dass ich im Alter das Recht habe zu tun, was ich möchte. Das gefällt mir.[74]

Im Interview zu der gleichen Studie über Frauengeschichten in Deutschland sagt Ingrid Bacher, Schriftstellerin (76), dass sie das Alter nicht verpassen will, und schaut folgendermaßen auf das kommende »Greisenalter«:

Wir sind nicht gemacht, um zu überdauern. Das ist wie ein Aufruf, sich seiner Situation bewusst zu werden, intensiv zu leben, Anteil zu nehmen und zu lieben, selbst wenn es vergeblich erscheint. Um Lohn braucht es uns im Alter nicht mehr zu gehen. Das Alter trägt den Fluch, keine Zukunft mehr zu haben. Doch es hat zugleich einen unschätzbaren Gewinn: ein Reservoir an Erinnerungen und Erfahrungen und die Möglichkeit zur Distanz. Wir müssen uns nicht mehr kleinlich verzetteln, sondern können – da wir uns entfernen – wie von Weitem größere Zusammenhänge erkennen. Und da das Ende absehbar ist, kann sich die Lust am Leben verstärken. Es ist wie mit dem Licht, das sich zum Ende des Tages hin intensiviert. Glühender in der Farbe, liegt es auf den Häusern der Stadt, bevor es sich uns entzieht![75]

Ingrid Bacher ist sich des Privilegs bewusst, eine Schriftstellerin zu sein, die die Ressourcen hat, über sich, ihre Vergangenheit und ihre begrenzte Zukunft nachzudenken und den Stolz zu spüren, etwas Eigenes entwickelt zu haben.

Wer arm und alt ist, der hat kaum noch Spielraum, etwas Eigenes mit Gewinn zu entwickeln. Sicherheit wird infrage gestellt und so Angst geschürt. Beruhigung soll bezahlt werden. Wenn ich an den kleinen Medizinschrank im Badezimmer meiner Großeltern denke, wundert es mich immer, wie viele verschiedene Medikamente jetzt verschrieben werden können und wie groß unsinnigerweise der Vorrat davon auch in meinem Haushalt ist. Dabei wissen wir doch, viel notwendiger wäre in manchen Fällen eine Umarmung, eine aufmerksame Nähe eines anderen Menschen. Kinder nimmt man oft in den Arm, alte Menschen selten, obwohl über die Jahre das Verlangen nach Zärtlichkeit gleich bleibt.[76]

Es sind diese Erfahrungen, die Lebensumbrüche und Einbrüche, die Arbeitsverhältnisse, Krankheiten, die Abschiede, die Verluste von Kräften in allen Lebensabschnitten und ihre jeweilige biografische Bedeutung, die das Älterwerden vor allem in der letzten Phase, wo vieles nicht mehr möglich ist, als biografisches und gesellschaftliches Schicksal sichtbarer verdeutlichen als der berühmte Blick in den Spiegel. Nicht nur das Altern – das ganze Leben verlangt Mut, Kraft und einen starken Lebenswillen. Ist man wirklich alt, hilfsbedürftiger und einsamer geworden, dann braucht es vor allem Geduld, Gelassenheit und die treue Seele und körperliche Nähe anderer, um im aufrechten Gang zu bleiben. Mit unverhofften Aus- und Nebenwirkungen älter zu werden und dann in der sehr eigenen Weise alt zu sein ist etwas, das fast jedem passieren kann, aber jedem anders. Es macht einen Unterschied, ob man ein Mann oder eine Frau ist, verheiratet oder Single, arm oder reich, gesund oder krank, allein auf sich gestellt oder von Angehörigen unterstützt.

Was zum Zeitpunkt einer tiefen Depression, einer Pflegebedürftigkeit oder gegen Ende des Lebens ein gelungenes, erfülltes, erträgliches, zufriedenes, einigermaßen abgerundetes Leben ist, bleibt herauszufinden. Und um die Antwort muss jeder Mensch ringen, wenn er den konkreten Abschied vom Leben durch die letzte Phase hindurch lernen will, wie lange dieser auch dauern mag und wie schwer durch zunehmende Abhängigkeit, Pflegebedürftigkeit und persönliche Veränderungen das Leben erneut werden kann.

Wenn das Leben uns selbst, unsere Angehörigen und manchmal die ganze Welt um Hilfe ruft und auf aktiven Widerstand gegen das Unzumutbare aufseiten derer hofft, die sich kümmern und einsetzen wollen und sollen, stellen sich immer wieder ähnliche Fragen. Die Ökonomie fragt nach dem Preis-Leistungs-Verhältnis. Aber was wissen wir über den Preis, den ein selbstbestimmtes Leben kostet? Welche Leistungen muss eine Familie erbringen, mit welchen Folgekosten muss sie rechnen, damit der Preis für die häusliche Pflege der Eltern angemessen bleibt? In welcher Währung rechnet man in der »verstehenden Pflege«, und wer übernimmt die Folgekosten für das psychische Elend, das eine emotional verarmte Gesellschaft erzeugt? Zu wem gehören die Kinder oder Alten, für die sich niemand »angehörig« fühlt?

Wir reden von der alternden Gesellschaft, vom Zusammenprall der Generationen! Noch ist der Aufprall hierzulande relativ sanft. Beim »Brexit« geht es schon anders zu, und weltweit protestieren junge Menschen zu Recht gegen die regierungssüchtigen Alten, die die Zukunft der Jungen auch hierzulande nicht wirklich im Blick haben und konkret um ihre Renten kämpfen, statt auch die Zukunft der Arbeit im Auge zu haben. Die demografische Welle scheint die Gesundheitskosten einerseits ins Unermessliche zu treiben und auf eine Zwei-Klassen-Medizin in der Versorgung der Alten zuzutreiben. Gleichzeitig stellen sich Kosmetik-, Möbel-, Reise- und Autokonzerne auf die wirtschaftlich potente Klientel der über Sechzigjährigen ein. Ein großer Teil von ihnen verfügt nach Aussagen vieler Experten gegenwärtig über ein riesiges Geldvermögen, das sie als gefragte Konsumenten verbrauchen und vererben. Die Gemeinschaft bereitet sich dagegen auf die Zunahme an pflegebedürftigen und kranken Menschen vor, die auf ökonomische Unterstützung angewiesen sein werden, denn mehr Lebenszeit bedeutet auch mehr altersspezifische Erkrankungen wie Demenz, Schlaganfälle, Herzerkrankungen und Krebs.

Das war zu früheren Zeiten nicht viel anders, und jeder wusste ganz offenbar – ob es ihm gefiel oder nicht -, dass dort, wo Kinder versorgt und gepflegt werden, sich irgendwann der Spieß umdreht und alte Menschen versorgt werden müssen. Andere Arbeits-, Wohn- und Familienstrukturen wie eine kürzere Lebenserwartung schienen die Lösung des Problems selbstverständlicher zu machen.

Man kann sich heute nur mit Hochachtung vor den über siebzigjährigen Ehefrauen und manchen Ehemännern verbeugen, die Tag und Nacht ohne generationsübergreifende oder gemeinschaftliche Wohn- und Lebensformen für ihre meist älteren Partner im Einsatz sind und sich gleichzeitig besorgt fragen, wer später für sie da sein wird. Können alte Menschen ihre bisherigen Erfahrungen mit gegenseitiger Versorgung an die junge Generation weitergeben? Wie könnte dieser Wissens- und Erfahrungstransfer besser organisiert werden und als echte Bürgerbeteiligung in den politischen Diskurs über eine menschenfreundliche Altersversorgung eingehen, die der nächsten Generation nicht die Butter vom Brot nimmt und deren Älterwerden bereits mit in den Blick nimmt?

Ist Älterwerden letztlich für alle Generationen ein Verlustgeschäft oder mehr oder weniger ein Kampf der Generationen um die Fleischtöpfe des Fortschritts? Viele alte, aber auch junge Menschen sehen das leider so. Die Gesellschaft läuft mit einem Methusalem-Komplex herum, der sich der Freude und der Einsicht entgegenstellt, dass Alter auch eine Gnade sein kann und durchaus einen Gewinn darstellt, den es zu nutzen gilt oder über den man zumindest nachdenken könnte.

Margarete Mitscherlich (1917-2012), die große alte Dame der Psychoanalyse, sagte in der schon erwähnten Interviewreihe: »Das Angenehme am Alter ist, dass man weiß, wer man ist!«[77] Aber ist das wirklich so? Führt die Zunahme von Erfahrungen tatsächlich zur bewussteren Wahrnehmung von Erfahrungen, Gelassenheit, Souveränität, Liebe und der Bedeutung von Freundschaften? Oder führt sie nicht auch, je nach sozialer Lage und Bildungsstand, durch Stigmatisierung, Ausgrenzung oder Scham zum Verlust von Spontaneität, Offenheit und Freude an sozialen Kontakten? Wie ändern sich mit dem Anstieg der Lebenserwartung die Lebensträume, die Sexualität, Wohnkonzepte oder Familienansprüche? Ist man tatsächlich so alt, wie man sich fühlt, und ist Altern für alle wirklich so »bunt«? Ist es nicht für viele alte Menschen am unteren Rand der Gesellschaft eher schwarz-weiß?

Immer wieder müssen wir unseren Blick weiten und im engen Kontakt mit der Lebenswirklichkeit pflegebedürftiger Menschen und ihrer Angehörigen die übergreifenden Entwicklungen des Alterns und der demografischen Verschiebungen im Auge behalten. Global denken und lokal handeln war eine wichtige Botschaft der Umweltbewegung. Das Gleiche gilt für andere Umwelten des Lebens. Wer kommt und warum aus Thailand, Sri Lanka, Spanien oder Polen, um unsere alten, kranken und pflegebedürftigen Angehörigen zu betreuen, und wie geht es den Angehörigen dieser Pflegekräfte, also den alten Menschen in der fernen Heimat? Wie lokal und personenbezogen können wir denken und handeln, wenn es um die geht, die gebrechlich, hilfsbedürftig oder gar pflegebedürftig werden? Auch wir sind oft weiter von unseren Kindern, Eltern oder anderen Angehörigen entfernt, als es unserem Sorgebedürfnis, Pflichtgefühl, unserer Liebe oder Verzweiflung entspricht, und müssen in Fernbeziehungen leben, was für die Liebe etwas leichter als für die Pflege unserer Eltern ist.

Wie lernen Menschen, die persönlichen Grenzen, Herausforderungen, aber auch Vorurteile gegenüber anderen Hilfsmöglichkeiten und Einrichtungen einzuschätzen? Welche spezifischen Barrieren im Denken und Fühlen sind zu erkennen, die über das barrierefreie Wohnen hinausgehen? Ist das Bedürfnis eines alten Menschen, sich zurückzuziehen, eine Altersdepression oder Zeichen einer tatsächlichen oder eingebildeten Ausgrenzung? Wann ist Einmischung übergriffiges Verhalten und wann Ausdruck eines Mitgefühls, das trösten und helfen kann? Ist Vergesslichkeit die Alarmglocke der Demenz oder auch ein Zeichen für den Willen und das Recht, nicht alles behalten zu müssen oder sich nicht mehr an bestimmte Regeln wie Pünktlichkeit oder saubere Kleidung halten zu wollen oder zu können?

Geist und Seele müssen dem Körper mit seinen nachlassenden Kräften zu Hilfe kommen, wenn es um die Erhaltung und Verteidigung der Selbstsorge geht. In welcher Weise und unter welchen Bedingungen aber dieser Anspruch realisiert werden kann, wenn ein Mensch aufgrund seiner sozialen und ökonomischen Lage, seines Bildungsstands, der negativen Erfahrungen mit bürokratischer Bevormundung, in einem Leben ohne Anerkennung und subjektiv hinreichende Ermutigung letztendlich in den Zustand der Pflegebedürftigkeit und ungewollten Abhängigkeit geraten ist oder getrieben wird, gehört zu den Hintergründen, mit denen wir uns auch um unserer selbst willen beschäftigen müssen.

Ein gelungenes Alter hat sich der betagte Herr K. sicher anders vorgestellt, wenn man auf die Hilferufe seines Lebens im letzten Kapitel seiner Lebensgeschichte schaut:

Nach dem Tod seiner Frau lebte Herr K. mit seinen 82 Jahren allein in einer kleinen Dachwohnung, ohne Heizung, Toilette eine Etage tiefer, Bad ohne Dusche. Seine Wohnung wurde durch einen Kohleofen geheizt. Sein Bruder und einziger Verwandter lebte in der damaligen DDR. Während eines Hausbesuches begegnete der zuständige Gemeindepfarrer Herrn K. Er traf den alten Mann in einem völlig verwahrlosten Zustand in seinem verrauchten Zimmer an: alte Zeitungen auf einem Tisch, verkrustete Essensreste auf den Tellern, Tabak und Zigarrenstumpen auf dem Boden verstreut. Der alte Mann lag komplett angekleidet und apathisch im Bett. Er war über den Besuch des Pfarrers nicht sonderlich erfreut (...). Eine Unterkunft in einem Pflegheim lehne er ab und überhaupt – man sollte ihn doch in Ruhe lassen, er benötige keine Pflege.[78]

Hilfe tut in diesem Fall not, das ist klar. Aber was ist zu tun, wenn es um mehr als eine warme Suppe oder eine Kleiderspende geht? Wenn Geist und Seele eines Menschen in den Streik getreten sind und keiner Perspektive mehr vertrauen wie bei Herrn K.? Da ist guter Rat teuer. Auch bei Herrn K. geht es immer noch um Autonomie, um die Verteidigung seiner Selbstständigkeit, wenngleich seine Selbstsorge fast zusammengebrochen ist und seine Wohnung und er selbst nicht mehr nach würdigem Altern aussehen.

Was ist einem Menschen verloren gegangen, wenn er wie Herr K. sichtbar auf eine Verwahrlosung zugeht? Wenn die körperlichen und seelischen Kräfte für die Bewältigung des täglichen Lebens nicht mehr ausreichen, gehen nicht nur die regelmäßigen Mahlzeiten und eine aufgeräumte Wohnung verloren. Mit dem Verlust der kleinen Alltagsplanungen verschwinden auch die Lebensperspektiven. Die Hoffnung auf eine begrenzte, wie auch immer geartete Zukunftsperspektive sinkt unter das Existenzminimum, und der Lebenswille hat kein Motiv mehr, das ihn aus dem Bett treibt.

Nicht immer ist es so dramatisch wie bei Herrn K., aber wir können sehen, welche Bedeutung das eigene Tun und Wollen hat, wie wichtig die Anerkennung dafür ist, dass ein Mensch immerhin bis in die Tage der Ein- und Umbrüche sein Leben bewältigt hat und dass das, was noch geht, auch möglich wird. Im Hospiz hören wir oft den Satz: »Das kann ich noch alleine«, und sehen das Leuchten in den Augen der Sterbenden, die wissen, dass bald nichts mehr geht.

Wer wie Herr K. nur noch in Ruhe gelassen werden will und keine Hilfe benötigt, wie er ärgerlich betont, hat nicht nur das Glück, gebraucht zu werden, verloren, sondern will sich auch umgekehrt nicht mehr mit seinen Lebenswunden zeigen und eingestehen, dass er jemanden braucht. Der Besuch des Pfarrers war deshalb vergeblich und konnte dem alten Mann nichts mehr »bringen«.

Jeder Hilferuf des Lebens hat eine Vorgeschichte und wird eine Folgegeschichte haben. Welche Erfahrungen und Ängste begleiten also den akuten Augenblick und welche anderen strukturieren die Zeit danach, wenn ein Notruf für lange Zeit die Tagesordnung einer Familie, eines Ehepaars oder eines Menschen wie Herrn K. bestimmen wird, der seine Frau vor längerer Zeit verlor und allein zurückblieb? Wie stellt sich der Prozess zunehmender Hilfsbedürftigkeit im Innenleben der unmittelbar Betroffenen und wie für die Außenwelt der Angehörigen oder Professionellen wie Ärzten oder Beratungsdiensten dar? Wie verändern sich Gefühlslandschaften, denen bisher wenig Beachtung geschenkt wurde, weil alles im sogenannten grünen, unauffälligen Bereich war?

Geiz, Scham, Ekel oder Bitterkeit sind Gefühle, die vielen Menschen nicht bewusst sind oder geleugnet werden, aber in besonderen Situationen plötzlich das Beziehungsfeld erobern und verändern. Was bisher als »Sparsamkeit« akzeptiert wurde, entpuppt sich als Geiz, wenn der Hilfsbedürftige sich weigert, entstehende

Kosten oder auch ein Trinkgeld für Sonderdienste zu übernehmen, obwohl er finanziell gut gestellt ist und die alleinerziehende Tochter, die die Pflege übernommen hat, schon mit den täglichen Fahrtkosten überfordert ist.

Wie erleben Angehörige eine bisher zerstrittene Familie, die plötzlich im Angesicht der schweren Erkrankung des Kindes eines Bruders große Solidarität zeigt und zusammenwächst? Wo steigen Angehörige in den Prozess einer Hilfs- und Pflegebedürftigkeit ein und wann wieder aus? Wie lernen Menschen wie du und ich unter schwierigsten Bedingungen, dass unser Dasein in der Welt immer eine Art des Mitseins mit anderen Menschen ist? Wie lernt man ohne schlechtes Gewissen, an sich selbst zu denken und gleichzeitig den Angehörigen nicht links liegen zu lassen oder mit unterschwelliger Aggression zu »bemuttern«, bis man selbst keine Luft mehr bekommt?

Omas leben heute länger

Andreas Kruse und andere haben beschrieben, welche Grundbedürfnisse des Menschen auch im Alter und ganz besonders dann eine Rolle spielen, wenn die Gefährdungen und Beeinträchtigungen zunehmen, die Ressourcen knapper werden und die Abhängigkeiten zunehmen.

Die Lebensängste kranker, alter und hilfsbedürftiger Menschen beziehen sich überwiegend auf die Sorge, nicht mehr teilhaben zu können, an Mobilität zu verlieren, verletzt und verdrängt zu werden, nicht die richtigen Ärzte oder Versorgungsdienste zur Verfügung zu haben, die eigene Wohnung zu verlieren, kein gutes Zuhause mehr zu finden, sich geistig nicht mehr einbringen zu können, den Sinn des Lebens zu verlieren und zu vereinsamen.

Die meisten Menschen werden älter, als sie sich das in jungen Jahren haben vorstellen können. Dass diese statistische Tatsache das Leben leichter macht, hat niemand gesagt. Aber den eigenen Lebensprozess in seinen Entwicklungsschritten und im Älterwerden einordnen zu lernen ist eine wichtige Aufgabe. Inzwischen sprechen selbst Wetterdienste von »gefühlten« Temperaturen und bekennen sich zu einem alten Wissen, das wir alle bereits haben, das uns neuerdings aber auch die Hirnforscher mit modernen Messmethoden als ihre Erfindung nahezubringen versuchen: Auf die Gefühle und die Sinne kommt es an! Ohne sie wäre das Denken auf Dauer nicht möglich. Wenn wir nicht auch fühlen, was mit uns geschieht, ist Hopfen und Malz schnell verloren und der Ofen schneller aus, als wir glauben. Wenn man als kranker Mensch, der gepflegt wird, nicht fühlt und sinnlich wahrnimmt, dass der pflegende Angehörige letztlich pflegebedürftiger ist als man selbst, kann die Pflegebeziehung nicht mehr lange gut gehen.

Das abstrakte Grübeln über mögliche und tatsächliche Krankheiten und deren Folgen, über Gebrechlichkeit und die finanzielle Ausbeutung durch private Pflegedienste können einen alten Menschen umtreiben, seinen ohnehin schon fragilen Zustand noch weiter verschlechtern, ohne dass er ein Gefühl dafür bekommt, wie es ihm und seinen Angehörigen wirklich geht. Für sich selbst ein Gefühl zu entwickeln, was sich auch gut und richtig »anfühlt«, fällt vielen Menschen schwer, weil sie Wohlbefinden eher für einen Gedanken halten, den man verfolgen muss. Die abstrakte Angst vor Stürzen und das Wissen, über was man alles fallen könnte, verhindert oft, dass man ein konkretes Gefühl für die eigenen Stolperfallen und ihre Hintergründe im eigenen Lebenskontext entwickelt.

Wovor fürchten sich alte Menschen nun eigentlich wirklich, wenn sie auf ihre alten Tage in Abhängigkeiten geraten? Was in ihrem Leben war wichtig und von Bedeutung und könnte jetzt in der Erinnerung eher zum Trostpflaster statt zum Anstifter in der gefühlten Leere werden? Wie sehen die Lebens- und Gefühlslandschaften vergangener Zeiten aus, und wie strukturieren diese die Gegenwart im Zusammenleben mit den helfenden Angehörigen?

Dass Menschen generell in späteren Jahren und besonders in schweren Zeiten mit Schmerzen, Leiden und Pflegenöten nicht einfacher umgehen können und diese Form der Hilflosigkeit auch schwer zu ertragen ist, ist verständlich. Aber wie sehen die konkreten Ängste und Widerstände auf der Seite der Betroffenen aus, welche besonderen Wirkungen haben die hinter den körperlichen und seelischen Symptomen auftauchenden Lebensschmerzen, gegen die es keine Schmerzmittel gibt, auf die Befindlichkeit der Betroffenen, die pflegenden Angehörigen und die professionellen Betreuer, die in diesen bedrückenden Stimmungslagen und Gefühlslandschaften oft die größten Belastungen sehen?

Auf vier dieser spezifischen Gefühlslandschaften, ihre Bedeutung für die Verlusterfahrungen im Alter, die Zunahme der Gefühle von Abhängigkeit, Scham und Schuld und für das, was es zu tun und zu lernen gibt, möchte ich im Folgenden näher eingehen.

Vierte Gefühlslandschaft: Verlust von Fähigkeiten und Fertigkeiten

»Das konnte ich, das war ich, das bin ich.«

Niemand, der einst etwas gelernt und »gekonnt« hat und glücklich auf seine Fertigkeiten zurückblickt, niemand, der seine Aufgaben und Tätigkeiten liebte, will den Stolz darauf und die damit verbundene Anerkennung missen. Niemand will irgendwann zum »alten Eisen« gehören, also zu nichts mehr zu gebrauchen, überflüssig oder lästig sein und als jemand gelten, der allenfalls irgendwie beschäftigt wird, damit er nicht im Weg steht oder auf dumme Gedanken kommt. »Wer rastet, der rostet« – diese Drohung fühlt sich wie ein Strick an, an dem man gehängt wird oder sich selbst erhängt.

Die Angst, selbst tatenlos zu sein und damit anderen zur Last zu fallen, keinen gesellschaftlichen oder individuellen Nutzen mehr zu haben, bedeutungs- und funktionslos herumzuhängen oder gar die eigene Mobilität etwa durch die Abgabe des Führerscheins zu verlieren, keinen Entscheidungsspielraum mehr zu haben treibt nicht nur alte Menschen in Depressionen, Wut und Verzweiflung. Die gefühlte und reale Gefährdung des »freien Willens« und der drohende und oft schon konkrete Verlust von Selbstständigkeit, wenn man die Organisation des Alltags und die Absicherung des eigenen Lebens nicht mehr hinbekommt, ist Ausgangspunkt vieler Streitpunkte in der professionellen wie in der Angehörigenpflege und auch Hintergrund für die Zunahme von Alkohol- und Medikamentenabhängigkeit oder aggressivem Verhalten.

Auto- und Wohnungsschlüssel, BahnCard und Kreditkarte haben eine starke Symbolkraft. Wer nicht mehr tun kann, was er will, wer tun muss und sollte, was er nicht will, und schwer einsehen kann, dass es ohne fremde Hilfe nicht mehr geht, der droht den Boden unter den Füßen und die Fähigkeit zu verlieren, mit der sein Leben bisher machbar und vor allem befriedigend war. Mit welcher Inbrunst alte Menschen mit ihrem Rollator und andere in ihren Rollstühlen sich jeden Tag erneut der Mühe unterziehen, ihre kleinen Einkäufe selbst zu machen und sich wenn möglich nicht alles mitbringen zu lassen, obwohl sie auch dafür dankbar sind, berührt mich immer wieder.

Die Erkenntnis, dass bestimmte Fähigkeiten nachlassen, ist stets vom Gefühl der Scham und Beschämung begleitet. So ist die freiwillige wie erzwungene Abgabe des Führerscheins für viele alte Menschen, vor allem Männer, ein großes Problem. Etwas nicht mehr zu können und darauf hingewiesen zu werden ist schlimmer, als etwas nie gekonnt zu haben. Es ist wie Sitzenbleiben oder ein Schulverweis in früheren Zeiten. Frauen, die keinen Führerschein hatten oder selten gefahren sind, weil der Ehemann das mit der Überzeugung tat, dass er ohnehin der bessere Fahrer sei, haben nachweislich weniger Probleme, auf den Führerschein und das Autofahren zu verzichten. Vor allem Menschen, die beruflich viel mit dem Auto unterwegs waren oder deren Arbeitsplatz hinter dem Steuer war, büßen mit der Abgabe des Führerscheins einen Teil ihrer Identität ein, auch wenn sie schon lange keine Arbeitsfahrten mehr tätigen. Es ist eine äußerst schmerzhafte Erfahrung und ähnelt durchaus dem Verlust oder dem Aufgeben der eigenen Wohnung, auch wenn sachlich viel dafür spricht und von den Betroffenen auch eingesehen wird. Der zweiundneunzigjährige Herr Lachmeyer beispielsweise sagte, nachdem er seinen Führerschein schweren Herzens abgegeben hatte: »Es ist, als ob man mir meine Beine amputiert hätte.«[79]

»Mein Auto behalte ich! Und den Führerschein auch!« – Eine solche Aussage ist nicht nur Ausdruck der Trotzreaktion eines kooperationsunwilligen alten Mannes, sondern der innere Aufstand gegen eine Enteignung, bei der es im wahrsten Sinne um das eigene Leben geht. Die Schauspielerin Maria Furtwängler und die Politikerin Ursula von der Leyen erzählen in einem Interview in der *Süddeutschen Zeitung* von ihren an Demenz erkrankten Vätern.

Maria Furtwängler erklärt:

> *»Mein Vater (…) neigte ohnehin zu Jähzorn, und das ist zu Beginn der Krankheit schlimmer geworden, weil er gemerkt hat, bestimmte Dinge gehen nicht mehr. Ganz großes Thema war das Autofahren (…). Da geht es um den Verlust von Autonomie. Und das Autofahren war für ihn immer ganz wichtig, jederzeit überallhin zu können. Und zwar sauseschnell (…). Mein Vater wollte bei der Polizei anrufen und den Führerschein einfach noch mal machen.«*

Ursula von der Leyen erlebte mit ihrem Vater Ernst Albrecht Ähnliches:

> *»Menschen aus unserem Ort riefen mich an und sagten: ›Er ist mir gestern in die Stoßstange gefahren und war ganz verwirrt.‹ Dann habe ich etwas versucht, was wohl alle Angehörigen versuchen, nämlich an seine Vernunft zu appellieren, dass er nicht mehr fahren könne. Aber da bin ich einfach auf-*

gelaufen. Er hat immer gesagt, das lasse er nicht zu, dass ich mich da reinmische (...). Eines Tages sagte mir jemand beim TÜV: ›Ab einem bestimmten Punkt müssen Sie den Schlüssel verstecken, sonst kommt noch jemand zu Schaden. Sie sind jetzt verantwortlich.‹ Diesem Rat bin ich irgendwann gefolgt. Es gab fürchterliche Auseinandersetzungen über Wochen.«[80]

Was als persönliche Uneinsichtigkeit erscheint, hat soziale Folgen und gute Gründe im Gepäck. Insbesondere auf dem Land bedeutet Autofahren faktisch, dort leben zu können, wo man bleiben möchte, nämlich zu Hause. Fahrten zum Einkaufen, zum Arzt, zum Friedhof, zur Kirche, zum Sportverein oder zu Besuchen bei Freunden und der Familie sind für das Alltagsleben eine Art Existenzminimum und gleichzeitig Ausdruck aktiver Lebensfreude. Weder Kinder noch Taxis können dieses Lebensgefühl von Selbstständigkeit und Produktivität ersetzen. Die Auseinandersetzung um die Fahr- und Alltagstauglichkeit, um die Bewegungsfreiheit und Mobilität alter Menschen im öffentlichen Verkehr und zu Hause, um das potenzielle Risiko, das sie im Straßenverkehr darstellen, ihre Vergesslichkeit und Ungeduld sind besonders bei wachsender Unsicherheit der Angehörigen, leichter Desorientierung oder zunehmender demenzieller Erkrankung konfliktreiche Themen im Umgang der Angehörigen miteinander. Unterschiedliche Einschätzungen der realen Situation seitens der Familienmitglieder oder professioneller Begleiter, Neigung zu fürsorglicher Bevormundung oder Anpassungsdruck durch Mitbewohner oder Nachbarschaft verschärfen die Auseinandersetzungen und verhindern die besonnene Suche nach angemessenen Lösungen für die Betroffenen.

Die Angst um den Angehörigen, die Sorge, für alles verantwortlich gemacht zu werden, Besserwisserei, Rechthaberei und die überschäumenden Kontrollbedürfnisse vieler Menschen sind der Nährboden für Missverständnisse, für die Reaktivierung alter Familiendynamiken und das Aufbrechen von Machtkämpfen aller und alter Art. Immer schon ging es in vielen Familien oder Lebensgemeinschaften um die jeweiligen Freiheitsbedürfnisse und ihre Begrenzung, um die Freiheit, so zu sein, wie man ist, um das Recht auf Selbstbestimmung und manchmal auch um die späte Rache für vergangenes Leid. »Solange du deine Füße unter meinen Tisch stellst«, gelten offensichtlich die Regeln des Tischbesitzers. Diesen Elternspruch haben wir schon früher gehasst. Warum sollte es später, bei den Eltern im Altenheim oder in der häuslichen Pflege, anders sein? Nur bestimmen nun die anderen!

»Ich war schon immer das Aschenputtel in der Familie«, klagt eine Tochter, die ihren Beruf aufgegeben und Mutter und Großmutter in der eigenen Familie aufgenommen hatte, um sie ihrer inneren Pflichtstimme folgend liebevoll zu pflegen. Sie erzählt:

> *Das haben wir gerne getan. Das war irgendwie selbstverständlich für uns. Aber nun ... Meine Mutter nimmt alles so selbstverständlich, niemals ein Dank, selten ein Lächeln. Aber wehe, wenn meine Schwester kommt, einmal jährlich. Dann ist große Aufregung. Dann muss ich alles vorbereiten, einkaufen, kochen, damit es meine Schwester gut hat. Das verlangt meine Mutter mit unglaublicher Härte von mir. Sie dankt meiner Schwester überschwänglich für jede Kleinigkeit: dass sie den Tisch abräumt, überhaupt, dass sie den weiten Weg kommt usw. usw. Ich bin dann noch mehr Dienstmädchen als sonst. Meine Familie ist dann richtig sauer mit mir, dass ich das mit mir machen lasse.*[81]

Die Familie ist sauer, die Mutter ist sauer, und sie selbst ist auch sauer. Sinnvoll geht anders! Wenn ihre Schwester zu Besuch kommt, reaktiviert sich eine alte Erfahrung der Ungleichbehandlung in ihrer Familienbeziehung. Aschenputtel, Dienstmädchen, schwarze Schafe gibt es in jeder Familie. Prinzen, Goldjungen und persönliche Lieblinge auch. In der Literatur finden sich viele Beispiele dafür, dass pflegende Angehörige, die die Hauptlast des Pflegealltags tragen, miterleben müssen, wie Geschwister oder andere Angehörige, die sich aus unterschiedlichen Gründen rarer machen, von den pflegebedürftigen Angehörigen mit spürbarer Freude und Dankbarkeit empfangen und gelobt werden, während die unmittelbar beteiligten Pflegekräfte oft leer ausgehen.

Machtkämpfe, Übergriffe, Aggression

Die Fragen sorgender Kinder: »Wann gibst du endlich den Führerschein ab?«, » Wann gehst du endlich zum Arzt?«, »Warum ruft du nicht früher an?«, fühlen sich für viele alte Eltern – für Mütter häufig anders als für die Väter – wie Bevormundung oder wie der erste Antrag auf Entmündigung an, dem man auch noch einsichtig zustimmen soll. Alte Menschen reagieren im Kontext ihrer Beeinträchtigungen und Beunruhigungen oft mit blankem Unverständnis, manchmal Hass, unterschwelliger Aggression und nicht selten auch mit handfester körperlicher Abwehr auf die Bitte, den Rat oder die Forderung, ihren Führerschein auf Eis zu legen, eine Bankvollmacht zu unterschreiben, sich ein Heim wenigstens einmal anzuschauen, ein Hörgerät zu benutzen, die Inkontinenz zuzugeben oder endlich ein Testament zu machen, das nach ihrem Tod nicht alle verdrängten Familienkonflikte zur Explosion bringt.

So verständlich Angst und Ärger der Betreuer und Begleiter pflegebedürftiger Menschen ist, im Kontext ihrer Fürsorge ungerechterweise als übergriffig, lieblos und gar »gewalttätig« zu gelten, sowenig abwegig oder falsch ist das Gefühl der Pflegebedürftigen, sie würden ihrer Freiheit beraubt, bevormundet oder jemand greife ungerechtfertigt in das eigene Leben ein. Es geht dabei nicht um tatsächliche Gewalt, Missbrauch oder würdelose Eingriffe und Übergriffe auf öffentlich oder privat betreute Menschen. Es geht auch nicht um die Zunahme von Aggression und Gewalt gegenüber Pflegekräften und Angehörigen seitens der zu Pflegenden. Auf beides komme ich später noch zu sprechen.

Es geht um die Wahrnehmung eines subjektiven, sehr ernst zu nehmenden Gefühls pflegebedürftiger und oft von fremden Personen abhängiger Menschen, die sich im Pflegealltag und in ihren ganz persönlichen Nöten nicht verstanden, sondern sich drangsaliert, fremden Entscheidungen unterworfen und gleichzeitig wehrlos fühlen. So wie früher Eltern immer »nur das Beste« für ihre Kinder wollten, weil sie zu wissen glaubten, was gut für sie sei, und weil sie aus Sorge um ihre Kinder diese mit Ratschlägen, Ermahnungen und Verboten zu korrigieren versuchten, so laufen heute die Angehörigen oder professionellen Pfleger Gefahr, die Lust und das Recht auf Selbstbestimmung der ihnen anvertrauten Menschen mit unterschiedlichen Argumenten einzuschränken: kein Personal, kein Geld, zu zeitaufwendig, zu teuer, medizinisch nicht vertretbar, falsche Pflegstufe, nicht evidenzbasiert, unpassend, da könnte ja jeder kommen.

Viele kennen diese Gebetsmühlen und Klagelieder in Dur und Moll, aber sie singen sie mit, wenn es schwierig wird. So regen sich Ehemänner und Ehefrauen, erwachsene Kinder und pflegende Angehörige, aber auch professionelle Pflegekräfte später in ähnlicher Weise bis zur Verzweiflung über uneinsichtige Partner und Eltern auf, die nicht tun, was ihnen verordnet wurde; die bleiben wollen, wo sie nicht bleiben können; die keine Entscheidungen oder solche treffen, die das Problem nicht lösen; die sich für nichts mehr bedanken, sich danebenbenehmen, wütend um sich schlagen und dadurch Gefahr laufen, aus einem Heim zu fliegen, wie früher aus der Schule.

Pflegende fühlen sich für die ihnen Anvertrauten oft in jeder Weise zuständig, wollen sie beschützen und vor Unheil bewahren. Dass viele Jüngere alte Menschen ohnehin seit Langem im Verdacht haben, nicht mehr richtig oder angemessen zu ticken, unter Realitätsverlust zu leiden und die Kompetenzen für die Regulierung ihres Alltagslebens verloren haben, steht auf einem zusätzlichen Blatt. Viele ältere und in ihren körperlichen und geistigen Kräften eingeschränkte Menschen spüren diese Vorbehalte auch in den eigenen Familien und Partnerschaften. Häufig genug ziehen sie sich diesen Schuh an, indem sie ihr Selbstbewusstsein und ihr Gefühl für sich selbst demontieren. Da werden Zeitungen abbestellt, weil sie nicht regelmäßig gelesen werden. Essen auf Rädern geordert, obwohl ein Mittagstisch zusammen mit anderen Menschen um die Ecke auch möglich wäre. Rauchen, Wein, Schnapspralinen oder die gute alte Sahnetorte werden verboten, weil es der Gesundheit der Neunzigjährigen schaden könnte. Denken Sie an das oben erwähnte Beispiel von Hilde, die sich im Pflegeheim aus guter Sorge für sich selbst ihre Zigaretten und ihren Schnaps zurückerobert hat.

Wer rastet, der rostet

»Wer rastet, der rostet« – dieses alte Sprichwort haben viele Menschen als sinnstiftenden Rat und Anmahnung für lebenslangen Fleiß tief verinnerlicht. Es gibt kaum jemanden, der vom Sinn dieses Sprichworts nicht überzeugt ist, selbst wenn er froh ist, den Stress der Erwerbsarbeit hinter sich zu haben.

Tätigkeiten jeder Art verbinden mit dem Leben, auch wenn sie anderen als sinnlos erscheinen. Nach jahrzehntelanger Erwerbsarbeit oder intensiver Familienarbeit, nach langer Krankheit oder aus verschobener Gestaltungsfreude endlich mal Zeit für etwas zu haben, sich gegen Ende des Lebens mit seiner verbliebenen Lebenskraft einzubringen und kleine Aufgaben zu übernehmen tut Körper, Geist und Seele gut, stärkt das Wohlbefinden und vor allem das Zugehörigkeitsgefühl.

Leben soll auch im Alter und trotz mancher Einschränkungen keinen Rost ansetzen. Diese Alltagserkenntnis ist längst durch viele wissenschaftliche Studien untermauert worden. Britische Forscher fanden schon vor langer Zeit heraus, dass Berufstätige, die bereits mit fünfundfünfzig oder noch früher in Rente gehen, nach ihrem fünfundsechzigsten Lebensjahr eine halb so hohe Lebenserwartung haben wie Gleichaltrige, die frühestens mit sechzig ihren Job an den Nagel gehängt haben.

Selbst die Erinnerung an frühere Tätigkeiten tut gut. In einem anderen ländlich gelegenen Pflegeheim für Demenzkranke und sogar bettlägerige Patienten in der Nähe von Hamburg, das sich auch um verstehende und sinnstiftende Pflege bemüht, gibt es einen Garten, in dem jeder Gast des Hauses sein eigenes kleines Beet betreut oder beobachtet, wie seine dort gepflanzte Lieblingsblume wächst. Die Erinnerung an den eigenen Garten in früheren Jahren hütet auf diese Weise auch die Erinnerung an eine Zeit, in der die Fähigkeiten, Fertigkeiten und die eigene Arbeit in Haus und Hof für Anerkennung und das Wohlgefühl sorgten, dass man gebraucht wurde.

Die Geschichte von Herrn F. aus dem Schefflerheim in Hamburg bringt uns nahe, dass auch eine Demenzerkrankung die Bedeutung der eigenen Betätigung nicht löscht. Herr F. war dement und dauernd unterwegs. Er lief immer los, morgens, mittags und abends, plan- und ziellos. Niemand im Heim konnte sich zunächst erklären, was der Grund für seine Unruhe war, aber man ließ ihn gewähren. Gleichzeitig verschwand regelmäßig die frische Wäsche, die die Pfleger der Nachtwache immer abends über die Geländer neben den Bewohnerzimmern legten, damit der Frühdienst gleich morgens die Wäsche zur Verfügung hatte.

Es stellte sich heraus, dass Herr F. diese Wäsche jeden Abend einsammelte, zusammenlegte und in seinem Schrank stapelte. Durch Nachfragen kam heraus, dass Herr F. früher beim Bundesgrenzschutz war und die Wäschekammer unter sich hatte. Er konnte weder verstehen noch ertragen, dass die Wäsche im Heim unordentlich über das Geländer des Flures gehängt wurde, und brachte wieder Ordnung in den Laden – *seine* Ordnung. Die Heimleitung hatte eine Idee, was sie tun konnte, damit Herr F. sich im Heim noch wohler, vor allem aber gebrauchter fühlen konnte.

> *Wir änderten die Arbeitsabläufe und legten die Wäsche nicht mehr über die Geländer … Wir wollten Herrn F. eine sinnvolle Tätigkeit geben und führten ihn zu unserem Wäscheraum, wo ein riesiger Berg Handtücher und Bettlaken lag, gewaschen und gebügelt, aber noch nicht gelegt. Er faltete und packte sie uns äußerst exakt zusammen, sodass wir sie wunderbar in den Schrank legen konnten. Wenn er nun gelangweilt war, gaben wir ihm die Handtücher und forderten ihn auf: »Komm mit in die Wäschekammer.« Und irgendwann sagte er von sich aus: »Ich muss in die Kammer.« Und dann legte er los … das war sein Ding.*[82]

Als ihn ein Besucher irgendwann fragte, wie es ihm gehe, so berichtet die Heimleiterin, strahlte Herr F. ihn an und sagte:

> *»Mir geht es gut, aber weißt du was, jetzt habe ich endlich die Wäschekammer auf Vordermann gebracht. Jetzt habe ich den Weibern mal gezeigt, wo der Weg langgeht.«*[83]

Das Konzept einer verstehenden, biografisch orientierten Pflege und Betreuung zu Hause, in Wohngemeinschaften oder in Heimen könnte helfen, über die bisherigen Arbeits- und Lebensbeziehungen aller Beteiligten im Kontext neuer Situationen und neuer Beziehungsgeflechte nachzudenken und für heilsame Veränderungen zu nutzen. Durch die Einsicht in die spezifischen Verluste, Ängste, Widerstandsmuster und biografischen Besonderheiten der Pflegebedürftigen und deren Auswirkung auf die Pflegebeziehung kann auch die professionelle eigene Pflegearbeit in ihrer ethischen Dimension und nicht nur als pragmatische Versorgungsarbeit tiefer verstanden werden. Wer verstehen lernt, was der Verlust von Fähigkeiten und Fertigkeiten mit der Aufrechterhaltung von Autonomie, von selbstbestimmter Bindung wie freiwilliger Einbindung und im Zusammenhang damit mit der Achtung der Würde und der Praxis des Würdigens im menschlichen Umgang miteinander zu tun haben, wird es auch leichter im Umgang mit pflegebedürftigen Menschen haben, die manchmal wie früher als Kinder darauf pochen, etwas alleine zu bewerkstelligen, auch wenn es mehr Zeit kostet und durchaus schiefgehen kann.

Des Menschen Lebenswille ist ein halbes Himmelreich

Auf und ab, Tag und Nacht, Geburt und Tod, Werden und Vergehen, Gewinn und Verlust, Siege und Niederlagen, Glück und Pech, Zunahme und Abnahme von Möglichkeiten und Fertigkeiten sind polare, aber sich gegenseitig bedingende und ineinandergreifende Strukturprinzipien allen Lebens. Das darin enthaltene, nicht planbare Abenteuer beginnt mit der Geburt, zieht sich durch alle Lebensphasen hindurch und endet mit dem Tod. Es beginnt jeden Tag neu.

Getragen wird diese widersprüchliche und durchaus anstrengende Lebenspraxis von dem Wunsch, leben zu wollen. Leben ist zwar kein Wunschkonzert, aber von Wünschen durchzogen, die zum Leben motivieren und zu kleinen und großen Arbeits- und Lernprozessen mit Perspektive nicht nur anregen, sondern zwingen. Davon bleibt das Alter nicht verschont. Die mühsamen Schritte, gestützt auf den Rollator, sind besser, als mutlos sitzen zu bleiben. Die Freude an den Balkonblumen kann die Erinnerung an lange Wanderungen durch Blumenwiesen nicht auslöschen, aber eine Verbindung zu dem schaffen, was man einst genießen konnte. Das offene Gespräch mit der Tochter über die Verzweiflung und die Mühen mit dem an Demenz erkrankten Ehemann und Vater kann das Problem zunehmender Isolation nicht lösen, aber ein Anfang sein, selbst nicht länger zu verschweigen, wie es einem wirklich geht.

Der Lebenswille eines Menschen, der sich unter anderem auf seine Fähigkeiten, Fertigkeiten und sein Können stützt und diese nicht einbüßen will, ist die tragende Kraft, um die es auch in den Krisen des Älterwerdens geht. Werden dieser Wille und die damit verbundene Freude am Leben gefährdet oder gehen sie gar verloren, dann fehlt das Motiv, auch in schwierigen Lebenslagen weiterzumachen und in der nie endenden Eroberung und Gestaltung der Welt das eigene Leben zu »erfinden«.

Wer in der Phase der Krankheit seine Mobilität verloren hat, muss sie sich in der Rehabilitation zumindest teilweise zurückerobern. Fertigkeiten, Fähigkeiten und erworbene Kenntnisse sind dabei unsere Werkzeuge. Der persönliche Lebenswille, die Sehnsucht nach Lebendigkeit wie die Hoffnung auf Zukunft müssen lebenslang unterstützt, genährt und ermutigt werden. Leben ist Koexistenz und bleibt an die Erfahrung gebunden, dass es ohne persönliche Verantwortung für das eigene Leben und ein menschliches Miteinander nicht überleben kann. Leben lebt als Netzwerk und in Netzwerken!

Was abstrakt klingt, wird bei einem Schlaganfall zur sichtbaren praktischen Herausforderung. Wenn ein Angehöriger, Großelternteil, Ehepartner, Vater, Mutter oder Kind von einem Augenblick auf den anderen durch einen Schlag, den »Stroke«, seine Bewegungs-, Kommunikations- und Sprachfähigkeit einbüßt, ruft das Leben um spezifische, auf die jeweilige Person persönlich bezogene Hilfe. An Kinder und Jugendliche denken wir in der Regel nicht, wenn es um Schlaganfallpatienten geht, aber jährlich erleiden auch etwa dreihundert Kinder und Jugendliche in Deutschland einen Schlaganfall, fast ein Drittel davon sind Neugeborene. Experten rechnen gar mit einer höheren Dunkelziffer, denn noch immer wird nicht jeder Schlaganfall bei einem Kind richtig diagnostiziert, und auch Erwachsene brauchen eine schnelle Diagnose und entsprechende angemessene Hilfe.

Wenn die medizinische Akutbehandlung abgeschlossen ist, fängt die Arbeit der Rehabilitation und Pflege an. Und die Fähigkeiten, die dafür notwendig sind, muss und kann man lernen. Angehörige werden in Beratungsstellen oder Rehabilitationseinrichtungen – neben den professionellen Helfern in der Schlaganfallhilfe – zu Co-Therapeuten und mithilfe von Fachleuten darauf vorbereitet, begleitetes Gehen oder die lebenswichtige Fähigkeit der Kommunikation ihres Angehörigen zu unterstützen. Sie lernen, wie sie ihm Mut machen, nicht aufzugeben und das wieder zu lernen, was verloren ging.

Ein Beispiel aus dem Lehr- und Lernplan der Stiftung Deutsche Schlaganfall-Hilfe zeigt uns, dass es dabei nicht nur um eine gesprächstechnische Methode, sondern um den aufmerksamen Umgang mit einem erkrankten Menschen geht, um eine menschliche Begegnung auf Augenhöhe mit Herz und Verstand. Die folgenden Ratschläge könnten also auch für den Umgang mit Sprach- und Kommunikationsproblemen in anderen Lebenssituationen sinnvoll und nützlich sein, so im Umgang mit einem stotternden Kind in Angstzuständen, mit Menschen, denen es »die Sprache verschlagen« hat, oder mit einem schwerhörigen alten Menschen. Unter der Überschrift »Kommunikationstipps für Angehörige« lauten die Hinweise:

Sprechen Sie in kurzen, einfachen Sätzen.
Sichern Sie Verständnis (»Hast Du das gemeint?«).
Stellen Sie Blickkontakt her und halten Sie ihn, gegebenenfalls durch Berühren.
Wiederholen Sie Nichtverstandenes oder drücken Sie es anders aus.
Lassen Sie dem Betroffenen Zeit für seine Antwort.
Warten Sie auf Hilfesignale, fragen Sie erst dann: »Soll ich dir weiterhelfen?«
Nutzen Sie prägnante Schlüsselworte(»Lass uns über die Reha sprechen«).
Vermeiden Sie »Babysprache«. Ihr Gegenüber ist ein gleichwertiger Gesprächspartner.
Sprechen Sie nicht mit anderen Personen in Gegenwart des Betroffenen über ihn.
Setzen Sie bewusst nonverbale Kommunikation ein: Gestik, Mimik, Gegenstände, Zeichnungen oder Bilder.[84]

Sich klar und verständnisvoll ausdrücken, sich ansehen, sich berühren, Zeit schenken, indem man sich Zeit füreinander nimmt, miteinander und nicht übereinander reden, Menschen fühlen und erleben lassen, dass ein anderer Mensch sich um sie bemüht – das sind Voraussetzungen für einen heilsamen Umgang mit pflegebedürftigen und verunsicherten Menschen. Nicht der Schlaganfall braucht das unterstützende Gespräch, sondern der Mensch, der ihn erlitten hat. Das gilt auch für den psychisch kranken Menschen, den Flüchtling oder den dementen Opa oder die Oma, die es schon lange aufgegeben haben, sich anderen gegenüber verständlich zu machen, und davon ausgehen, dass ihre Angehörigen auch ungefragt für oder über sie sprechen werden.

Dass Großeltern vergesslich werden und manchmal komische Sachen machen, ist für die meisten Kinder kein Problem. Eine Schülerin im dritten Schuljahr erklärte in einem kleinen Projekt über alte Menschen zum Beispiel, man erkenne eine Oma daran, dass sie immer Frühjahrsputz macht oder dass sie, wenn sie Zahnschmerzen hat, ihre Zähne einfach in ein Glas legt. Kinder dürfen und sollten erfahren, wenn es sich beim veränderten Verhalten ihrer Großeltern um eine Krankheit wie Demenz handelt und wie diese verlaufen kann. Als Enkel sollen und dürfen sie wissen, dass Oma und Opa manchmal weglaufen, nicht mehr nach Hause finden, manchmal nicht wissen, was man mit Messer, Gabel und Löffeln macht, plötzlich wütend werden oder ihre Familienangehörigen nicht mehr erkennen. Aber die Enkel sollen auch wissen, dass Großeltern weiterhin mit ihnen singen, malen, auf den Spielplatz und spazieren gehen können, »Mensch ärgere Dich nicht« spielen und sich trotzdem ärgern. Die Deutsche Alzheimer Gesellschaft bietet zusammen mit ihrer Forschungsinitiative im Internet Informationen speziell für Kinder im Vorschul- und Grundschulalter an.[85] Die Empfehlungen für Kinder und ihren Umgang mit erkrankten Großeltern ähneln stark den Regeln für den Umgang mit Schlaganfallpatienten:

Sprich immer in kurzen und eindeutigen Sätzen und warte ab, wie dein Gegenüber reagiert.
Halte Augenkontakt, setze dich neben Oma/Opa.
Halte sanft und vorsichtig die Hand von Oma/Opa.
Sei nicht laut und hektisch. Habe immer Geduld.
Vermeide Streit und korrigiere Oma/Opa nicht.[86]

Erfahrungsgemäß halten sich Kinder durch ihre Spontaneität, ihren Humor und ihre pragmatische wie lösungsorientierte Haltung nicht zu lange bei seltsam wirkenden Erwachsenen oder Dingen auf – es sei denn, sie bekommen Angst, oder man macht die »Gespensterkiste« auf, was alles passieren könnte. Auch im Umgang mit anderen Erkrankungen ihrer Eltern, Freunde oder Nachbarn und mit allem, was fremd wirkt, ist es wichtig, den Kindern vorzuleben, wie man neugierig, geduldig, freundlich und konsequent reagiert und nötigenfalls Hilfe holt. So lernt man früh, wie man die Würde des Menschen achtet: Man lernt zu »würdigen«.

In den Berg- und Talfahrten unserer Lebenskrisen, in den jeweiligen Lebensphasen zwischen Kindheit und Greisenalter, in sicheren wie unsicheren Zeiten müssen Menschen immer wieder umlernen und neu dazulernen, worauf es im Kontext der Veränderungen neuerdings im eigenen Leben, im familiären Zusammenleben, in der Auseinandersetzung mit Krankenkassen und Behörden ankommt. Wer zu einem bestimmten Zeitpunkt seines Lebens merklich älter, kränker, ärmer oder eben pflegebedürftig wird, ist kein unbeschriebenes Blatt, sondern mit biografischem Gepäck, den Tage- und Nachtbüchern seines Lebens unterwegs. Der hilfsbedürftige Patient oder Angehörige hatte ein Leben, bevor die Krankheit, der Tod des Partners, die neue Lebenssituation eintrat. Er war auf seine Weise unabhängig oder schon abhängig, war in eine Familie und ein Netzwerk von Angehörigen eingebunden oder bereits lange allein, ist krankheitserfahren oder das erste Mal bettlägerig in einem Krankenhaus, hatte Krieg und Flucht mit entsprechenden Wunden durchgestanden oder immer die Sonnenseite erwischt, war bis zum Blitzeinschlag der schweren Diagnose nie abhängig und auf Hilfe angewiesen oder ruft als an Demenz erkrankter Angehöriger, dass er endlich nach Hause will, wobei oft unklar ist, welches Zuhause gemeint ist: die vorherige eigene Wohnung, das Haus der Kinder oder vielleicht auch der Friedhof, wo der Partner begraben liegt.

> *Nach dem Einzug von Frau A. verschlimmerte sich ihre Unruhe. Sie lief suchend die Flure entlang. Da für sie in dem Haus nichts vertraut war, machte sie sich auf den Weg. Schnell fand sie den Weg nach draußen. Ihr fiel eine Adresse ein, zu der sie hinwollte: zur Fasanenstraße. Ein Ort, an dem sie vor Jahren einmal gelebt hatte. Für Frau A. war es der Anknüpfungspunkt an Vertrautes und Bekanntes und das damit verbundene Gefühl, zu Hause zu sein. Sie lief los und fragte alle Menschen, die sie traf: »Wo geht`s denn hier zur Fasanenstraße? Können Sie mir den Weg zeigen?«*[87]

Das Weglaufen vieler demenzkranker Menschen ist eigentlich kein Weglaufen, sondern ein Hinlaufen. Es ist Ausdruck der Suche nach Vertrautheit und Geborgenheit. Das gilt auch für das Weglaufen von Kindern und Jugendlichen. Der Verlust von Geborgenheit manifestiert sich als Unruheherd, und dieses Gefühl ist jedem von uns letztlich vertraut. Leben sucht nach dem, was ihm fehlt – nur fühlen muss man es, um sich aufzumachen und es zu finden.

Leben muss lebenslang gelernt werden

Wir wissen nie im Voraus, warum und wie das Leben plötzlich um Hilfe ruft, und auch nicht, ob es dann Angehörige, andere Menschen oder Institutionen geben wird, die mit Hingabe, Pflichtgefühl oder womöglich mit Verzweiflung auf das reagieren, was nun bewältigt werden muss. Was unvorhersehbar, unplanbar und ungewollt geschieht, ist Teil unserer eigenen Geschichte, und niemand anderer wird diese – unabhängig von seiner Rolle in dieser Geschichte – so erleben wie wir.

Jeder Mensch hat am Anfang seines Lebens schrittweise und mithilfe anderer – Mutter, Vater, Oma, vielleicht einer Nachbarin oder Kindergärtnerin – essen, sitzen, stehen, gehen und sprechen gelernt. Immer waren wir mehr oder weniger von Angehörigen, von Erziehern, Lehrern, Freunden, Bekannten oder Nachbarn umgeben. Wir haben Erfahrungen mit Abhängigkeiten gemacht, die jede Kindheit begleiten und umstellen. »Das kann ich schon alleine«, war der Jubelschrei dieser Kindheit und der Stolz darauf, etwas gelernt, Fähigkeiten und Fertigkeiten entwickelt zu haben, etwas selbst und ohne fremde Hilfe tun zu können, das Gelernte freiwillig einzusetzen und auf diese Weise zunehmend das eigene Leben selbst bestimmen zu können.

Als erwachsen gilt, wer sein Leben weitgehend selbstständig meistern kann, das auch erfolgreich tut und dabei Ressourcen entwickelt, die Sicherheit und Vertrauen in das Machbare ermöglichen. Als »lebensfähig« und »psychisch wieder gesund« gilt ein Patient nach einem Aufenthalt in der Psychiatrie wegen Depression, wenn er morgens zu einer bestimmten Zeit aufsteht, für seine Hygiene sorgt, sich verpflegt, seine Wohnung aufräumt, mit irgendeinem Menschen Kontakt aufnimmt und niemanden bedroht. »Normal« ist, was wir alle tun, und »auffällig«, wenn wir irgendwie und aus welchen Gründen auch immer aus der Reihe tanzen.

Wir lernen zu leben, indem wir unsere Bedürfnisse erkennen, sie leibhaftig spüren, ausweiten, formen, sie befriedigen, verändern, um sie streiten, uns für sie einsetzen und dabei mit Defiziten, Konflikten und Enttäuschungen umgehen lernen. Wissen, Fertigkeiten, Fähigkeiten, Arbeit, die Liebe zum Leben und vor allem positive Erfahrungen und Anerkennung helfen uns, diese Lebensleistung zu erbringen, uns existenziell abzusichern, Lebensperspektiven zu entwickeln und Selbstbestimmung zu üben. Das Werden, Entwickeln, Erreichen, das Aufbrechen und Gewinnen sind die gesundheitsförderlichen Seiten des Lebens. Wir verbinden sie strukturell mehr mit der Kindheit, der Jugend, dem gelungenen Erwachsensein und dabei mit dem Gefühl der Intaktheit und der Gesundheit als einem »umfassenden Wohlbefinden« (WHO), mit Lebensmut und Lebensfreude. Die Gefahr, dass dieses Wohlgefühl unterwegs, in Krankheit und Krisen und im beschwerlicher werdenden Alter verloren geht, hat Präventionslandschaften aller Art entstehen lassen. Leben gefährdet Gesundheit, und je länger es dauert, umso mehr.

Dem kindlichen Jubelschrei »Ich kann das schon alleine« folgen in den späten Jahren die Klagelieder des Älterwerdens über das, was man überhaupt noch kann, und das Gefühl, sich etwas nicht mehr zutrauen zu können oder zu dürfen. Man wird bescheidener, wird sich seiner Verletzbarkeit, Fragilität und Gebrechlichkeit bewusster, und es entwickeln sich schrittweise und manchmal überraschend ganz natürliche Schwächen, etwa, dass man eine Sache gerade noch, jetzt nicht mehr so gut oder plötzlich gar nicht mehr kann. Das Gefühl und das Erleben, Fertigkeiten, Geschicklichkeit und Schnelligkeit einzubüßen, löst Trauer, Ärger, Verstimmungen und manchmal auch Verzweiflung aus. Nicht mehr wandern, Fahrradfahren, nicht mehr arbeiten, nicht mehr reisen, musizieren, nicht mehr ohne Brille lesen und ohne Hörgerät hören zu können, mit den Enkelkindern nicht mehr auf dem Boden herumkriechen oder nicht mehr alles essen zu können, was bisher wichtig und unverzichtbar schien, verlangt viel Disziplin, Einkehr und geduldige Übungen im Loslassen der persönlichen wie gesellschaftlichen Vorstellungen von einem tätigen Leben.

Die Ehefrau eines an Demenz erkrankten Mannes berichtet:

Mein Mann wollte im Garten einige Geräte wegräumen. Ich sah, dass er öfter stehen blieb und wohl überlegte, was jetzt drankommt. Es fiel ihm wohl doch nicht so leicht, und ich war kurz davor, es ihm abzunehmen, doch ich wartete noch ab.

Dann schaffte er es doch noch, und ich war froh, nicht so schnell eingegriffen zu haben. Mein Mann war so stolz, als er das hinbekommen hatte. Er strahlte mich an, als wenn er sagen wollte: »Ich bin doch noch zu etwas gut.« Da mussten wir beide weinen.[88]

Abschiede, Trennungen aller Art, Vergänglichkeit und Gebrechlichkeit färben das Altwerden und Altsein ein und symbolisieren vor allem den Verlust der »vita activa«, wie die Philosophin Hannah Arendt die anthropologische Bedeutung des Tätigseins im Leben beschrieb. Wie wir im soeben gezeigten Beispiel sehen, ist nicht nur das eigene Leben, sondern auch das Leben jener Menschen betroffen, die mit uns leben, arbeiten, uns pflegen und trösten. Wir lachen und weinen zusammen. So wie Kinder sich an anderen Kindern orientieren, um zu erfahren, was möglich ist, so erleben ältere Menschen, wenn sie sich in ihrer Lebenswelt umschauen, was im positiven wie negativen Sinn möglich ist und geschehen kann.

Pflegende Angehörige erzählen manchmal berührend von ihren Versuchen, den Rückzug und die Vereinsamung ihrer chronisch kranken oder an Demenz erkrankten Partner aufzuhalten, die oft verzweifelt, aber auch mit Alltagswitz auf der Suche nach einer Antwort auf die Frage sind, wer sie im Lauf der Jahre geworden sind und was sie der Umwelt noch zu geben haben. Sie verstecken und öffnen sich, schämen und verweigern sich und zeigen uns, was es heißt, unter dem Druck ständiger Beobachtung um die eigene Identität und ein funktionierendes Selbstbild zu ringen. Das Ergebnis ist immer offen und auf jeden Fall radikal subjektiv. Niemand erlebt sein Älterwerden, seine Krankheit oder seine Familienkonflikte in gleiche Weise, und immer ist die jeweils notwendige und mögliche Unterstützung höchst individuell. Eine Angehörige erzählt:

Zum Schluss war mein Mann immer in Bewegung. Kaum, dass er saß, stand er schon wieder auf und lief von einem in das andere Zimmer. Dann fing er hier an zu kramen und dort. Räumte etwas von hier nach da. Schlimm war, wenn er dann auch noch nachts aufstand und ich ihn herumlaufen hörte.[89]

Von vielem, was das Alter bedrohen kann, bleiben auch Kindheit, Jugend und frühes Erwachsensein nicht grundsätzlich verschont, und manche alte Menschen schauen auf ein Leben voller Ereignisse zurück, an deren Bewältigung sie zu scheitern drohten: Krankheit, Armut, Tod, Ausgrenzung, Niederlagen aller Art treffen auch andere Lebensphasen, aber sie erscheinen dann später in besonderer Weise schmerzhaft und belastend, weil die Lebensenergie für weniger reicht und nicht mehr leicht regenerierbar ist. Die Zukunft ist begrenzter, und die eigene Lebenserfahrung macht die Grenzen für Probeläufe und Veränderungen deutlicher. Das Mögliche steht im engeren Kontakt mit dem Unmöglichen, die Endlichkeit wird sichtbarer. Verluste zählen mehr und fordern radikalere Lebensveränderungen als in den Lebensphasen davor.

Wer die Nähe des verstorbenen Ehepartners durch die Nähe von Freunden ausgleichen will, muss große Schritte machen. Die gewohnte Ehe mit einem Partner fortsetzen zu wollen, der sich körperlich, seelisch und geistig am Lebensalltag nicht mehr beteiligen kann, setzt eine neue Energie voraus, um für sich und den Partner eine sinnvolle und lebensbejahende Perspektive entwickeln zu können.

Die Sehnsucht nach den Perspektiven und Hoffnungen vergangener Zeit wird größer, wenn die Gegenwart das bisher Gewohnte, die menschlichen Bedürfnisse und ihre Befriedigung infrage stellt. »Ich sehne mich nach der Zeit zurück, wo ich das machen konnte, was ich tun wollte. Ich kann so viele Dinge nicht mehr. Das macht mich fertig«, sagt ein Schlaganfallpatient dem Physiotherapeuten[90] und bringt damit den erlittenen Verlust seiner körperlichen Integrität zum Ausdruck.

Der Verlust von Fähigkeiten, Fertigkeiten und zunehmend auch von Interessen gehört zu den zentralen seelischen Belastungen, mit denen auch pflegende Angehörige konfrontiert sind, die das noch haben, was der andere vermisst. Für sie ist es nicht leicht, das individuelle Leiden zu differenzieren und zwischen Einschränkungen zu unterscheiden, die unveränderbar sind, und solchen, die sich durch intensives Bemühen lindern lassen. Das Niveau, auf dem Menschen leiden und klagen, ist unterschiedlich hoch, trägt zu Missverständnissen und Konflikten bei und stellt Politik und Gesellschaft vor die große Herausforderung, die Güter und Hilfen so gerecht zu verteilen, dass eine Kultur des würdigen Alterns, der Sorge und des Teilens allen zugutekommt.

Fünfte Gefühlslandschaft: Verlust der Lebens- und Zukunftsperspektive

»Was hab ich noch? Was bleibt mir?«

Herr F., von dem weiter oben zu lesen war, ist im Schefflerheim unverhofft in die Wäschekammer geraten und dabei symbolisch auf jenen Ort gestoßen, der einst in seinem Arbeitsleben eine wichtige Rolle gespielt hat: Damals, beim Bundesgrenzschutz, war die Arbeit in der Wäschekammer Lebens- und Zukunftsperspektive zugleich.

Für die meisten Menschen haben Arbeit und Familie eine sinnstiftende, grundsätzliche Bedeutung für die Antwort auf die Frage, warum es sich zu leben lohnt. Sie sind der Dreh- und Angelpunkt für die Entwicklung von Perspektiven für die nahe und fernere Zukunft und orientierende Anstiftung zu kleinen und großen Zielen, die es schrittweise zu erreichen gilt. Manche wollen unbedingt die Terrasse fertig bauen, obwohl nach der Diagnose nur noch wenig Lebenszeit bleibt; andere wollen noch die Geburt des Enkelkinds erleben und treiben Körper, Geist und Seele an, durchzuhalten. Ein Patient trat trotz schwerer Krebsdiagnose und kurzer Lebenserwartung mit Zuspruch seiner Ärzte eine Weltreise an. Dafür verkaufte er Haus und Hof, kündigte die Arbeitsstelle, ließ sein gesamtes altes Leben hinter sich, kam nach einem Jahr beschwerdefrei zurück und musste mit allem neu beginnen: eine Arbeitsstelle suchen, eine Wohnung mieten, neue Beziehungen knüpfen.

Große Visionen und kleine Hoffnungen treiben uns voran. Die einen bangen um ihre Alterssicherung und fürchten nichts mehr, als später einmal von staatlicher Unterstützung abhängig zu werden. Die anderen setzen auf das Glück der Gegenwart und glauben, dass es ohnehin so komme, wie es kommen soll, und dass es für sie gut ausgehen wird. Die einen hoffen auf das große Glück in ferner Zukunft, die anderen merken, dass sie heute zu den glücklichen Schnäppchenjägern bei den Sonderangeboten zählten.

Es scheint vernünftig, Hoffnung zu haben, dass die Lebenspläne, die man gemacht hat, auch durchführbar sind und gelingen werden. Selbst wenn niemand weiß, wie es im Leben weitergeht und wie es ausgeht, hoffen die meisten, eines »schönen Tages« mehr oder weniger zufrieden die Ernte einbringen zu können. »Die Rente ist sicher«, war ein politisches Versprechen, das diesem Vertrauen entsprach. Offene Fragen gibt es natürlich genug, und der Zweifel, ob alles gut unter Dach und Fach ist, bleibt meistens auf dem Tisch und ist in Form der Vorsicht eine verlässliche Lebensbegleiterin. Aber Menschen, die im Prozess des Alterns ein zusätzlicher Schicksalsschlag ereilt, und ihre Angehörigen, die sich gerade auf einen ruhigen Lebensabend einzustellen versuchen, erleben durch die besonderen Ein- und Umbrüche in ihre bisherige Lebensordnung nicht nur, wie schnell zu Ende sein kann, was für eine längere Ewigkeit gedacht war, sondern auch, wie Lebens- und Zukunftsperspektiven vor ihren Augen zerbröseln.

Die Befürchtungen, dass etwas anders ausgeht als gedacht und geplant, begleiten uns lebenslang. Anton Tschechow, nicht nur Dichter, sondern auch Arzt, schrieb nach dem Tod seines Vaters kategorisch: »Das wäre nicht geschehen, wenn ich zu Hause gewesen wäre. Ich hätte es nicht zum Tode kommen lassen.«[91] Die Sätze: »Das kann doch alles nicht wahr sein« oder: »Ich glaub, ich bin im falschen Film«, bringen alltagssprachlich die Irritation zum Ausdruck, um die es geht. Lebensperspektiven sind immer Antworten auf Fragen, die sich zu einer bestimmten Zeit finden, sonst bleiben sie Parolen und Phrasen, die niemandem nutzen. Finden wir einen guten Ausbildungsplatz, eine gut bezahlte Arbeit, die auch noch Sinn macht, den richtigen Arbeitsplatz, einen gerechten Lohn, der die Rente im Alter sicher macht? Das sind Fragen, in denen es um die Bedeutung von Arbeit geht, deren Zuschnitt sich aber zwischen Berufsantritt und Rentenalter im Laufe des Lebens ändern kann. Das Gleiche gilt für unsere Beziehungen. Eine Liebesbeziehung fühlt sich zu Anfang, zum Zeitpunkt der Hochzeit, in der Zeit der Elternschaft oder gegen Ende des Lebens unterschiedlich an und bleibt dennoch eine Liebesbeziehung. Eine Eltern-Kind-Beziehung verändert sich, wenn die Kinder selbst Kinder bekommen oder die erwachsenen Kinder eine Art Elternschaft für ihre alten Eltern übernehmen.

Ungewissheiten aushalten, Neuanfänge üben

Leben ist gelebter Wandel, hat immer eine historische Dimension, ist kontinuierlich auf offene Entwicklung ausgerichtet. Wer werden im Lauf des Lebens unsere Nächsten sein? Werden wir heiraten, Kinder haben, und wie lange werden die, die wir unsere Nächsten nennen, mit uns zusammenleben? Werden sie auch dann bei uns bleiben, wenn sich das Glück von uns abwendet? Wer wird wen überleben? Wer wird wen pflegen, wenn das nötig wird? Wie lernen wir gute Eltern, Partner oder pflegende Angehörige zu sein, und wer zeigt uns, wie das gehen kann? Werden wir Trauer, Wut und Verzweiflung wegen des Verlusts eines geliebten Menschen überwinden, eine schwere Krankheit ertragen, zunehmende Gebrechlichkeit aushalten, wenn nötig um Hilfe bitten oder annehmen können? Wer sagt uns, dass uns eine andere Arbeit, eine andere Beziehung, eine andere Lebensentscheidung glücklicher gemacht hätte, wenn wir unserem gegenwärtigen Leben keine Hoffnung mehr abringen und der bedrohlichen Zukunft keine Hand mehr reichen können? Was tue ich, wenn nur eine Scheidung das würdige Ende einer zerbrochenen Beziehung wäre, aber mitten in der Trennungsphase der Partner zum Pflegfall wird und um jeden Preis zu Hause gepflegt werden will?

Es muss etwas ins Blickfeld kommen, bevor es da ist, und Wunden, die im Leben entstehen, sollten sich zeigen dürfen und gezeigt werden, schreibt der leidgeprüfte Künstler Joseph Beuys.[92] Leben hat nichts versprochen, Lebenswege bleiben Zitterpartien, und Perspektiven verschwinden so schnell, wie sie gekommen sind. Ein zweites Leben ist nicht in Sicht, eintauschen kann man das eine nicht, und jeder nächste Schritt wagt den Fall. Der Zustand der Ungewissheit verunsichert und bereitet gleichzeitig den Boden für die nächste prekäre Gewissheit, wenn man einen neuen Plan in Angriff nimmt. »Gute Überraschungen« landen als verdientes Guthaben auf der Habenseite des Lebens, und nur weil sie eingetreten sind, schienen sie schon vorher sicher. »Böse Überraschungen« sind, bezogen auf Lebenspläne und Zukunftsperspektiven, eine unberechenbare Gemeinheit des Schicksals und gefährden die positive Lebensbilanz.

Das Ende der für das Leben wichtigen Erwerbsarbeit oder anderer Tätigkeiten, die Anerkennung einbrachten, der plötzliche Abschied von einem geliebten Menschen, mit dem man das Leben teilte und auf dessen Hilfe man hoffte, die ungewollten Trennungen von Kindern, Enkelkindern oder Freunden, der Verlust von Haus und Hof, Eigentum oder gar Heimat sind besonders im Alter ungeplante Krisenherde, die es in sich haben, weil sie Lebensroutinen, Lebensglück und Zufriedenheit aus den Angeln heben, überfordern, Unruhe stiften und unerwartete Ängste besonders in jenen Seelen erzeugen, die sich nie von etwas erschüttern lassen wollten. Erstaunlich ist, dass selbst das Altern und das Altsein für viele überfallartig zu kommen scheint, wenn beispielsweise ein Sturz von der Haushaltsleiter, die Abnutzung oder rheumatische Veränderung der Kniegelenke, der Umzug der Kinder ins Ausland, eine Krankheit oder das nahende biologische Ende das Leben schneller als erwartet ins Schleudern bringen.

Trotz aller festen Absichten, möglichst fit und gesund alt zu werden, nehmen Unbehagen, begründete und unbegründete Sorgen zu. Eine sinnvolle, dem konkreten Leben zugewandte Einschätzung bleibt jedoch aus. Hauptsache, alles bleibt beim Alten und so wie es ist – das ist offenbar die Ruhe stiftende Haltung, mit der der Mensch auf die bedrohliche Tatsache und wiederholten eigenen Erfahrungen reagiert, dass nichts so bleibt, wie es ist. Die Regel wird zur Ausnahme erklärt, und schon ist wieder Ruhe im Karton!

Im menschlichen Lebenscomputer bleibt der Knopf »Einstellungen ändern« bis zum Absturz eher ungenutzt. Statt sich bewegungs- und lösungsorientiert mit weniger Panik, berechtigter Sorge, aber reflektierter Lust perspektivisch und planerisch auf eine selbstbestimmte vorletzte und letzte Phase einzustellen und die Möglichkeiten einer menschenfreundlichen Alterskultur auch im Hinblick auf das eigene Leben abzuklopfen, weil Leistungspotenzial und Flexibilität eher abnehmen, starren Gesellschaft, Medien und Betroffene auf das, was um sie herum sozusagen wie von selbst, anscheinend unbeeinflussbar, aber dennoch voller ambivalenter Tendenzen geschieht.

Wer sehen will, der beobachtet, dass alte Mitstreiter und Lebensgenossen gebrechlicher werden als geahnt, dass Barrieren schwinden und andere dazukommen, dass Rollatoren und Rollstühle nicht nur Kennzeichen zunehmender Behinderung sind, sondern Bewegungsspielräume eröffnen, Unabhängigkeit und Selbstständigkeit möglich machen, manchmal auch zu Spiel, Sport und Reisevergnügen verführen. Das Hören wird schlechter, die Bereitschaft zum Zuhören leider auch. Die Alltagsbewältigung und Versorgung Hilfsbedürftiger wird auch deshalb schwieriger, weil die Ansprüche gestiegen sind. Alles soll weiter perfekt, effektiv und zumindest im Alter aufgrund von Lebenserfahrungen absehbar sein. Vielen Menschen erscheinen die Lebensaussichten und Zukunftsperspektiven für sich selbst auch deshalb nicht rosig, weil sie sich nur noch als Opfer sehen, eine aktive Teilhabe an der Mitgestaltung ihres Lebens aufgegeben haben, sich nutzlos vorkommen und nach Schuldigen suchen, die für ihre Misere verantwortlich sind. Neben dem Mangel an kulturellen Angeboten für beeinträchtigte Menschen und ihre Angehörigen in bestimmten Bereichen sehen wir gleichzeitig vielerorts das beeindruckende Bemühen in Alten- und Pflegeheimen, Krankenhäusern, Hospizen, in Nachbarschaften und Selbsthilfegruppen, der Gefahr sozialer und kultureller Isolation alter und pflegebedürftiger Menschen entgegenzuwirken. Vieles aber bleibt auch ungenutzt.

Geht es allerdings – über die üblichen Beschwerden und Beeinträchtigungen des Älterwerdens hinaus – durch besondere Ereignisse plötzlich an die Substanz der menschlichen Grundbedürfnisse wie Selbstständigkeit, Bewegungsfreiheit, Teilhabe oder Unabhängigkeit und endet ein harmloser Sturz im Badezimmer plötzlich im Pflegebett, der Schlaganfall in der Sprachlosigkeit, die Parkinsonerkrankung im Rollstuhl, die Depression in der Psychiatrie und die Demenz in Desorientierung und geistigem Verfall, dann erzwingt die neue Gegenwart überarbeitete Lebenspläne und eine wie auch immer begrenzte Perspektive! Wenn das Leben im »Herz des Seins« und seiner Fähigkeit zur Selbstorganisation tiefer als sonst getroffen wird, kippt der Schalter »Autonomie und Selbstständigkeit« auf »Angewiesenheit« und der Status »Ich werde gebraucht« auf das komplementäre »Ich brauche dich«. Die betroffenen Menschen ringen mit einem überwältigenden Verlustgefühl und drücken ihre Untergangsstimmung und ihren Perspektivverlust oft schweigend durch totalen Rückzug oder verzweifelt in klaren Worten aus. Es ist, als wäre das Ende gekommen. Die Texte dieser Klagelieder und ihrer Tonlage sind allgegenwärtig.

In Variationen und Wiederholungen hört man immer wieder diese Sätze: Was hab ich denn noch? Was bleibt mir denn noch? Ich bin zu nichts mehr zu gebrauchen. Wenn ich so krank bin, dann verlässt mich jeder Lebensmut. Ich hab nichts mehr. Ich bin am Ende! Ich stehe mit dem Rücken zur Wand. In meinem Leben ist alles dunkel! Das Leben lohnt nicht mehr. Besser, ich wäre tot! Nein, keine Geburtstagsgeschenke, das lohnt sich nicht mehr! Ihr kommt ja nur aus Pflichtgefühl. Ich brauche kein Mitleid.

Solche Sätze zeigen Wirkung. Pflegende Angehörige und viele Professionelle in der Kranken- und Altenpflege sowie in der palliativen Begleitung spüren, wie schwer es für einen Menschen ist, ein gefühlt leer gewordenes Leben zu ertragen, sich nur noch als Last für andere zu empfinden, in der verbleibenden Zukunft nichts Schönes oder Anregendes mehr entdecken zu können. Die Niedergeschlagenheit, Gedrücktheit und Trauer kranker, alter und müder Menschen, ihre verborgene Wut auf die, denen es besser geht, oder die, die als Begleiter, selbst wenn es die eigenen Kinder sind, niemals diese Verzweiflung verstehen werden, zeigt Wirkung. Vor allem pflegende Angehörige fühlen sich mit der Zeit im Kontext nie endender Klagelieder und umstellt von Anklagen gegen das ungerechte Schicksal sehr bald auch selbst nicht mehr gesehen, gehört oder anerkannt. Ihre Zuwendung, Liebe und ihre Anstrengungen erzeugen weder Hoffnung noch Perspektive, sondern gehen ins Leere. Das erzeugt auf beiden Seiten zusätzlichen Lebensschmerz. »Als wäre ich gar nicht da«, sagt ein Sohn. »Als wäre ich nie da gewesen«, sagt eine Tochter, die bei jedem ihrer vielen Besuche mit den Worten empfangen wird: »Du kommst ja nie!«

Das kontinuierliche Gefühl, Zuwendung und Einsatz mache keinen Sinn, sei letztlich vergeblich und zerstöre die Beziehung, ist ein bedeutender Stressfaktor aufseiten der Angehörigen. Im Sinnverlust erkalten Gefühle und Wahrnehmungsfähigkeit manchmal schon, bevor Erwartungen ausgesprochen werden. Dunkle Stimmungen und unausgesprochene Enttäuschungen machen sich in Familien manchmal auf merkwürdige Weise Luft. Im folgenden Beispiel drückt ein Elternpaar sein Gefühl, einsam zu sein und alles allein bewerkstelligen zu müssen, so aus:

> *»Wir haben beschlossen, uns anonym beerdigen zu lassen«, eröffnen die alten Eltern ihren Kindern. Der Tod des Vaters steht unmittelbar bevor. Der Sohn fängt an zu weinen, die Tochter ist vor Schreck erstarrt. Die Eltern sind vollkommen überrascht und fassungslos angesichts der Reaktionen. Sie hatten überhaupt nicht damit gerechnet, dass dieser Entschluss ihren Kindern wehtun könnte. Ihr Selbstwertgefühl bzw. ihr mangelndes Selbstwertgefühl ließ sie die Bedeutung, die sie für ihre Kinder hatten, vollkommen unterschätzen. Und damit trafen sie sie »mitten ins Herz«.*[93]

Auch wenn Lebens- und Zukunftsperspektiven verloren gehen oder bedroht scheinen, bedeutet dies nicht, dass Betroffene und Zugehörige hilflos zuschauen müssen, wie Lebensfreude und Lebenswille sich verabschieden. Es gibt Familien, Ehepartner, gute Freunde, denen es trotz vieler Schwierigkeiten und großer Belastungen gelingt, zu einer konstruktiven, bejahenden Einstellung gegenüber ihren Angehörigen, aber auch gegenüber sich selbst und ihrer übernommenen Pflicht zu kommen. Das braucht Zeit, Geduld und Beziehungsarbeit. Wichtig ist, dass gute Beispiele nicht zu »leuchtenden Beispielen« werden, die erdrücken, sondern lediglich Anstoß sind, darüber nachzudenken, was im eigenen Leben möglich und trotz anderer Umstände veränderbar ist.

Die Tatsache, dass der Mensch zeit seines Lebens und unter fast allen Umständen potenziell zum Handeln im Sinne eines Neuanfangs fähig bleibt und aufgefordert ist, zwingt ihn gerade in Notsituationen und in Augenblicken der Verzweiflung dazu, das Gefühl der Aussichtslosigkeit zu überwinden, verborgene Selbstheilungskräfte zu mobilisieren und um Hilfe zu bitten. Die Buddhisten nennen das den »Anfängergeist«. Nicht, was erwartet werden kann, ist der Maßstab, sondern was erhofft werden darf. In jeder Gesundheit ist die Möglichkeit einer Erkrankung gegeben. In jeder Krankheit hat Gesundheit ihren Ort, und ohne ihre verborgene Anwesenheit würde Heilbehandlung keinen Sinn machen. Auch verordnete Medikamente suchen einen Ort, von dem aus sie wirken können. Jede Operation muss sich auf all das verlassen, was nicht geschädigt ist. Die Worte des Arztes und der Ärztin müssen die dunkle Seite der Seele durchdringen, das Mitdenken ankurbeln und einen Funken Hoffnung entfachen, damit ihre Hilfe den Patienten wirklich erreicht. Jenseits des Befundes müssen Ärzte den Anfängergeist bei den Patienten und – je schwieriger die Aussicht auf Heilung ist, auch bei sich selbst – mobilisieren. Nicht ein Organ erkrankt, nicht der Körper ist pflegebedürftig und auf Hilfe angewiesen, sondern der ganze Mensch erkrankt und braucht Hilfe, denn das umfassende Lebenssystem ist in seiner Integrationsaufgabe erschüttert und muss sich neu orientieren.

Im Gespräch erzählte mir eine Frau, die an Brustkrebs erkrankt war und noch unter dem Schock der Diagnose stand, wie sich im Krankenhaus unter der Flut der Informationen und im Dschungel der Gefühle mitten in ihrer Verzweiflung und Ausweglosigkeit ihr Anfängergeist zu Wort gemeldet hat.

»Als die junge Ärztin ihre Hand in meine legte (...) und sie mir – wie das Allerwichtigste in der Welt – erklärte: ›Ab heute werden wir uns gemeinsam um Sie kümmern. So wie es im Leben sein sollte, wenn der beste Freund in Not ist‹, da konnte ich mich fallen lassen. Mir flossen vor Glück Tränen. In der kraftvollen Wärme dieser Menschenhand fühlte ich mich so sehr geborgen.«

Eine andere an Brustkrebs erkrankte Frau bekam diese Wärme einer menschlichen Hand nicht zu spüren, aber sie erlebte in ihrem Schmerz und durch ihre Tränen, wie sich der Anfängergeist zunächst nur mit Fragen aus dem Untergrund der Verzweiflung an die Oberfläche zu kämpfen suchte. In der Selbsthilfegruppe erzählt sie:

»Da er (der Arzt) mich während des ganzen Beratungsgesprächs im Krankenhaus nicht ansah, hatte ich ein Gefühl von Unwirklichkeit. Das passiert jetzt nicht dir ... Dort erst, auf einer Sonnenliege im Garten – meine Kinder waren noch im Kindergarten und in der Schule –, wurde mir die Tragweite der Situation bewusst. Die Tränen kamen, und ich haderte mit dem Schicksal. Immer wieder fragte ich mich: ›Warum ich? Warum jetzt? Und: Was soll ich tun?‹«[94]

Viele Hilferufe des Lebens kommen nicht direkt, sondern legen ihre Anforderungen und Tagesordnungen schrittweise auf den Tisch der betroffenen Häuser. Ob die kleine Tochter, der Ehemann, die Mutter oder ein guter Freund den Schlaganfall erleiden, und was sofort oder später auf die Betroffenen und ihre Angehörigen zukommt, macht vor dem Hintergrund der jeweiligen Lebensbedingungen und häuslichen Situationen für das Sorgen, Pflegen und Begleiten einen großen Unterschied.

Es geht – anders als im aktiven und eiligen Arbeits- und Familienleben der früheren Jahre – im Umgang mit den Problemen der späteren Jahre nicht um Schnelligkeit, kurzfristige Interventionen oder Tätigkeiten, die man nebenbei auch noch schafft, sondern um die Entwicklung einer Haltung, die sich im Dialog mit sich selbst langfristig auf Geduld, Ausdauer, Respekt, Neugier, auf Konflikt und Widerstand, auf Fantasie und Unvernunft einlassen kann. Einander brauchen und gebraucht werden, muss man im Angesicht der akuten Herausforderungen der jeweiligen Gegenwart neu lernen oder als schon vorhandene Erfahrung in der Vergangenheit erinnern und überprüfen. Man sollte die Situation und sich selbst verstehen, beidem nachspüren und erst dann handeln und ermutigen. Doch dieses kurze Einhalten ist in Zeit- und Einsatzplänen, die im Takt von Minuten oder festen Behandlungs-, Essens- und Schlafenszeiten aufgestellt werden, nicht vorgesehen. Auch Betroffene und Angehörige, die zunächst keinen professionellen Abläufen unterworfen sind, nehmen sich meist nicht die Zeit für notwendige Besinnungspausen. Es ist, als wären überall aus unterschiedlichen Gründen hoch engagierte und überaus motivierte Rennmäuse oder mobile Einsatzkommandos unterwegs, die nichts falsch machen wollen.

Auch im Trubel der akut zu treffenden Entscheidungen am Anfang eines spezifischen Hilferufs und der dann nötigen Geduld für den Umgang mit einem längeren Leidensprozess ist es für niemanden – auch nicht für die nahestehenden Angehörigen – leicht, die Zeit zu finden, um im gemeinsamen Durchstehen möglichst gute oder gar beste Freunde zu werden oder in den schwierigen Erfahrungen, Schmerzen und Qualen auch die schönen Augenblicke, Minuten oder Stunden wahrzunehmen und zu genießen. Als einer meiner besten Freunde in den USA seinen sterbenden Vater im Krankenhaus besuchte und sie sich entgegen der Diätvorschriften heimlich und genussvoll das geliebte Tuna-Salad-

Sandwich teilten, erlebten sie im Abschied voneinander eine Sternstunde ihrer Vater-Sohn-Beziehung. Im Trott der bisherigen Routinen, in Harmonie mit den eigenen Lebensmustern, abgestimmt auf die Lieferdienste für Essen auf Rädern oder die Zeitpläne der ambulanten Helfer mit ihren Wasch-, Rasier- und Anziehdiensten, soll aber alles möglichst so bleiben, wie es war, weil es angeblich auch gut war.

Das Abenteuer des Lebens endet nicht mit dem ausgelösten Erdbeben des Hilferufs, das die Lebenslandschaft verändert, und auch nicht mit dem Blitz, der kurzfristig alles grell beleuchtet. Schon immer haben sich seit unserer Geburt Lebens- und Zukunftsperspektiven langsam oder blitzartig verändert, sonst wären wir nicht die, die wir geworden sind. Warum sollte man also unter veränderten Lebensbedingungen und neuen Anforderungen Wohnungen, Zimmeraufteilungen, Essens-, Ruhe- oder Besuchszeiten nicht ändern? Das Pflegebett ins Wohnzimmer stellen, die Pflegekraft ins Gästezimmer einziehen lassen und die Gäste im Hotel oder auf Nachfrage bei den Nachbarn unterbringen, das Dessert vor der Hauptmahlzeit und die Vorspeise am Ende essen? Sich im Alltag die Sonntagssachen und am Sonntag die Arbeitsklamotten anziehen? Unerwünschten Besuch vermeiden, aber einen Nachbarn bitten, den Rollstuhl mit dem Vater während des Einkaufs auf seiner Veranda zu parken? Warum sollte man Enkel oder Schulkinder vor der Begegnung mit Gebrechlichkeit schützen, warum noch mehr Menschen auch zu Hause einsperren, nur weil sie immer wieder gerne andere Wege gehen?

Ich will es mir nicht leicht machen. Ich will den Bedenkenträgern zuhören, aber doch dafür plädieren, dass wir nur dann »beste Freunde« unseres eigenen wie des beschädigten, verwirrten und pflegebedürftigen Lebens werden können, wenn wir mindestens manchmal unsere bisherigen Lebenspläne, Routinen und Perspektiven auf den Kopf oder eben wieder auf jene Füße stellen, die das

Laufen nach einem Schlaganfall oder wegen Altersbeschwerden mit dem Rollator neu üben müssen.

Nie waren wir vor bösen Überraschungen sicher, aber auch nicht vor guten oder neuen Ideen und Perspektiven! Nie war vorab klar, was möglich sein, sich als sinnvoll oder sinnlos erweisen würde, welche Menschen die wirklichen Freunde sind und wer sich in Familien dünnemacht oder bleibt, wenn es brenzlig wird. Zwischen Geburt und Tod wandern wir von Horizont zu Horizont und bewegen uns meistens zielorientiert auf etwas zu, das wir am Ende »unser Leben« nennen, ohne es vorhersagen zu können.

Wir brauchen immer wieder neue, vor allem konkrete Lebens- und Zukunftsperspektiven, die wir in praktische Lebensmuster und durchführbare Lebenspläne umsetzen. Manchmal brauchen wir sie gerade in dunklen Stunden, in denen alles vergeblich scheint, nur für den nächsten Tag. Das Älterwerden ist seit der Geburt sozusagen eine unkalkulierbare Dauerperspektive mit Langzeitwirkung. Wer leben will, muss älter werden. Je länger wir wandern und je müder wir werden, desto ungeduldiger hoffen wir, dass die nächste Abzweigung nicht schon die letzte Ankunft ist und die Kräfte noch für ein weiteres Ziel oder längere Lebenszeit reichen. Die Linie, die wir Horizont nennen, bleibt auch in der Pflegebedürftigkeit und in der Pflegetätigkeit eine Verheißung zwischen Hingabe, Pflichtgefühl und Verzweiflung. Beim Balancieren auf den Gleisen des Lebens muss man wie im Kinderspiel den Blick auf einen Punkt am fernen Horizont richten, um nicht zu stolpern. Wer beim nächsten Schritt nur ängstlich auf den brüchigen Boden und seine eigenen Füße schaut, kommt leichter aus dem Gleichgewicht.

Älter und auf den Beinen wackeliger geworden, ist die Gefahr, das Gleichgewicht zu verlieren, trotz aller Lebenserfahrungen nicht geringer, sondern vielfältiger geworden. Mehr denn je scheint die wichtigste Lebens- und Zukunftsperspektive in einem

Leben, das um Hilfe ruft, zunächst die Entscheidung zu sein, mit der Situation, in der man sich befindet, irgendwie Frieden zu schließen. Das Unvermeidliche fordert dazu auf, den umfangreichen Perspektivenwahn früherer Zeiten und die Flut der anderen Möglichkeiten, die man potenziell auch noch hätte, zu beenden. Die Suche nach *einer* nächsten, oft nur bescheidenen Möglichkeit bleibt und ist umso wichtiger, weil sie den nächsten Augenblick nutzen muss, der sich gerade auftut. »Einer hat Zukunft, solange er nicht weiß, dass er keine Zukunft hat«, schreibt der Philosoph Hans-Georg Gadamer in seinem Buch *Über die Verborgenheit der Gesundheit* und ergänzt: »Die Verdrängung des Todes ist der Wille des Lebens.«[95]

Wie konkret das sein kann und muss, zeigt das folgende Beispiel, das Natalie Knapp in ihrem Buch *Der unendliche Augenblick*[96] erzählt. Eine kluge, kämpferische und besonders unnahbare fünfundfünfzigjährige Frau erfuhr während ihrer Psychotherapie, dass alle medizinischen Heilungsversuche erfolglos verlaufen waren und sie in absehbarer Zeit sterben würde. Sie stellte ihrer Therapeutin die provokative Frage, ob sie überhaupt etwas von den Problemen Todgeweihter verstünde und ihr einen Grund nennen könnte, weshalb es besser sei, auf den Tod zu warten, anstatt sich unmittelbar das Leben zu nehmen. Die Therapeutin antwortete, dass es keinen tieferen oder besonders tragfähigen Punkt gäbe, lebendig zu bleiben, als den, dass man mit irgendetwas anderem, das lebendig ist, noch etwas Wesentliches zu teilen habe.

Solange wir Menschen noch das Bedürfnis haben, einen Augenblick zu teilen, gibt es noch eine Perspektive. Verstummen wir gegenüber der Welt und vor allem gegenüber uns selbst, sind wir auf eine andere Art schon längst gestorben. Wir begegnen auch in den letzten Zügen unseres Lebens dem Grundgedanken: Leben heißt teilen und mitteilen von Lebendigkeit.

Die studierte Kulturredakteurin, freie Autorin und philosophische Beraterin Natalie Knapp drückt das so aus:

> *Der tiefste Grund des Lebens besteht darin, dass Lebendiges mit anderem Lebendigen noch etwas Wesentliches zu teilen hat, also ein Wort, einen Gedanken, eine Berührung oder einen Blick. Solange eine Melodie unser Herz erreicht oder das freudige Schwanzwedeln eines Hundes uns ein Lächeln entlockt, gibt es noch Grund zu bleiben.*[97]

In schwerer Krankheit, Behinderung, Pflegebedürftigkeit oder im Sterben das Leben zu begleiten ist einer der Grundsätze der Hospizarbeit, die letztlich für alle Formen der Begleitung hilfsbedürftiger Menschen gilt. In der Begegnung zwischen ihnen, ihren Angehörigen, den professionellen und ehrenamtlichen Helferinnen und Helfern geht es um Taten und Tun, um Worte, Gedanken, um Berührung, um den biografischen Blick auf das, was sich im Laufe des Lebens ereignet hat, erlebt worden, aber auch gekränkt, verletzt, geschädigt und nun brüchig und gebrechlich geworden ist. Manchmal geht es um sehr einfache Zu- und Aufwendungen. Noch einmal das Hochzeitslied hören, den Bohneneintopf aus Großmutters Zeiten essen, die Geburt des Enkels abwarten, den Regen auf dem Gesicht spüren, die Katze streicheln, dem Hund ein Leckerli zuwerfen, im Fotoalbum die alten Tapeten erkennen, die man nach dem Krieg auf dem Schwarzmarkt erworben hat, das erste Auto, das erste verdiente Geld, aber auch die Verluste und Schmerzen spüren, den unerfüllten Wünschen begegnen. Das alles ist noch Perspektiventwicklung, manchmal in der Form des Abschieds.

Als Angehörige lernen wir im Rückblick, worin einst Lebens- und Zukunftsperspektive bestanden. Man muss nicht auf die Tage im Hospiz warten, um vom eigenen und dem Leben mit Angehörigen zu erzählen. Wer jetzt im Rollstuhl sitzen, um Hilfe bitten oder geschoben werden muss, muss sich wie früher, als er noch einfach loslaufen konnte, immer noch überlegen, wohin er will. Wer jetzt unter chronischen Schmerzen leidet, hat eine Patienten- und eine Schmerzkarriere sowie und eine sehr persönliche biografische Chronik hinter sich, über die es mit Blick auf seine gegenwärtige Lebensperspektive und seine Pläne zu sprechen gilt. Wer nie etwas mit Familie und Angehörigen am Hut hatte, kinderlos und Single blieb, muss sich spätestens jetzt im Zustand der Pflegebedürftigkeit entscheiden, ob er in eine familienähnlich strukturierte Wohngemeinschaft einziehen will, sich mit einer Pflegekraft aus dem Ausland wie in einer Wahlverwandtschaft arrangiert oder sich nach anderen Formen professioneller und ehrenamtlicher Verbindung oder guter Nachbarschaft umschaut.

Bei dieser Art von Besinnung der aktuell Betroffenen stoßen die pflegenden Angehörigen perspektivisch auf ihre eigene Zukunft als zukünftig zu Pflegende, die sich mit den eigenen Erfahrungen und Erwartungen auseinandersetzen müssen, oder vielleicht vorab auf die ambivalente Rolle schauen, die sie später als zu Pflegende einnehmen werden. Welche Ressourcen werden zur Verfügung stehen, und werden sie reichen? Welche Umbrüche und Aufbrüche auch im eigenen Leben stehen in absehbarer Zeit an? Wird man nach eigener Einschätzung eher ein leichter oder ein schwieriger Pflegefall sein? Um welche gegenseitige Ermutigung wird es gehen, und wer oder was stärkt das Vertrauen, schon heute das jetzige Leben akzeptieren zu können, wenn möglich noch etwas Neues zu entdecken, etwas Altes zu bewahren und etwas konkret anzupacken, was noch greifbar ist?

Verallgemeinert gedacht: Was steht der Hilfe, der Akzeptanz, dem Lebenswillen und der Lebensfreude eines Menschen entgegen? Darum geht es in der nächsten Gefühllandschaft.

Sechste Gefühlslandschaft: Lebensängste, Ablehnung, Beschämung, Einsamkeit

»Sie schauen mich an wie eine Aussätzige.«

Schon wenn wir auf die Welt kommen und unseren ersten Atemzug tun, erleben wir, dass wir immer im Angesicht und in der Anwesenheit anderer Menschen leben. Ohne diese geht es nicht, selbst wenn wir manchmal lange Zeit niemanden zu Gesicht bekommen, später unser Gesicht manchmal vor lauter Scham verbergen oder uns am liebsten ganz verstecken würden. Das alles hat Folgen, wirkt bis in den kleinsten Winkel unseres Lebens und sichtbar bis auf die Ebene der Zelle, wenn wir vor lauter Liebe, Angst oder Scham erröten und uns die Wut über die Rede eines anderen ins Gesicht geschrieben ist. Wohin wir auch kommen, es ist immer schon jemand da. Neun Monate waren wir versteckt in einem anderen Menschen – nicht auf der Bildfläche, aber zu Hause. Dann jedoch wird klar, dass dies kein Dauerzustand ist, dass wir Gesicht zeigen und auf der Lebensbühne als Stolz der Eltern erscheinen müssen. Nach fristloser Kündigung und schmerzhafter Entbindung werden ohne unsere Zustimmung im wahrsten Sinne des Wortes die ersten »Bilder geschossen« und schamlos, unter Angabe von Größe und Gewicht, an jedermann verteilt.

So gut gemeint und freundlich die Begrüßungsrituale und Feierlichkeiten auch sind, der wahre Grund ist eine »Not«: Der kleine Mensch braucht ein neues Zuhause, andere Menschen, die mit ihm einverstanden und auch bereit sind, sich um ihn zu kümmern. Aus der Begegnung mit der Mutter im Innenraum einer Gebärmutter muss eine verlässliche Begegnung von Angesicht zu Angesicht, eine Beziehung werden. Die leibliche Mutter, eine Ersatz- oder Pflegmutter halten im Arm, was es anzunehmen und zu »bemuttern« gilt, und sie wissen, dass es ohne sie nicht geht.

Der erste Schrei des Babys bezeugt die Abhängigkeit und ist bereits der erste Hilferuf des Lebens, der Angehörige, Hebamme und Ärzte zum Beistand aufruft. Aber anders als während der Schwangerschaft und kurz vor der Geburt stehen die Nabelschnur als Pipeline der Versorgung und der Herzton der Mutter als beruhigendes Rhythmusinstrument nicht mehr selbstverständlich zur Verfügung. Die Mutter könnte sich entfernen, das schreiende Bündel verlassen und seinem Schicksal überlassen. Die »neue Heimat« ist also nicht sicher. Es gibt kein Bleiberecht, und ab jetzt muss verhandelt werden. Offen bleibt, wer mit wem verhandelt und ob zu beschaffen ist, was gebraucht wird.

Mark ist zwölf Jahre alt. Er hat Erfahrung damit, was es heißt, wenn es von Anfang an mit der Unterbringung in der Familie nicht klappt und man auf der Suche nach einer Heimat von Heim zu Heim geschickt wird, um seine Versorgung mit dem Nötigsten zu sichern, aber wichtiger noch, überhaupt angenommen zu werden. Seinen Bericht schreibt er in der Schule, die der Psychiatrie für die schulpflichtigen kleinen Patienten angeschlossen ist.

Ich heiße Alf und bin ein Kaugummi
Ich heiße Alf. Heute möchte ich meine
Lebensgeschichte als Kaugummi erzählen.
Ich lebte in einer Kaugummipackung.

Eines Tages holt mich ein kleiner Junge heraus
und isst mich auf.
Da kaut und beißt einer auf mir herum.
Aber das Schlimmste kommt noch:
Plötzlich spuckt er mich aus.
Man tritt und trampelt auf mir herum.
Und wie es so kommt,
bleibe ich an einer Schuhsohle kleben.
Der Schuh wird in den Müll transportiert.
Und von hier aus der Mülltonne kommt mein Bericht.[98]

Als Mark diesen erschütternden Bericht schreiben konnte, sagten seine Lehrerinnen, hatte er das Wesentliche geschafft: Er konnte ansprechen, wie sich das Leid in ihm anfühlte, und auch sein Anfängergeist hatte sich gemeldet. Das klang so:

Wenn ich zaubern könnte, dann würde ich mir als Erstes ein eigenes riesengroßes U-Boot mit Besatzungsleuten zaubern. Und danach ein riesengroßes Schiff mit Mannschaft. Und einen großen Strand. Und eine Salzstangenfabrik.[99]

Für die Flucht und Rückkehr ins Leben ist alles vorbereitet. Pläne und Perspektiven, Boote unter und über Wasser, Mannschaften, damit man nicht alleine ist, aber dieses Mal Kapitän bleibt, nicht zu vergessen ein Strand, wo es sich anzukommen lohnt, und genügend Salzstangen, nicht nur in kleinen Päckchen, sondern gleich als Fabrik. Für manchen auffälligen, schon gebrechlichen, von Pflegeheimen, Angehörigen und der Umwelt abgelehnten Pflegefall wäre das durchaus auch ein schöner Traum vom würdigen Älterwerden.

Die Fragen, wie man ein akzeptiertes Mitglied der menschlichen Gemeinschaft wird und bleibt, beginnen früh und enden nicht. Wie muss man sein? Welchen Kriterien muss man genügen, an was und wen sich anpassen? Wie schwer darf das Handgepäck der Seele werden, wie groß der Reisekoffer fürs ganze Leben oder dann, wenn man die Flucht ergreifen und einfach abhauen will? Was muss man schon von Geburt an mitbringen, wer prüft und kontrolliert, was dazukommen muss, wo Gefahren lauern und ob am Ende alles passt?

Zwischen Geburt und Tod ist Leben eine Art Überseekoffer für Reisen in unbekannte Länder. Dieser Koffer ist umgeben von vielen kleinen Schachteln, die voller Lebensbedürfnisse und Erwartungen sind. Diese Lebens- und Erwartungsängste reisen mit. Sie nisten sich als Angst vor Ablehnung, nicht dazuzugehören, nicht richtig zu sein oder als Angst vor dem Alleinsein und drohender Vereinsamung in jedem Menschen ein. Hebamme, Arzt, Eltern und Familienangehörige, das Einwohnermeldeamt und andere Institutionen richten den sorgenden Blick auf das Neugeborene und prüfen, ob alles in Ordnung und rechtens ist. Fast alle Mütter auf der Welt legen liebevoll und sorgend ihre Babys auf die Herzseite und wissen intuitiv, dass die bekannten Herztöne dem kleinen Menschen Vertrauen in die neue Welt schenken werden, obwohl ihnen das niemand vorher erklärt hat. Wir sind angekommen und fühlen Verbundenheit, wenn andere Menschen sich ebenfalls verbunden und zuständig fühlen.

Diese erste Begegnung mit »zuständigen« Angehörigen und ihren professionellen Helfern hat es in sich. Das kleine wie später das große Bündel Mensch möchte in seiner Hilflosigkeit und Pflegebedürftigkeit nicht weitergereicht werden, möchte genau da bleiben, wo es nach neun Monaten oder nach vielen Lebensjahren im Alter angekommen ist und irgendwie darauf hofft, dass nicht nur die Rente sicher ist, sondern dass die Rundumversorgung weitergeht. Dieser erste Augenblick, der folgende Prozess liebender Praxis und die damit verbundenen Erfahrungen sind die Geburtsstunde des »Urvertrauens«, des sehnsuchtsvollen Gefühls, eingebunden zu sein, gleichberechtigt und bedingungslos dazuzugehören. Liebe muss man sich doch nicht erst verdienen, sie ist bedingungslos, es reicht, einfach da zu sein! Das scheint trotz vieler anderer Erfahrungen im späteren Leben die frohe Botschaft zu sein, die sich am Anfang des Lebens als große Sehnsucht in die Herzen der Menschen eingräbt und bis in die Todesstunde als Hoffnung wirkt.

Phil ist neun Jahre alt, lebt in einem Kinderheim, fühlt sich oft als Verfolgter, hat schon mit Selbsttötung gedroht, und weder seine Mutter noch verschiedene Heimaufenthalte konnten sein Leben von dem Stachel befreien, nicht wirklich geliebt zu sein. Er selbst kleidet dieses Gefühl in eine Geschichte von einer Katze und einer Maus, die ganz anders als die sonstigen Geschichten über die beiden Tiere klingt, und geht so:

> *Die unglückliche Katze*
> *Es war einmal eine Katze, die konnte keiner leiden, weil sie einen riesigen Stachel in einem Finger hatte. Deshalb haben andere Katzen sie geärgert und ausgelacht. Eines Tages kam eine Maus und hat ihr den Stachel rausgezogen. Die Katze war der Maus immer dankbar, und dann wurden sie ganz dicke Freunde und lebten glücklich bis ans Ende ihrer Tage.*[100]

Viele kleine und große Hindernisse stehen unserer Hoffnung auf »bedingungslose Liebe«, Respekt, Anerkennung, auf Fürsorge und verstehende Pflege in schwierigen Zeiten entgegen. Lebenslang begleitet deshalb viele Menschen bis ins hohe Alter die große Angst, von den Eltern, ihren Liebsten, von Angehörigen, später von Freunden, Kollegen und Bekannten, von Ärzten, Pflegern, den Vertretern der Krankenkassen oder wem auch immer übersehen und abgelehnt zu werden und letztendlich verlassen zu sein.

Es gibt nichts, was nicht als Grund für diese Angst herhalten könnte: weil wir nicht liebenswert, nicht angepasst genug, ungebildet, ungeeignet, zu anspruchsvoll sind, ohne die richtigen Beziehungen und überhaupt ohne Wert für die Welt. Die frühe Frage noch sehr kleiner Kinder: »Hast du mich lieb?«, begleitet uns in unterschiedlichen Variationen auf all unseren Wegen, bis ins Hospiz. Dann heißt es vor dem Hintergrund von Erfahrungen allerdings eher: »Hast du mich *noch* lieb? Siehst du mich überhaupt noch? Kannst du mir bitte einmal zuhören? Kommst du wirklich morgen wieder? Fragt noch jemand nach mir? Lass mich bitte nicht allein!«

»Im Prinzip ist das Alter bei uns erlaubt, aber es wird nicht gern gesehen«, sagte der Kabarettist Dieter Hildebrandt in einer seine Sendungen. Der alte Mensch lebt im Verborgenen, obwohl es viele andere alte Menschen gibt, und drängt sich meistens nicht in die erste Reihe. Wenn irgendwann doch von ihm die Rede ist, dann allerdings erregt er Aufsehen und löst perspektivisch Angst und Schrecken bei denen aus, die noch nicht so alt sind, aber alt zu werden drohen. Wenn nämlich der kranke, alte oder pflegebedürftige Mensch seine Unzulänglichkeiten nicht mehr verbergen kann, auf den Beinen unsicher wird und ständig stolpert, ohne Brille fast nichts mehr sieht, diese aber ständig verlegt, wenn die Sprachfunktionen nach einem Schlaganfall beschädigt sind, wenn er Blase und Stuhl nicht mehr kontrollieren kann, die Essensreste herunterfallen, sich unangenehmer Geruch verbreitet, wenn er verbittert, gelangweilt, neidisch oder aggressiv wird, dann nimmt nicht nur die Angst zu, sich vor anderen zu blamieren und schämen zu müssen, sondern auch von anderen Menschen abgelehnt, beschämt oder gemieden zu werden. Hat das Alter, eine Krankheit, eine Lebenskrise oder die Lebensenttäuschung sichtbare Folgen, dann fühlen sich Menschen regelrecht angeglotzt, angegriffen und abschätzig beurteilt. Die »kahlen« Köpfe signalisieren Krebs, das »Zittern« der Beine Parkinson, die entgleisten Gesichtszüge einen Schlaganfall, der Anfall Epilepsie, die Wiederholung von Fragen und das Vergessen von Namen wird umgehend zur Demenz. Wer in seinem Zuhause oder auf dem Flur im Pflegeheim fragt: »Wo geht es denn hier nach Königsberg?«, der kann selten mit einer interessierten Nachfrage rechnen, warum ihm jetzt gerade Königsberg einfalle, sondern erntet eher die stille Nachfrage, ob er da, wo er fragt, noch am richtigen Ort ist oder verlegt werden muss.

Der neunundsiebzigjährigen Frau Weber sind die Auswirkungen eines Schlaganfalls deutlich anzusehen: Ihre rechte Gesichtshälfte ist gelähmt, sie ist fast blind und sitzt schon seit Jahren im Rollstuhl. Frau Weber empfindet die mitleidigen Blicke ihrer Umwelt als Beleidigung und Abwertung: »Sie schauen mich an wie eine Aussätzige. Wie soll ich mich denn fühlen, wenn mir alle zu verstehen geben, dass mein Zustand einfach nur furchtbar ist?«[101]

Nicht immer ist es eine Krankheit, von der die Scham ausgeht. Manchmal sind es Ereignisse im Zusammenhang mit Lebensumständen, in die man wahrscheinlich schon aus Scham hineingerät. Eine Scheidung, die man verheimlichen wollte; eine Straftat, für die man im Gefängnis saß; der Verlust des Arbeitsplatzes, eine Insolvenz, der Verlust der Wohnung, die man nicht zu verhindern wusste. Was lange geheim gehalten wurde, kommt im Kontext plötzlicher Hilflosigkeit und Abhängigkeit von fremder Hilfe wieder zum Vorschein und entfaltet seine beschämende Wirkung. Davon erzählt ein Wohnungsloser, der nicht weiter auf der Straße bleiben kann und einen Heimplatz braucht.

Mein Name ist Martin Schulz. Ich bin 74 Jahre alt und lebe auf der Straße. Ich trinke viel Alkohol, bin leider inzwischen sehr herzkrank, vier Bypässe habe ich bekommen. Auf der Straße ist es kalt, und ich schaffe es nicht mehr gut, ein Nacht-

quartier zu suchen. Bin häufig nun auch Opfer, werde schnell in Schlägereien verwickelt. In meiner Not gehe ich zur Zentralstelle für Obdachlose. Die vermitteln mir sofort einen Heimplatz, dort soll ich als Notaufnahme aufgenommen werden. Ich habe sehr große Angst vor dem, was jetzt kommt. Scham macht sich breit. Ich weiß, dass ich inzwischen nicht mehr der Norm entspreche. Man sieht mir an, dass ich ein Alkoholproblem habe. Meine Sachen sind nicht ganz sauber und ich auch nicht. Ich brauche zwei Tage, um das Heim aufzusuchen, aber ich kann nicht mehr, muss all meinen Mut zusammennehmen und dort hin.[102]

Herr Schulz war zur See gefahren, hatte fast die ganze Welt gesehen. Dann wurde er arbeitslos, die Ehe ging zu Bruch, er fing an zu trinken, und es ging nur noch bergab. Es gab für ihn keinen guten Grund mehr, nüchtern zu bleiben, das Leben war bloß noch im Suff zu ertragen. Für alle »draußen« war er nun der Säufer oder der Penner.

Die Angst, sich und anderen fremd zu werden und nicht mehr gewiss zu sein, was ein anderer Mensch braucht oder wer man für diesen anderen Menschen ist, begleitet nicht nur diejenigen, die Hilfe und Fürsorge brauchen und sich dafür schämen, dass sie anderen zur Last fallen müssen. Auch die professionellen Helfer, die Ärzte, Pflegekräfte, die Mitarbeiter in den kirchlichen und anderen Beratungsdiensten und besonders pflegende Angehörige erleben den inneren Aufruhr und die Verzweiflung hautnah, die mit dem zunehmenden Verlust der Selbstständigkeit, der Urteilfähigkeit und vor allem mit der Scham verbunden sind, das Leben nicht mehr allein meistern zu können. Oft wollen die Pflegenden selbst nicht wahrhaben, was sie sehen und zu spüren bekommen, denken oft genug an die eigene möglicherweise prekäre Zukunft, schämen sich mit und auch selbst.

Alltagsgewalt

Eine etwa fünfzigjährige Frau, die ihre Mutter pflegt, eröffnet das Gespräch in einer Beratungsstelle für Angehörige mit den Sätzen: »Bitte helfen Sie mir. Sagen Sie mir, was ich falsch mache. Ich schäme mich so!« Es dauert eine ganze Weile, bis es der Mitarbeiterin der Beratungsstelle gelingt, die Ratsuchende zu ermutigen, das *auszusprechen*, was ihr auf dem Herzen liegt. So entfaltet sich vor unseren Augen eine Gefühlslandschaft der Scham, die es in sich hat.

Die Frau berichtet, dass sie mit der Pflege ihrer Mutter eigentlich ganz gut zurechtkomme und auch eine ambulante Hilfe habe. Als die Mitarbeiterin fragt: »Und warum sind Sie hier?«, kann die Frau nicht mehr ausweichen. Sie errötet und sagt: »Meine Mutter schlägt mich …« Sie schämt sich, von ihrer gewalttätigen Mutter zu reden. Sie schämt sich, zu »petzen«, ihre Mutter zu verraten. Sie meint: »Ich mache bestimmt etwas falsch.« Sie fühlt sich als Versagerin, und es ist ihr peinlich.[103]

Wenn die alte Mutter die erwachsene Tochter schlägt oder umgekehrt die erwachsenen pflegenden Kinder ihre alten Eltern misshandeln oder schlagen, ruft das Leben auf ganz besondere Weise um Hilfe. Erschütternde Berichte und statistische Erhebungen belegen Gewalt gegen alte Menschen sowohl in öffentlichen Einrichtungen der Altenpflege wie zunehmend auch in Familien und durch Angehörige. Gewalt gegen alte Menschen und Aggression und gewalttätige Handlungen, die von alten Menschen ausgehen, sind immer noch Tabuthemen, wenngleich wenigstens die Wachsamkeit gegenüber öffentlichen Einrichtungen zugenommen hat, während der Blick auf gewalttätige Familien immer noch getrübt bleibt, weil nicht sein kann, was nicht sein darf.

Die Formen der Gewalt gegen alte Menschen können sehr unterschiedlich aussehen. Hier geht es weniger um juristisch relevante Straftatbestände, die angezeigt und verfolgt werden müssen, sondern um die vielen subtilen Übergriffe, die im Alltag von Pflegen und Gepflegtwerden zum Ausdruck bringen, wie angespannt, lieblos, vernachlässigend und menschenverachtend der tägliche Umgang miteinander sein und werden kann. Das Nichtbeachten von Druckgeschwüren, das Verweigern von hygienischen Maßnahmen, Angebundensein ans Bett, Einsperren, Entzug von Geh-, Seh- und Hörhilfen, Beschimpfungen, Demütigungen oder das Verweigern von Kommunikation gehören zum Katalog der kleinen und großen Bestrafungen, die das Leben von abhängigen Hilfs- und Pflegebedürftigen zur Hölle machen und die Betroffenen in Angst und Schrecken versetzen.

Leiden, mitleiden, mitteilen

Für den Schriftsteller Arno Geiger war die Begleitung seines Vaters in und während dessen Demenz mehr als eine Feuertaufe, um pflegender Angehöriger zu werden. Zwischen Hingabe, Pflichtgefühl und Verzweiflung musste er in krankheitsbedingte, familiäre und persönliche Gefühlslandschaften eintauchen, um seinen Weg zu finden. Der Sohn bekommt Einsicht in die Innenwelt des Vaters und berichtet: »Es hat lange gedauert, etwas herauszufinden über die grundlegenden Dinge, die uns getrieben haben, die Menschen zu werden, die wir sind.«[104]

Der Vater focht seinen Kampf mit sich selber aus, machte keine Erklärungsversuche, haute nicht ab, blieb vor Ort und wuchs in die Pflegebedürftigkeit hinein. Die Familie litt unter den merkwürdigen Verhaltensauffälligkeiten des Vaters. Dieser wiederum schämte sich und hatte Angst, sich als der zu zeigen, der er wurde: vergesslich, ohne Motivation, zunehmend hilflos den Alltagsproblemen ausgesetzt. Irgendwann halfen auf beiden Seiten weder Angst, Scham noch Verzweiflung weiter zu verdecken, um was es bei dem Vater ging und was alle voreinander zu verbergen suchten.

In der Früh zog er sich nur halb, verkehrt oder vierfach an, mittags schob er die Tiefkühlpizza mitsamt der Verpackung ins Rohr, und seine Socken deponierte er im Kühlschrank. Auch wenn wir das Ausmaß des Schreckens weiterhin nur langsam erfassten, war uns irgendwann doch klar, der Vater lässt sich nicht hängen, sondern leidet an Demenz. Jahrelang war mir dieser Gedanke nicht einmal gekommen, das Bild, das ich von meinem Vater gehabt hatte, war dieser Deutung im Wege gestanden. So absurd es klingt, aber ich hatte es ihm einfach nicht zugetraut.[105]

Erst die Distanz vom konkreten Geschehen im Umgang mit dem Vater ermöglicht dem Sohn den besonderen Respekt, den der an Demenz erkrankte alte Mann braucht. Respekt heißt Zurückblicken, sich im Umgang mit dem anderen zurückhalten, sich der Gier des voyeuristischen Hinsehens, des Glotzens zu verweigern. Es geht darum, Luft zu holen, verstehen zu lernen, statt gleich zu interpretieren, einzuordnen, zu skandalisieren. Die Gefahr ist sonst, dass man als Angehöriger oder als Professioneller in der Wahrnehmung einer Person nicht mehr das Ganze sieht, das sich hinter ihrem Namen verbirgt, sondern das »Absonderliche« oder »Auffällige«, das Diagnostische in den Mittelpunkt stellt.

Ich spreche für mich selbst heißt das Buch, das von der Demenz Support Stuttgart herausgegeben wurde, um Menschen mit Demenz wie den von Alzheimer betroffenen amerikanischen Psychologieprofessor Richard Taylor zu Wort kommen zu lassen. Taylor klagt darin und in vielen Interviews das Recht nicht nur auf »freie«, sondern auch auf »gehörte« Meinungsäußerung« ein und will die Scham- und Beschämungsgrenzen durchbrechen. Er drückt das so aus:

Ich will, dass alle wissen, dass ich ein vollständiges und ganzes menschliches Wesen bin. Und ich werde bis zu meinem letzten Atemzug ein vollständiges und ganzes menschliches Wesen sein. Ich will und brauche die gleichen Dinge, durch Alzheimer wird mein Bedürfnis, zu lieben und von anderen geliebt zu werden, nicht geringer. Demenz heißt nicht, dass ich keinen Sinn mehr im Leben brauche. Demenz heißt nicht, dass ich nichts mehr Neues lernen kann. Demenz heißt nicht, dass lachen für mich nicht mehr wichtig ist. (…) Ich bin Richard, verdammt noch mal.[106]

Wer nur auf sich hört, kann den anderen nicht hören. Wer nur sich selbst sieht, kann den anderen nicht sehen. Wer nur sich selbst sprechen lässt, kann die Meinung des anderen nicht hören. Ohne Abstand gibt es keinen Anstand. Ohne eine rückblickend nachdenkliche Distanz ist jener Respekt nicht möglich, der die Intimsphäre einer Person, die wir begleiten, betreuen oder pflegen, so schützt, dass dieser Mensch sich nicht auch noch für seinen Zustand schämen muss.

Die Angst, von ihren Angehörigen, Freunden und Bekannten, aber auch von Ärzten, Pflegekräften, dem Physiotherapeuten oder dem Busfahrer abgelehnt oder als schwierig empfunden zu werden, begleitet kranke, behinderte und vor allem pflegebedürftige alte Menschen durch ihren Lebensalltag. Fast jeder Mensch kennt seit Kindertagen die schrecklichen Gefühle, die mit der Erfahrung verbunden sind, sich zu schämen oder beschämt zu werden. Egal, ob wir im Kindergarten, in der Schule, im Büro oder später im Pflegeheim sind: Da gibt es Leute, die lachen und tuscheln hinter unserem Rücken, drehen sich um oder weg, zeigen mit dem Finger auf uns, ziehen sich irritiert zurück, übersehen uns, schütteln den Kopf. Wir schämen uns, sind verunsichert, versuchen nicht aufzufallen, ziehen uns zurück, igeln uns ein.

Sich schämen – eine Tätigkeit mit hohem Energieverbrauch

In meinen eigenen Seminaren, aus Tagungsberichten und Reportagen, durch die Teilnahme an Selbsthilfegruppen und den vielen Beispielen, die Menschen erzählen, habe ich viel über die Gefühlslandschaft des Schämens und der Beschämung gelernt, und jeder Leser, jede Leserin dieses Buches wird eigene Erfahrungen und Beispiele beisteuern können. Dennoch wundern wir uns manchmal, weswegen, vor wem und wie sich Menschen schämen können. Als eine gute, mir sehr vertraute, durch ihre Krankheit stark abgemagerte Freundin ihre letzten Tage im Krankenhaus verbrachte, beschloss sie ganz plötzlich, sich weder vor ihrem Mann noch vor ihren Töchtern oder mir nackt zu zeigen. Nur noch ein bestimmter Pfleger durfte sie ins Bad begleiten. Über die Scham nahm sie sich das Recht, selbst zu bestimmen, wem sie sich zeigen wollte und wem nicht.

Eine differenzierte Welt des Schämens, auch des sogenannten Fremdschämens, tut sich auf, wenn wir uns den Beispielen zuwenden, die überall zu finden sind und die ich hier einmal aufzähle, um unsere Wahrnehmung zu schärfen:

Ein Ehemann weint und schämt sich, als seine Tochter ihm die Windel einlegt. Eine an Demenz erkrankte Mutter weint plötzlich herzzerreißend laut, als der Sohn mit ihr im Wartezimmer des Arztes sitzt, beide schämen sich aus unterschiedlichen Gründen. Jemand oder wir selbst lachen in einer Situation, die überhaupt nicht zum Lachen ist, rundherum betretenes Schweigen, wir schämen uns. Ein Student, Stotterer, ist sehr gut auf die Prüfung vorbereitet, der Prüfer ist sein Lieblingslehrer, bei der ersten Frage läuft er puterrot an, die Stimme versagt, ihm zittern die Beine, er möchte vor Scham im Boden versinken. Nicht nur Obdachlose, auch ältere Menschen in Rente, Familien mit vielen Kindern, Flüchtlinge oder Frauen und Männer, die eine schwierige Scheidung hinter sich haben, die sie in finanzielle Nöte bringt, geraten manchmal schon deshalb in Armut, weil Beschämung und eigene Scham über die »gefühlte« Niederlage oder schuldhafte Versäumnisse im Leben ihnen Selbstbewusstsein und Handlungsfähigkeit geraubt haben und sie sich kaum Hilfe holen können. Manchmal sterben Leute, weil sie sich schämen, zum Arzt zu gehen, und alle Hinweise übersehen. Eine junge Altenpflegerin schämt sich, weil ihr zwei alte Männer im Pflegeheim jede Kompetenz absprechen, sich wie Bosse aufspielen und sie ihrerseits vor den Kollegen verbergen will, welche Zweifel sie selbst an ihrer Berufsfähigkeit und Autorität hat. Ein Kind verliert beim Kartenspielen und ärgert sich noch mehr, weil es von Eltern und Geschwistern belächelt wird, es fängt an zu weinen, schämt sich, ärgert sich darüber, dass es sich schämt, und schämt sich noch mehr. Beim Spieleabend im Altenheim passiert das Gleiche. Ehepartner schämen sich, wenn sich der demente Partner in der Öffentlichkeit schlecht benimmt. Erwachsene Töchter und Söhne schämen sich als pflegende Angehörige noch dafür, dass sie als Kinder von ihren Eltern misshandelt worden sind und sich bis heute gegen aggressive Übergriffe nicht zu wehren wagen. Internats- und Klosterschüler schämen sich lebenslang dafür, dass sie von ihren Lehrern sexuell missbraucht wurden, und schweigen aus Scham. Kinder und Erwachsene in »prekären« Lebenslagen schämen sich, wenn die Familie Schulden macht oder machen muss, der Strom wegen unbezahlter Rechnung abgestellt wird oder sie als Patienten an Ausflügen der Selbsthilfegruppe aus finanziellen Gründen nicht teilnehmen können. Manche Angehörige gehen nur nachts mit ihren kranken Angehörigen spazieren, wenn diese z.B. an Neurodermitis leiden, abgemagert sind oder ständig andere Menschen ansprechen wollen.

Krankheiten bieten viel Raum für Scham und Beschämung: Viele Menschen geben sich selbst die Schuld daran, dass sie krank werden, weil sie glauben, dass sie sich falsch verhalten haben. Menschen lassen ihre Beziehungen zerbrechen, weil sie sich ihrer Gefühle schämen, keinen Fehler zugeben und nicht um Verzeihung bitten können, weil sie eine Blamage fürchten.

Die Bühne der Scham ist das menschliche Leben. Wie die Liebe, die Angst, der Neid, der Hass, so erzeugt auch die Scham eine spezifische Gefühlslandschaft, die eher im Dunkeln agiert, wenig Wohlbefinden, aber viel Lebensschmerz und stilles Leid hervorruft. In einer Kultur, die Irrtum und Fehler vermeiden will, die auf Effektivität, Schnelligkeit, Fitness, Jugendlichkeit, Funktionieren und Planbarkeit setzt, werden gebrechliche, kranke, hilfs- und pflegebedürftige Menschen, aber auch eigenwillige, verlangsamte, verhaltensauffällige oder schlicht Menschen mit Besonderheiten und in außergewöhnlichen Lebenssituationen zum Risiko- und Störfaktor und damit auch zum Schamfaktor. Frank Schirrmacher empört sich über die gesellschaftliche Abwertung des alten Menschen und beschreibt dieses Schamgefühl, einfach nur alt zu sein, in seiner Wirkung dem Schamgefühl ähnlich, sein Geld verspielt zu haben, gekündigt worden zu sein oder wegen Beleidigung vor Gericht zu stehen: »Vom umschwärmten Gast der ersten Klasse, für den alles getan wird, entwickelt man sich allmählich zum blinden Passagier, der am Ende, auch wenn er sich noch sosehr bemüht, nicht aufzufallen, über Bord geworfen wird.«[107]

Ich sehe nicht ganz so schwarz wie Schirrmacher, weil ich es unerträglicher finde, dass viele Kinder schon als blinde Passagiere geboren werden, dann auch noch so aufwachsen und nicht einmal die Chance bekamen, wenigstens für kurze Zeit als umschwärmte Gäste hofiert zu werden.

Anlässe, sich zu schämen, gibt es also genug, und Beschämung wird zum Düngemittel für zermürbende Selbstvorwürfe, die als Schlingpflanzen die Lebenslandschaft der Menschen bis ins hohe Alter überziehen. Eingebunden in funktionalistische, idealistische

Menschenbilder, die die Frage nach dem Lebenssinn aussparen, plagen sich fast alle Menschen mit verinnerlichten Ansprüchen und berechtigen Zweifeln, den Anforderungen an ein selbstständiges, gesundes, glückliches und langes Leben nicht zu genügen. Sprechgesänge der Selbstbeschuldigung begleiten das durch Krankheit und andere Erfahrungen beschädigte menschliche Leben wie die Chöre die großen Schicksalsopern der Weltmusik.

In Zeiten von Bedrohung durch Arbeitslosigkeit, ökonomische Krisen, Bildungs- und demografischen Katastrophen, durch Pflegenotstand, Zunahme neuer Krankheitsprofile, die Menschen aus der Bahn werfen und in denen jeder Fehler doppelt zählt, blühen Angst, Schuld und Scham auf. Wenn Menschen, besonders in der Phase zunehmender Abhängigkeit, zu spüren bekommen, wie fragil ihre Normalität und statistische Durchschnittsexistenz ist, dass die Bilder vom Generationenvertrag oder dem verdienten Ruhestand wie Kartenhäuser zusammenbrechen und alle Welt vergeblich nach Schuldigen sucht, die man zur Verantwortung ziehen kann, dann wird es schwer, vor lauter Brüchen den eigenen Boden noch zu spüren. Überall lauern dann »Augen, deren Blicke die ständig schwelende soziale Angst, wie Norbert Elias die Scham nannte, schüren und anfachen«.[108]

Soziale Angst, persönliche Lebensängste und die individuelle wie öffentliche Beschuldigungs- und Beschämungslust sind die Antriebskräfte und Bündnispartner einer Scham, die an die Substanz der Lebensfähigkeit, die subjektive Lebensfreude, aber manchmal auch an das persönliche Gerechtigkeitsgefühl von Menschen geht. Diese Lebensgefühle sind besonders dann bedroht, wenn Menschen sich schutzlos in ihrer menschlichen Nacktheit vorgeführt fühlen oder Aspekte von sich zeigen müssen, die sie gerne verbergen würden, weil sie nicht oder nicht mehr können, was man selbstverständlich können muss oder was normalerweise von jedem verlangt wird. Wenn sie nicht mehr dürfen, was allen anderen erlaubt ist. Wenn sie sich nicht verpflichten und einspannen lassen oder etwas tun, bei dem der berüchtigte »gesunde Menschenverstand« die Hände über dem Kopf zusammenschlägt. Wo sie lieber sterben, als sich behandeln zu lassen. Wo sie Angehörige, die sich nicht oder zu viel kümmern, enterben, um einer freundlichen Pflegerin aus Polen alles zu vermachen.

Scham, Angst und Vereinsamung sind eng miteinander verbunden. Sie sind wie Geschwister, die unter Umständen miteinander rivalisieren und sich gegenseitig die Butter vom Brot nehmen. Wenn die Angst eines Menschen dringend besondere Hilfe und Zuwendung braucht, baut die Scham das Hindernis auf, bloß nicht zum Bittsteller zu werden. Wenn die Beschämung eines Menschen durch einen anderen greift, behindert die eigene Angst, es könnte etwas dran sein, und legt die vorbehaltlose Aufklärung lahm. Wenn die Angst, von anderen Menschen abgelehnt zu werden, sich der Einflüsterungstechnik der Scham bedient, die einem Menschen suggeriert, in seinem Zustand, mit seinen Problemen und seinem Aussehen ohnehin eine Zumutung für andere zu sein und auch nicht wertvoll genug, angenommen zu werden – dann haben Isolierung und Vereinsamung leichtes Spiel.

Die Angst, nicht gebraucht oder nur benutzt zu werden, und die Scham, auf Hilfe angewiesen zu sein, obwohl man als Kind schon so groß, als Älterer schon so erfahren oder als neunzigjähriger Marathonläufer äußerlich noch so fit ist, betreiben ein gut gehendes Geschäft. Dass wir gemeinsam stärker sind, sagen viele, aber glauben nur wenige. Das gilt für betreute Angehörige genauso wie für pflegende Angehörige. Wer alles selbst kann, wer weiß, dass er niemanden braucht, und wer niemandem vertraut, der kann weder autonom noch ohne Weiteres selbstbestimmt genannt werden. Der ist vielleicht nur ein »armer, einsamer Hund«.

Die Hintergründe für das Gefühl und die Erfahrung zunehmender Einsamkeit und Vereinsamung lassen sich nicht einfach erklären. Viele Kranke fühlen sich einsam, obwohl sie Kontakte zu anderen Menschen haben. Viele verspüren aber keine Kraft mehr, auf andere Menschen zuzugehen. Es gibt jedoch auch kranke, erschöpfte Menschen, die real kaum über Kontaktmöglichkeiten verfügen, die das Haus nicht mehr verlassen können, um alte Kontakte aufrechtzuerhalten und neue zu knüpfen, und die es satthaben, bis ans Sterbebett von den vielen Aufmunterern verfolgt zu werden.

Einsamkeit und Vereinsamung sind nicht das Gleiche. Vor allem Vereinsamung ist ein längerer Prozess. Ihm geht meistens das bewusste Verlassenwerden durch Trennungen voraus, auch der frühe Verlust von Erwerbsarbeit und Ressourcen sowie die verzweifelte wie vergebliche Suche nach Kontakten aller Art. »Seitdem ich gelähmt bin, nur noch schwer sprechen kann, mich so, wie ich aussehe, nicht mehr sehen lassen kann, ist es ruhiger um mich geworden, es kommt keiner mehr und ich fühle mich einsam«, sagt mir ein Seminarteilnehmer. Viele andere, die sich vereinsamt fühlen, drücken das ähnlich aus, wenn sie überhaupt noch gefragt werden.

Dieses Gefühl von Vereinsamung und zunehmender Isolierung haben aber auch viele pflegende Angehörige, die ihre Pflegearbeit zwar inmitten der Familie und ihres Freundeskreises tun, aber mehr und mehr wie »Schichtarbeiter« die sozialen Kontakte verlieren. »Im Grunde bin ich völlig allein! Jeder macht sein Ding, die Pflege bleibt an mir hängen!«, sagt mir eine pflegende Ehefrau im Gespräch.

Vereinsamung als Prozess der Entfremdung ist etwas anderes als sinnvoller Rückzug, die Fähigkeit nämlich, allein sein zu können, oder die Stille, die notwendig ist, um sich selbst zuzuhören und den eigenen Gedanken und Gefühlen nachzuhängen. Sie sind Ausdruck einer besonderen Lebensqualität. Wer sich diese schon in früheren Jahren aufbauen und pflegen kann, ist auch für schwierige Zeiten als pflegender Angehöriger oder Pflegeempfänger gut gerüstet. Es gibt zu viele Menschen, denen das nicht gelingt, die das auch nicht wollen oder die Angst haben, sich zurückzuziehen und in der Stille sich selbst und jenen sinnstiftenden Fragen zu begegnen, die in der Hektik des Alltagslebens untergehen. Alte, verlangsamte und pflegebedürftige Menschen und ihre Pflegenden kommen manchmal nur schwer zur Ruhe. Irgendjemand kommt immer zum Waschen, Anziehen, Füttern, zum Spazierengehen, zur Gymnastik, zur Medikamenteneinnahme, zum Ausziehen. Am Ende des Tages schaltet irgendeiner pünktlich oder zu früh das Licht aus, und die einsamen Nächte mit dem fehlenden Schlaf und den langen Grübelzeiten beginnen. In auferlegten, oft angstbesetzten Ruhephasen wiederum wären allein lebende Menschen froh, wenn wenigstens ab und zu jemand nach ihnen schauen würde oder der Nachtdienst vorbeikäme. Aber zu einem Umzug in ein Heim oder ins betreute Wohnen können sie sich nicht aufraffen.

Es gibt viele Angebote zur Bildung von Gesprächs- und Lesekreisen für ältere Erkrankte und ihre Angehörigen. Selbsthilfegruppen, Kirchen, Wohlfahrtsverbände und Kommunen sind mit ihren Einrichtungen bemüht, Hilfen anzubieten, die vor dem Gefühl der Einsamkeit schützen sollen. Mitarbeiter ambulanter sozialer Dienste haben Informationen im Gepäck, wo man Unterstützung finden kann. Nachbarschaftshilfen sind auf dem Vormarsch. Sie hüten nicht nur Katzen und Hunde, gießen die Blumen, schrecken Diebe ab, fungieren als Wohnungsvermittler, sondern ahnen mehr als noch vor Jahren, wo jeder nur auf sein Eigenheim und seine eigenen vier Wände achtete, dass gute Hausgemeinschaften und aufmerksame Nachbarschaft so etwas wie die halbe Miete sind. Gefühle der Einsamkeit können auch dadurch gelindert werden, dass man Angehörigen, Freunden und Bekannten von der wachsenden Isolation berichtet und sie darauf hinweist, wie notwendig der Kontakt zu ihnen ist. »Ich hab es einfach den Kindern und den Freunden gesagt, dass ich in der Einsamkeit umkomme«, erzählt mir eine Frau. »Und das war gut. Die wussten nämlich gar nicht, wie ich mich über Besuche freue und dass man sich nicht mehr drei Wochen vorher anmelden muss. Ich bin ja immer zu Hause!«

Die Tatsache der Abhängigkeit und das Lebensgefühl, abhängig und angewiesen zu sein, unterscheiden sich in ihrer Wirkung und den emotionalen Folgen. Im Zentrum der »gefühlten Angst« stehen die Abhängigkeit von anderen Menschen, die Reduktion des Lebensraums und der damit einhergehende Verlust von Selbstständigkeit. Während aber an der objektiven Tatsache des Geschehens nicht zu rütteln ist, die nach medizinischen, pflegerischen, finanziellen oder technischen Lösungen verlangt, stellt sich unvermutet der seelsorgerisch-geistige Umgang mit der »subjektiven Seite« des Geschehens viel schwieriger dar. Da geht es um die vielschichtigen persönlichen Erfahrungen hinter den Fakten, um die – meistens unbewussten – Gefühle von Abhängigkeit, Scham *und* spezifischen Ängsten sowie um das konkrete Erleben, auf bestimmte Menschen angewiesen zu sein, die man gut, kaum oder gar nicht kennt.

Der Verlust von Selbstständigkeit, die Bewusstheit von Gebrechlichkeit und Endlichkeit, der Eintritt von Pflegebedürftigkeit, die Infragestellung von Autonomie und Selbstverständnis bringen das biografische Konzept und das dahinterstehende Menschenbild in Aufruhr. Der Blick richtet sich auf eine andere Seite des Lebens. Wir brauchen Hilfe und finden sie, sind eingebunden und nicht nur angebunden, sind aufeinander angewiesen, können und dürfen uns anlehnen, mit Fürsorge und Liebe rechnen und darüber hinaus erkennen, dass das letztlich schon immer so war – nur anders und mit anderen Hilfsmitteln: Rollator statt Kinderwagen. Über diese Öffnung und veränderte Perspektive, das Älterwerden als Geschenk und Bereicherung zu sehen, schreibt die evangelische Theologin und Buchautorin Cornelia Coenen-Marx in ihrem 2017 erschienenen Buch *Noch einmal ist alles offen* und erwähnt eines der kleinen Geschenke:

> *Als ich mir vor zwei Jahren die Rückenwirbel gebrochen hatte, habe ich also zwangsläufig darüber nachgedacht, was wäre, wenn … Hat eigentlich schon jemand ein Lob des Rollators geschrieben? Lange kannte ich keinen solchen Text, kein Lied oder Gedicht über diesen wunderbaren Gehwagen. Dabei ist er wirklich eine bahnbrechende Erfindung und nicht weniger wichtig als einst der Kinderwagen.*[109]

Es gäbe viele Geschenke zu nennen, die Antworten auf die konkreten Hilferufe des Lebens darstellen, und auch viele andere, die uns auf dem Gabentisch des Lebens fehlen. Im Folgenden ist von dem wichtigsten, aber virtuellen »Rollator« die Rede, der die Menschheit von Anfang an begleitet: Sorge, Fürsorge und Hilfsbereitschaft. Dieser allgemeine »Rollator« aber wäre ohne Sinn und Nutzen, wenn es nicht Menschen gäbe, die dem um Hilfe rufenden Leben beispringen und sich für Zustände zuständig fühlen: Angehörige, professionelle Helfer der unterschiedlichsten Berufe, ehrenamtliche Kräfte. Jeder von uns ist gemeint.

Siebte Gefühlslandschaft: Zuneigung, Geduld und Ausdauer

Pflegen, sorgen, helfen

Ich lebe in Bremen mitten in der Stadt und, wie man so schön sagt, in beruhigter Zone. Kein Straßenlärm, keine laute Nachbarschaft, viele Bäume, kleine Vor- und Hintergärten, die Rasenmäher haben ihre Zeiten. Sonntagmorgens ist es noch stiller, die Kinder kommen später zum Spielplatz vor meiner Tür, weil Eltern und Großeltern länger schlafen wollen. Aber es gibt Geräusche, die zum Thema dieses Buches gehören und zeigen, wie tägliche Sorge und Versorgung in unserem Land aussieht – noch! Eines davon begleitete heute mein Aufwachen. In der Ferne hörte ich die Sirene eines Rettungswagens, vielleicht auch der Feuerwehr. Wieder ein Notfall, wieder mobile Helfer unterwegs, das System »retten – löschen – bergen – schützen« steht gleich vor der Tür.

Es geht um Soforthilfe. Ein Mensch in Not, vielleicht sogar in Lebensgefahr. Andere Menschen, die als Ärzte, Rettungssanitäter oder Polizisten Berufe gewählt haben, die sie zu öffentlichen »Sorgeberechtigten« machen. Wieder andere Menschen, die als Angehörige, Nachbarn oder Freude schnell zum Telefon greifen, um zu informieren und zu organisieren: Wer füttert die Katze, kümmert sich um das Haus, wer fährt ins Krankenhaus?

Während ich aufstehe und ins Bad gehe, dringt ein anderes, sehr vertrautes Geräusch an mein Ohr. Kirchenglocken künden von Seelsorge! Ich mag die Melodie, sie hat mich nie ärgerlich gemacht, obwohl ich keine Kirchgängerin bin. Ein Mensch bietet einen Gottesdienst an und versammelt gläubige Seelen. Die, die das Angebot annehmen, freuen sich, brauchen Trost oder wollen für die beten, die geboren wurden oder verstarben – Seelsorge eben!

Es ist erstaunlich, wie viele Sorgesysteme es gibt, die wir gar nicht mehr als solche wahrnehmen. Als fast achtzigjährige, allein lebende und nicht mehr beschwerdefreie Seniorin bin ich dankbar dafür, dass ich mich irgendwann an den mobilen Hausnotruf anschließen kann, dass mir Frischgemüse tiefgefroren ins Haus geliefert wird, dass ich beim Reisen und Umsteigen von Mitarbeitern der Bahnhofsmission begleitet und auf dem Flughafen im Rollstuhl vorbei an jüngeren Fluggästen zum nächsten Gate gefahren werden kann und dass ich immer wieder unverhofft auf kleine Hilfsangebote stoße, die ich inzwischen gern annehme – übrigens auch deshalb, weil ich lernen will, Hilfe anzunehmen, selbst wenn sie gar nicht nötig ist, aber Freude macht.

So geboren, so gedacht, so gewollt

Neugier und Erkenntnis – also fühlen, wahrnehmen, denken und die daraus resultierende Fähigkeit, bewusst in Beziehung zur Welt zu treten – sind Werkzeuge des Menschen, sich selbst und die Welt, in die er hineingeboren wurde, mit allen Sinnen zu gestalten. Wer mit der Geburt zum Leben erwacht, muss auch zur Sorge für sich selbst erwachen, wird zur Neugier gezwungen. Er muss herausfinden, wie die komplexe, aber nicht vorhersehbare Vielfalt in der Aufgabe Leben zu bewältigen ist. Neugier ist eine Art Lebenstrieb, und Erkenntnis ist eine Art von Erfüllung oder Sicherung des Wunsches, zu leben. Leben ist, nachdem es uns mit der nackten Geburt geschenkt wurde, nur eine Möglichkeit, die wir ergreifen müssen, um den Sinn der Geburt zu erfüllen. Wir müssen selbst praktisch werden und können niemand anderen für uns leben lassen.

Das Phänomen der reflektierten Sorge und Fürsorge, des Mitgefühls und der Solidarität gibt es nur bei uns Menschen. Natürlich sorgen und kümmern sich auch Tiere, sie suchen nach Futter und bauen Nester und Höhlen. Auch treffen wir bei Tieren auf eine meistens vorbildliche Fürsorglichkeit, wenn wir – nicht nur beim kleinen Zaunkönig – beobachten, mit welcher Emsigkeit sie an die Aufzucht ihrer Brut denken. Katzen- und Hundebesitzer werden die beeindruckende und geduldige Geburtspraxis ihrer Haustiere nie vergessen.

Sorge und Fürsorge beim Menschen ist jedoch – über die intuitiven Handlungen hinaus – in seine weltoffene und dabei gleichzeitig radikal abhängige Existenz eingebunden, in seine Aufgabe, alles, was die Welt zu bieten hat, im jeweiligen Kontext zu erkennen. Er muss lernen zu verstehen, zu gestalten und seine Fähigkeiten bewusst für kollektive und die eigenen Interessen einzusetzen und zu gebrauchen.

Anders als das Tier ist der Mensch in der Lage, nachzudenken und zu reflektieren, Bewusstsein und Bewusstheit auszubilden, einen Standpunkt einzunehmen, intentional zu sein, sich und der Welt Sinn und Bedeutung zu verleihen und dies mit Sprache, Rat und Tat zum Ausdruck zu bringen. Der Mensch ist zur Entscheidung aufgefordert und lebt auf diese Weise verantwortlich in einer Welt, die er mit anderen teilen muss.

Menschliche Existenz ist eine »pathische« Existenz, heißt es in der anthropologischen Medizin bei Viktor von Weizsäcker. Dies ist die Form einer Existenz, für die man sich faktisch unabhängig davon, wo und wie man lebt, was und mit wem man arbeitet, wer das Gehalt bezahlt und wer zur Betreuung anvertraut wird, lebenslang immer wieder neu entscheiden muss. Umgekehrt wird die pathische Existenz auch erlitten, aus unserer Entscheidungsmacht herausgenommen, muss hingenommen werden, wenn der Mensch alt, krank, pflegebedürftig und aus seinem selbstbestimmt unabhängigen Tun herauskatapultiert wird.

Im Zentrum der Gefühlslandschaft »Pflegen, sorgen, helfen« steht die Erfahrung mit diesen beiden Seiten unserer Existenz. Es geht um die Auseinandersetzung mit dem Wohlergehen und umfassenden Wohlbefinden von Menschen, die in existenzieller Not sind und Hilfe brauchen. Und es geht um diejenigen, die mit Hingabe, aus Pflichtgefühl und professioneller Verantwortung ihre Arbeit tun und für diese Hilfe gebraucht werden. Das Fachliche und das Menschliche müssen miteinander in Einklang gebracht werden, was weder selbstverständlich noch immer leicht ist, wenn man verstanden hat, dass nicht nur ein Organ, sondern der ganze Mensch krank wird. Es ist nicht nur der Magen des alten Menschen, der das lieblos servierte Essen verweigert, sondern es ist der ganze Mensch, der sich mit dem Streik seiner Seele für seine Belange einzusetzen versucht.

Gesundheits- und Pflegereform persönlich nehmen

Obwohl die Bemühungen groß, der Einsatz erheblich und die Leistungen in vielen Bereichen überwältigend sind, herrschen oft genug Unmut, Enttäuschung und persönliche Verzweiflung bei denjenigen, die die Arbeit tun und verantworten, und den anderen, die von außen die Debatten um Pflegenotstände aller Art verfolgen. Viele geben – vor allem im öffentlich-politischen Diskurs – äußeren Faktoren die Schuld an den Dramen im Gesundheits- und Pflegesystem: auf Arbeitsüberlastung, Personalmangel, schlechte Bezahlung, ausufernde Forderungen von Patienten, wenig motivierende, schlechte Ausbildung, Bürokratisierung, auf Mittelkürzungen oder schädigende Umstrukturierungen. In seinem 2016 veröffentlichten Buch *Time to Care* geht der international bekannte Arzt und Gesundheitsforscher Robin Youngson auf diese Themen ein, vor allem mit Blick auf die Folgen für den Gesundheitszustand der Gesundheitsfachkräfte. Die Klage über die faktischen Zustände und die übliche, aber wirkungslose Suche nach Schuldigen reicht ihm jedoch nicht aus. Seiner Meinung nach sind persönliche Entscheidungen, gegenseitige Ermutigung, Zivilcourage und Mitverantwortung unerlässlich. So richtet sich Youngsons Analyse an alle, die das Gesundheitswesen wieder menschlicher und solidarischer gestalten und subjektiv ihre persönliche Lebens- und Arbeitszeit dafür einsetzen wollen, dass sie ihre Patienten, ihre Arbeit und sich selbst lieben können, ohne das eine gegen das andere auszuspielen. In der Begründung für die von ihm initiierte Bewegung und Organisation »Hearts in Healthcare« schreibt Youngson:

> *Ein zu großer Teil des Gesundheitssystems ist durch Wettbewerb, Gier und Geldmacherei korrumpiert. Mancherorts sind Patienten bereits zu regelrechten Profitcentern geworden, und die Behandlung richtet sich nach dem finanziellen Gewinn und nicht danach, was für den Patienten das Beste ist. »Hearts in Healthcare« basiert auf den Werten von Zuwendung und Mitgefühl, gegenseitiger Unterstützung und einem bescheidenen Zugang zum Lernen und zur Weisheit. Wir wissen, dass die größte Zufriedenheit und der größte Sinn des Lebens aus dem Dienst am Nächsten erwachsen.*[110]

Kaum ein Tag vergeht, an dem wir nicht aufgerufen werden, einander zu helfen – zu Hause, auf der Straße, bei der Arbeit, am Telefon. Viele tun, was sie können. Wir werden als »Angehörige« geboren, daran führt kein Weg vorbei. Das gilt für die persönliche Geburt in spezifische Verwandtschaften hinein, aber auch für die Geburt als Menschenkind in die Menschenfamilie hinein, die uns mit allem, was lebt, verbindet. Leben ist Koexistenz! Wir brauchen andere Menschen, Pflanzen und Tiere, die umfassende Natur von »Mutter Erde« und das Universum, um überleben und leben zu können.

Als Angehörige, die wir ungefragt in die Verbundenheit, die jeweiligen historischen Bezugssysteme und Beziehungsstrukturen hineingeboren werden, müssen wir auf dem Weg durch unser unvorhersehbares Leben nun herausfinden, worin diese Verbundenheit für uns persönlich besteht und wie sie zu leben ist. Ob die »angeborene« Verbundenheit in einer Familie wirklich trägt, muss herausgefunden werden. Welche Bedeutung das Gefühl der Angewiesenheit oder Abhängigkeit im eigenen Leben bekommt, ob es mehr mit der Liebe oder der Pflicht zu tun hat, ist entscheidend dafür, wie wir uns damit fühlen, wenn andere wie zum Beispiel Eltern, Geschwister oder Lebenspartner von uns abhängig werden.

Welche besonderen Herausforderungen und Aufgaben in unseren biografischen Erfahrungen uns verstehen lehren, als pflegender Angehöriger gleichzeitig Praktikanten des Lebens und der Liebe zum Leben zu sein oder zu werden, wird sich zeigen. Dazu schreibt der Biologe und Philosoph Andreas Weber in seinem Buch über »Lebendigkeit« als Ausdruck einer erotischen Ökologie, deren Teil wir alle sind:

> *Liebe ist nicht ein Gefühl, sondern der Charakter einer produktiven Beziehung. Das nicht mehr zu verstehen ist unser großer Irrtum in einer Zeit, in der wir alle der Liebe als dem einzigen Ziel hinterherrennen, zugleich aber überall auf eine außerordentliche Lieblosigkeit stoßen und uns dieser selbst*

schuldig machen … Eine Welt, in der Liebe nicht wirkmächtig existiert, sondern von den Menschen bloß hinzugedichtet wird, verliert die Fähigkeit, fairen Umgang zu ermöglichen, Sinn zu spenden und anderen als nur monetären Reichtum hervorzubringen.[111]

Endlichkeit, Verletzlichkeit, Gebrechlichkeit und die Notwendigkeit von Hilfe, sozialen Diensten und Pflege sind der menschlichen Existenz einverleibt. Sie fordern privat und öffentlich zur Berührung mit der Welt und mit uns selbst heraus. Die Pflege des gefährdeten Lebens geht grundsätzlich jeden Menschen an. Es geht nicht nur um staatliche und öffentliche Zuständigkeiten, nicht nur um andere Menschen, sondern auch um unsere Kinder, Eltern, Lebenspartner, Freunde und uns selbst. Hören und gehört werden, sprechen und angesprochen werden, dienen und bedient werden, handeln und behandelt werden, pflegen und gepflegt werden, achten und geachtet werden gehören zu unserem unmittelbaren Tätigkeitsfeld, wenn wir füreinander Sorge tragen, und sind als *Menschenrecht* und *Menschenpflicht* nur dann wirksam, wenn sie auch gefühlt, direkt auf Menschen bezogen und in dieser Haltung verwirklicht werden.

Von einfach hat niemand gesprochen

Liebe, Zuwendung, füreinander Sorge tragen sind moralische Verpflichtungen. Es sind zu praktizierende Regeln und Prinzipien des lebendigen Umgangs im menschlichen Miteinander. Doch sie sind nicht leicht umzusetzen. Wenn man sich die Wirklichkeit der gegenseitigen Liebe, Fürsorge und Hilfe anschaut, so sehen wir eine Praxis der Lebenskunst, nämlich die Art und Weise, wie Menschen die Fähigkeit entwickeln oder auch vernachlässigen, miteinander zu leben und klarzukommen. Die Erfahrung, einen Ausgleich zwischen den eigenen Interessen und denen des anderen herzustellen, bildet das Zentrum der menschlichen Zuwendung. Es geht um brauchen und gebraucht werden, um leben und teilen.

In der praktischen Umsetzung allerdings tauchen viele Hindernisse auf, die die natürlichen Regungen und spontanen Einfälle hemmen: Wer oder was hilft denn wirklich in den Notfällen und Hilferufen des Lebens, und welchen Sinn hat das, was jemand zu tun oder zu lassen gedenkt? Werde ich mit der Aufgabe, meinen Angehörigen zu pflegen, fertig, und wann habe ich genug gegeben? Wann kommt es in einer spezifischen Situation auf einen bestimmten Menschen im Familienverbund an, warum zusätzlich auf andere, und wann und wie ist möglicherweise ein ganzes Team gefordert, das sich aber gar nicht kennt und sich erst zusammenraufen muss? Oft ist nicht klar, um welche Hilfe es in einem Einsatz geht, und manche Helfer entscheiden sich, etwas zu tun oder spontan die Grenzen ihres direkten Aufgabengebietes zu überschreiten, um sinnvolle Arbeit zu leisten: Ein Polizist verhindert einen Suizid und wartet nicht auf den Arzt, eine Hausfrau bringt Tiere aus dem Tierheim in ein Altenheim, damit die Bewohner etwas Abwechslung haben, eine Krankenschwester hält ein Baby in den letzten Augenblicken seines Lebens in den Armen, anstatt es an einen Monitor angeschlossen sterben zu lassen, der Bürgermeister einer kleinen Gemeinde setzt gegen den Widerstand eines Teils seiner Wähler den Bau eines Altenheims durch, in dem vor allem betagte Flüchtlinge ihren Lebensabend verbringen können.

Welche Fragen, Aufgaben, Konflikte und Probleme bewegen Angehörige und Fachkräfte, die längerfristig Begleitung, Pflege und Fürsorge übernehmen und gleichzeitig gut auf sich selbst achten müssten, um das Helfen nicht nur überleben zu können, sondern schlicht auch nicht krank zu werden? Die Beschreibungen der Belastungen, Verlustgefühle und Strukturen von Gefühlslandschaften hilfsbedürftiger, vor allem alter Menschen, die ich geschildert habe, sind die andere Seite der Medaille, wenn sich der Blick im Folgenden auf die Gefühlslandschaft des Sorgens und der menschlichen Zuwendung und besonders auf die Belastungen der pflegenden Angehörigen und der professionellen Mitarbeiter richtet.

Die hohen, sehr spezifischen, oft ambivalenten und verborgenen Ansprüche, die Hilfs- und Pflegebedürftige an Angehörige und Pflegekräfte stellen, führen zwangsläufig zu vielen Fragen und sehr unterschiedlichen Antworten.

Wenn Eltern zu »mächtigen Greisen«[112] mutieren, waren sie sicher auch in früheren Jahren nicht machtlos und ohne Durchsetzungsvermögen. Kerstin zum Beispiel kümmert sich um ihre verwitwete einundsiebzigjährige Mutter. Die Mutter liebt Schwarzwälder Kirschtorte und isst diese am liebsten gemeinsam mit ihrer Tochter in einem Café. An einem Dienstagnachmittag um 14 Uhr klingelt Kerstins Telefon.

> *»Ich möchte jetzt gern Kaffeetrinken gehen, hol mich doch um 15 Uhr ab.« »Mama, ich habe zwei kleine Kinder, ich kann nicht einfach spontan mal ins Café gehen. Und für die Kinder ist das sowieso zu langweilig.« »Kerstin, du bist undankbar, das Studium haben wir dir finanziert, und jetzt bist du Hausfrau und Mutter. Das ganze Geld willst du wohl erben, aber nichts für deine alte Mutter tun. Und deine Kinder hast du sowieso nicht im Griff, euch konnten wir schon mit zwei Jahren überall mitnehmen. Das ist eine Frage guter Erziehung.«*[113]

Machtdemonstration, Angriffshaltung und Beschuldigungen sind Strategien, die in vielen Familien und Lebensgemeinschaften nicht nur von mürrischen und enttäuschten Greisinnen wie Kerstins Mutter angewendet werden. Das Spiel mit Schuldgefühlen ist ein Lieblingsspiel, das fast alle Beziehungen durchzieht: zwischen Eltern und Kindern, Ehepaaren, zwischen Geschwistern und anderen Verwandten, aber natürlich auch die Reviere von Arbeitsbeziehungen. Schuldgefühle verhindern, dass Menschen sich selbst kennenlernen, verändern oder weiterentwickeln, sie erzeugen Opferhaltungen, merkwürdige Selbstbilder, sind die Kampfmittel bei Mobbing und leisten einen wichtigen Beitrag zur Entpolitisierung, indem Menschen ihre Aufgabe nur noch darin sehen, nach Schuldigen zu suchen und sich jeder Art von Mitverantwortung zu verweigern.

Im Volksmund reden wir von »Rabenmüttern«, »Rabeneltern« und »Rabenkindern«, die ihren unterschiedlichen Fürsorgepflichten angeblich oder real gar nicht oder nicht richtig nachkommen und die auch unter pflegenden Angehörigen wie Kerstin und ihrer Mutter zu finden sind. Vor allem aber gibt es in Familien, Alten- und Pflegeheimen, in Hospizen und anderswo unendlich viele Anmaßungen und »ungesunde Spiele«, die den persönlichen Umgang manchmal zur Hölle machen. Es geht um Vorwürfe, Enttäuschungen, Bevormundung, um arrogante Machtdemonstration, Mobbing und Aggressivität, die das Leben und die Arbeit von pflegenden Angehörigen und professionellen Helfern oft an die Grenze des Erträglichen bringen. Manchmal geben Angehörige deshalb den Stab an ein Pflegeheim weiter, weil sie einfach nicht mehr können:

Beim Einzug einer alten Frau in ein Pflegeheim sind der begleitenden Schwiegertochter sowohl die Anstrengungen wie die Erleichterung sichtlich ins Gesicht geschrieben. Sie sei *»mit den Nerven am Ende«* und halte das ständige Tyrannisieren nicht mehr *aus.*

»Vom ersten Tag unseres Kennenlernens hat meine Schwiegermutter mich schikaniert. Nichts, aber auch rein gar nichts konnte ich ihr recht machen. Verzeihen Sie, aber ich habe sie

heimlich immer ›alte Hexe‹ genannt. Jetzt sieht es auch mein Mann ein: Sie hat unsere Ehe immer belastet. Ich kann nicht mehr … Wir müssen Mutter abgeben.«
Und sie erzählt, dass sie nie ein Wort der Anerkennung erhalten hat. »*Selbst als ich selber krank war, wurde ich herumkommandiert. Ich war ihr völlig egal.*« Und dann mit leiser Stimme und der Pflegerin zugewandt: »*Passen Sie auf! Die ist nämlich böse!*«[114]

Die schädigende Wirkung der mächtigen Greise und bösen Alten männlichen oder weiblichen Geschlechts auf die fürsorgenden Bezugspersonen kann aufgefangen und begrenzt werden, wenn Angehörige und andere Pflegekräfte offen von ihren Erfahrungen und ihren Erlebnisse erzählen und wenn in Aus- und Weiterbildung über den Umgang mit verletzenden, kränkenden oder bedrohlichen Umgangsformen nachgedacht und das Schweigen gebrochen wird.

Pflegealltag erleben und aushalten

Es geht in der Sorge für andere und den dabei auftauchenden täglichen Herausforderungen im Alltag immer um Nähe und Distanz, erlauben und verweigern, führen und geführt werden, um Selbstbestimmung und Fremdbestimmung, Vertrauen und Kontrolle, Liebe und Gewalt, Hingabe und Rückzug, dienen und bedient werden, um trotzige Selbstbehauptung, gewähren lassen und sich einfügen.

Im Seminar eines Kirchenkreises zum Thema »Seelsorge und Beratung« für Mitarbeitende in der offenen und stationären Altenarbeit erfahren die Teilnehmer während einer Übung zum Thema »Führen und geführt werden«, wie es sich anfühlt, wenn man mit verbundenen Augen während eines Spaziergangs geführt wird und dabei die Ohnmacht der »Blinden« und die »Macht der Sehenden« am eigenen Leib erfährt. In den folgenden Auswertungsgesprächen wird deutlich, wie tief die relativ einfache Übung wichtige Aspekte der eigenen Haltung zur beruflichen Tätigkeit und zu sich selbst berührt: zu Nähe und Distanz, Geben und Nehmen, Hingabe und Selbstbehauptung. Die Seminarteilnehmer berichten von ihren Selbsterfahrungen:

> *»Ich hatte immer Angst zu stolpern, ich hatte keinen Halt an ihr.« »Ich konnte nichts selbst tun, so fest hat er mich gehalten.« »Er hat immer wieder gefragt, in welche Richtung ich möchte, auf welchem Boden ich mich sicher fühle, auf der Wiese oder auf den Steinen.« »Sie hat mir Sicherheit gegeben, mich sogar losgelassen, ich habe die Bank ertastet.« »Ich habe die Blüten der Tulpe gefühlt. Sie hat die Farben geschildert. Das war am schönsten.« »Meine Blinde war so eigenwillig, dass ich an der Treppe Angst hatte, aber sie hat es geschafft.« »Sie hat sich so an mich geklammert, dass wir nur eine Runde geschafft haben.« »Ich weiß gar nicht, was anstrengender war, zu führen oder geführt zu werden. Spaß hat mir beides gemacht.«*[115]

Von Kindesbeinen an kann jeder von uns erleben, wie unterschiedlich wir uns verhalten, wenn wir abhängig und auf Hilfe angewiesen sind oder das Heft in der Hand haben und entscheiden können, was gespielt wird und wo es langgeht. Nicht nur das »Vater-Mutter-Kind-Spiel« aus Kindertagen zeigt, wie wichtig Rollen sind, die wir uns aussuchen können, und die anderen, die uns zugeteilt werden, weil Krankheit, Gebrechlichkeit oder Älterwerden in Einsamkeit sie uns auferlegen.

Im erwähnten Kinderspiel habe ich mich früher immer für die Rolle des Kindes entschieden, weil ich es so toll fand, stundenlang gekämmt zu werden und Zöpfe geflochten zu bekommen. In psychotherapeutischen Aufstellungen wurde ich später fast immer für die Rolle der »Mutter« oder der »großen Schwester« ausgewählt, weil man mich »mütterlich und durchsetzungsfähig« fand. Älter geworden, finde ich beide Rollen gut, vor allem das Gekämmt- und Betüddeltwerden. Die Betätigungsfelder für Unterstützung, Sorge und Hilfsbereitschaft sind so bunt und vielfältig wie das Leben und die Menschen selbst, die Fürsorge brauchen oder in Sorge um andere Menschen sind und sich auf ihre jeweilige Weise kümmern.

Do it yourself

Aber was bedeutet es ganz konkret, wenn man sich in mitmenschlicher Zuwendung als Familienangehöriger oder Mitstreiter in einem helfenden Beruf betätigt? Was gilt es zu lernen und zu tun, wenn man einen pflegebedürftigen Menschen waschen, füttern, beschützen soll, ihn trösten oder ermuntern will, ihn im Abschied vom Leben begleiten darf?

Liest man in den unterschiedlichen Erfahrungsberichten und Gesprächsnotizen pflegender Angehöriger, ehrenamtlicher Helfer oder professioneller Mitarbeiter in der Pflege und Altenarbeit nach, dann ergibt sich ein Tätigkeits- und Anspruchsprofil, das man in keiner Stellenanzeige unterbringen könnte und auf die sich auch kaum ein Mensch bewerben würde. Wie muss man sein, was muss man lernen, was muss man tun, um sich als pflegender Angehöriger nicht vorher, sondern schon mitten in der Arbeit, sozusagen »by doing«, zu qualifizieren?

Man muss nicht nur formal angehörig sein, sondern es inhaltlich und konkret werden, sich wirklich zugehörig und zuständig fühlen. Sich anstrengen, überfordert werden und beides voneinander unterscheiden können. Gutwillig sein, Widerstand erkennen und Gegenwillen akzeptieren. Geben, nehmen, zuteilen, verwalten, lieben, kontrollieren und diese Tätigkeiten differenzieren und gewichten können. Fürsprache üben und andere mit ihren Mitteln für sich sprechen lassen. Körperliches, seelisches, geistiges, soziales und spirituelles Wohlbefinden fördern und beschützen, aber nicht in kontrollierende Obhut nehmen. Abhängigkeit erträglicher machen, Sorgen teilen, Freude ermöglichen und sich mitfreuen, auch wenn es sich seltsam anfühlt. Gefühle verstehen, Unmut aushalten, Beleidigungen zurückweisen. Grenzen ziehen, Freiräume schaffen und dabei zivilen Ungehorsam üben. Lernen, auf Fremdes zugehen, und Vorbehalte auflösen. Helfen, mithelfen und sich helfen lassen. Aufgaben übernehmen, delegieren oder ablehnen.

Wer dies alles kann, ist auf dem Weg zur Erleuchtung. Er verdient alle Verdienstkreuze dieser Welt und bessere Bezahlung. Lob, Anerkennung und Respekt sind nicht nur in den Pflegeberufen Belohnungs- und Lohnformen von großer Bedeutung und helfen bei dem Versuch, die Krisensituation zu überleben, wie immer diese sich gestaltet. Auch viele alte und gebrechliche Menschen, die gepflegt werden und selber mithelfen, sind »Meister des Alltags« und verdienen allen Respekt. Dass wir von diesen kostenlosen Mitteln des Lobs und der Anerkennung als Gesellschaft so wenig Gebrauch machen, trägt viel zu dem bei, was ich eine »öffentlich verordnete Depression« nenne.

Nicht immer sind Familienangehörige, Patienten und alte Menschen auf Anhieb sympathisch. Viele sind verbittert, enttäuscht vom eigenen Leben und unzufrieden mit den Menschen, mit denen sie leben, arbeiten oder zusammenwohnen. Manche scheinen die Fürsorge und Zuwendung mehr zu verdienen als andere, aber sie haben ein Recht auf Gleichbehandlung, und auch ihre Würde ist unantastbar. Wenn ein Mensch, zumal ein Elternteil oder der Ehepartner, unhöflich, aggressiv, gewalttätig ist oder extrem unverantwortlich und uneinsichtig alles abschlägt, ist es schwer, die nötige Gelassenheit oder Sympathie zu entwickeln. Die Folge: Stress und emotionale Anstrengung steigen.

Selbst wenn eigene Gefühle wie Enttäuschung, Wut, Ärger oder Ekel mit den erforderlichen Behandlungen nicht übereinstimmen, muss die sorgende Pflege dennoch weitergehen und darf der Kontakt mit dem Angehörigen nicht abgebrochen werden. Mitgefühl, Empathie und professionelle Haltung erlauben es in solchen Fällen, die negativen moralischen Urteile abzumildern und sich direkt der »Sache« und dem Menschen, also dem Leiden und der Notsituation des Betroffenen und nicht seinem mehr oder weniger erträglichen oder verständlichen Verhalten, zuzuwenden. Wenn wir unsere Speicher an Freundlichkeit, Gelassenheit und liebender Zuwendung immer wieder auffüllen, bemerken wir, dass wir weniger urteilen. Mit empathischem Verständnis scheinen nicht nur alte Menschen und schwierige Patienten zugänglicher zu werden, weil die Verbindung von Mensch zu Mensch in den meisten Fällen besser klappt als eine bürokratische oder gut gemeinte Anordnung. Dadurch kann die übliche Dissonanz zwischen Gefühlen und Handlungen leichter überwunden werden, der Zugang zum Leben eines Patienten und seinen Möglichkeiten öffnet sich, und die emotionale Arbeit der Patientenfürsorge hilft jenem beruflichen Stress auf die Spur zu kommen, den Ärzte, Pflegepersonal und auch Angehörige selbst abbauen können. Der Arzt Robin Youngson berichtet von einer solchen Erfahrung aus seiner Zeit als Krankenhausarzt:

Eines Tages brachte eine Patientin, die sehr spät zu einem geplanten Kaiserschnitt erschien, meinen OP-Plan durcheinander. Meine Verärgerung über diese »unverantwortliche« Patientin löste sich in Luft auf, als ich erfuhr, dass sie mit ihrem Koffer zwei Stunden gelaufen war, um von ihrem Wohnort zum Krankenhaus zu gelangen – sie hatte kein Auto und kein Geld für den Bus. Sie war hochschwanger und durfte in Vorbereitung auf die OP weder essen noch trinken.[116]

Man kann es in den beliebten Rankinglisten nachlesen: Politiker sein ist out, Arzt ist in, Priester ist out, Alte sind out, die nicht so ganz jungen, verdienten Krankenschwestern sind in der Hierarchie der geachteten Berufe schon zu den Feuerwehrleuten in die höheren Ränge aufgerückt, der Professor sitzt auf dem absteigenden Ast.

Altenpflege gehört nicht zu den Prestigeberufen, die als bedeutsam gelten. Fast alle sozialen Berufe bekommen irgendwie die Ausgrenzungen und Stigmatisierungen ihrer schwierigen Adressaten ab. »Ein Arzt, der etwas auf sich hält, wird nicht Psychiater oder Gerontologe«, sagte mir mal die Mutter eines Freundes, der Psychiater und nicht Kardiologe geworden war. Pflegende Angehörige aber sind noch gar nicht in die Listen aufgenommen. Sie kommen aus allen Berufen und Positionen. Sie sind Ärzte, Bauern, Hausfrauen, Dichterinnen, Denker, Sozialarbeiter. Minister, Bundeskanzler und andere Politiker, Unternehmer und die, die auf der Straße gelandet sind. Sie alle werden irgendwann »bedürftig«, müssen versorgt und gepflegt werden oder trotz all ihrer Belastungen, anstrengenden Berufe oder eigenen Familien als Angehörige für andere Angehörige Sorge tragen. Politiker wie Franz Müntefering, der sich eine Auszeit von seinem Beruf nahm, um seine Ehefrau bis zu ihrem Tod zu begleiten, und sich ohne Scham und öffentlich bei den Hospizdiensten wertvolle Hilfe holte, sind wichtige Vorbilder für die Formen der Zusammenarbeit zwischen privater Pflege und professionell organisierten Pflegediensten.

Pflegende Angehörige jedenfalls sind »Allroundkünstler« mitmenschlicher Zuwendung. Sie kennen Multitasking wie ihre Westentasche, halten Arbeitszeiten nicht ein, tragen ihre Risiken und

Nebenwirkungen, ihre Burnouts und Rückenschmerzen zu ihren Ärzten und in die benachbarte Apotheke. Die kritische wie die mediale Öffentlichkeit hat sie nicht wirklich »auf dem Schirm«, es sei denn, es gibt etwas zu skandalisieren. Das erregt dann zwar kurzfristig, führt aber nicht zu dem konstruktiven Impuls, über sich selbst, die eigenen Angehörigen und die Beteiligung an der eigenen Zukunft nachzudenken.

Wenn Angehörige von ihrem Umgang mit dementen Angehörigen erzählen, klingt das häufig so:

> *»Manchmal beantworte ich 10 Mal hintereinander dieselbe Frage.« »Ich suche stundenlang die Brille meines Mannes und habe oft keine Idee mehr, wo er sie diesmal hingetan haben könnte. Und dann ist er nicht selten wütend und beschuldigt mich, ich hätte sie verlegt.« »Ich gehe oft in Minutenabständen mit meiner Frau zur Toilette, weil sie das Gefühl hat, dringend zu müssen. Sie ist dann wirklich in Not, obwohl sie manchmal gar nicht muss, aber sicher Angst davor hat, es könnte ein Malheur passieren. Es ist ja die Krankheit, meine Frau will mich bestimmt nicht ärgern.« »Eigentlich war ich immer sehr ruhig und habe großen Wert auf Harmonie gelegt. Schimpfen und Streiten lag mir gar nicht. In letzter Zeit erkenne ich mich manchmal selbst nicht mehr: Ich schreie meinen Mann an, was mir hinterher natürlich sofort leidtut. Aber ich kann mich einfach nicht mehr beherrschen.« »Ich kann nachts kaum schlafen. Aus Sorge um meinen Mann liege ich wach, um mitzubekommen, wenn etwas mit ihm ist.«*[117]

Wer auf diese Weise einen Angehörigen pflegt, und das über lange Zeit, der gerät zunehmend in einen Erschöpfungszustand. Angehörige sind in der häuslichen Pflege häufig den ganzen Tag ans

Haus gebunden, die Nächte sind voller Unruhe, und es bleibt keine Zeit, den eigenen Wünschen, Interessen oder dem Bedürfnis nach Rückzug nachzugehen. Das ständige Angebundensein und die vielen Hilfsleistungen, die tagtäglich zu erbringen sind, tragen dazu bei, dass Kontakte zu anderen Menschen kaum noch aufrechterhalten werden können. Gepflegte und Pflegende vereinsamen sozusagen gemeinsam, verlieren Ansprechpartner, denen man die eigenen Sorgen und Anliegen mitteilen kann. Zusammen mit den Menschen erschöpfen sich auch die Beziehungen, so schöpferisch und guten Willens sie einst auch begonnen haben.

Die Klagen des erkrankten Menschen über seine Lebenssituation, die Schmerzzustände, die Symptome der Krankheit, über die Unfähigkeit der Ärzte und der ambulanten Dienste, seine ständig neuen Missempfindungen und Befindlichkeitsstörungen stellen für viele Angehörige, aber auch für das Fachpersonal, eine große Belastung dar. Es ist für sie weder leicht, die nahestehenden Menschen so leiden zu sehen, noch, sich ständig ihre Klagen anhören zu müssen. Hinzu kommen psychische Veränderungen der Erkrankten – Verwirrtheit, Aggressivität, Depressionen, lange Phasen der Verzweiflung, schwankende Stimmungen aller Art, denen man sich zunehmend hilflos ausgesetzt fühlt und die man irgendwann als eigenes Schicksal befürchtet.

Die alten Beziehungsstrukturen verändern sich, und die neuen Herausforderungen in den Pflegebeziehungen sind kaum zu handhaben, wenn sich die Beteiligten seelisch und geistig nicht auf die Veränderungen einlassen. Stress und Ärger werden sonst auf beiden Seiten immer größer.

Viele erwachsene pflegende Kinder, aber auch Mitarbeiter in der Altenpflege nehmen im Umgang mit alten Menschen und deren schwierigem Verhalten die Rolle der strengen Eltern ein: Sie schimpfen, befehlen, ordnen an, treiben ständig zur Eile, vergleichen mit anderen, die es besser machen, disziplinieren mit Liebesentzug und anderem! »Wir mussten früher auch gehorchen, pünktlich sein, danke sagen, waren von Geboten und Verboten umstellt«, heißt es dann. Jetzt geht es wieder so: »Solange du deine Füße unter meinen Tisch stellst ...« »In diesem Haus herrscht ein guter Geist!« Wem der Tisch gehört oder um welchen eher bösen Geist es sich handelt, steht nicht zur Debatte.

Viele pflegende Angehörige geraten in emotionale Zwickmühlen, sind erschüttert, erleben sich selbst isoliert und einsam. Auch ihre Wut, Verzweiflung und Hilflosigkeit nehmen zu und zehren an ihrer Hingabe und ihrem Pflichtgefühl. Wenn sich ein pflegender Angehöriger gegen leichtfertige Beurteilungen, Erwartungen und Forderungen abgrenzt, die die erkrankte Person sowie andere Familienmitglieder an ihn richten, so ist das auf seiner Seite häufig mit Schuldgefühlen verbunden und führt nicht selten zu offener oder verborgener Selbstbeschuldigung. Wir haben diese Auswirkung am Beispiel der Tochter gesehen, die von ihrer alten Mutter geschlagen wurde und letztlich trotz aller Einsicht das Gefühl hatte, dass sie einfach alles falsch machte.

Familien und Angehörige sind auf bis dahin nicht vorhergesehene Weise herausgefordert, wenn der Hilfe- und Pflegebedarf ihrer Verwandten oder Anvertrauten zunimmt. Die große Arena der Schuldgefühle ist eröffnet und schließt sich unmittelbar an die Gefühlslandschaft von Angst, Scham, Beschämung aufseiten der pflegebedürftigen Menschen an. Bestehende Beziehungen müssen möglicherweise verändert werden. Die Zeit der einsamen Entscheidungen ist vorbei, »Intimität auf Abstand« geht kaum noch. Gemeinsam sind Angehörige nicht auf Anhieb stärker, denn die Entscheidung über Pflegübernahme oder deren Delegation, häusliche Pflege oder Unterbringung in einer Einrichtung ist in der Regel bei allen Beteiligten mit hochexplosiven Gefühlen, alten Konflikten und hohen Erwartungen verbunden. Entlastung, Zufriedenheit und Erleichterung können sich erst im Laufe der Zeit einstellen, wenn ein für alle befriedigender Weg gefunden wurde, der den Dissonanzen und Interessengegensätzen nicht aus dem Weg geht, der aber auch einigermaßen gut funktioniert.

Wozu etwas gut ist und Sinn macht

Altenarbeit, Begleitung pflegebedürftiger Eltern, Pflege von Ehepartnern oder Beistand in den sonstigen, überraschenden und außerordentlichen Hilferufen des Lebens ist nicht dazu da, alle Enttäuschungen des bisherigen Lebens zu beheben, zu begradigen oder nachträglich für ein erfülltes Leben zu sorgen. Gemeinsam befinden sich Gepflegte und Pflegende, Hilfsbedürftige und ihre Helfer, Eltern und ihre Kinder, Ehefrauen und Ehemänner in einem anderen, neuen und unbekannten Lebensabschnitt.

Dass die Vergangenheit mit ihren Gefühlslandschaften und Erfahrungen ihre Wirkung zeigt, habe ich zu veranschaulichen versucht. Jetzt aber gilt es für alle Beteiligten, vor allem für die helfenden Angehörigen, sich trotz Hingabe, Pflichten und Pflichtgefühl und mitten im Dschungel der Emotionen, Pannen und Pleiten auf sich selbst und die konkrete Arbeit zu besinnen. Es gilt, angemessen, realistisch und mit viel Fantasie auf die neue Lebens- und Arbeitssituation zu reagieren und nicht nur zu erkennen, sondern auch zu verändern, was die eigenen Belastungsgrenzen überschreitet und die Gesamtsituation verschlechtert.

Wir sind nicht für alles verantwortlich, aber für uns und unser Tun. Wer überfordert ist, sich keine Hilfe holt und dem Angehörigen gegenüber immer aggressiver wird, tut niemandem gut und handelt nicht verantwortlich! Wir haben in der Regel zumindest nicht absichtlich verschuldet, was war und was zu Konflikten geführt hat. Wir können niemanden vor Leid, Schmerzen und Angst vor dem Sterben bewahren, auch uns selbst nicht! Wir müssen uns auch sonst im Leben mit Ohnmacht, Missverständnissen, Fehlern und bösen wie blöden Menschen abfinden! Wir bemühen uns nach bestem Wissen und Gewissen um »best practice« im Kümmern und hoffen sehnlichst, dass unsere eigenen Kinder, Enkel und zukünftigen Pflegekräfte sich in ähnlicher Weise um uns bemühen werden, wenn wir die Nummer 112 wählen oder die Kirchenglocken läuten.

Nicht die knappe Zeit, nicht der Mangel an Geld und Personal, nicht die Ausstattung der Orte – so wichtig das alles ist – sind die Hauptprobleme im Umgang mit den Hilferufen des Lebens, und übrigens auch für den Umgang mit den eigenen. Neben Personal- und Geldmangel ist Zeitmangel eine der wichtigsten Ausreden, um nicht zu tun, was getan werden muss. Um nicht darüber nachzudenken, was gedacht werden muss. Um nicht zu fühlen, was man mit eigenen Augen sieht. Betonmauern versperren die lebendige Kommunikation zwischen Herz und Verstand, Fachlichkeit und Menschlichkeit in vielen Bereichen des gesellschaftlichen Zusammenlebens.

»Viele Menschen würden eher sterben als denken. Und in der Tat: Sie tun es«, zitiert Gregor Eisenhauer in seinem lesenswerten Buch über *Die 10 wichtigsten Fragen des Lebens* den britischen Philosophen Bertrand Russell. Eisenhauer behauptet, dass vor allem im Alter nicht Bauch, Beine und Po die größten Problemzonen des Menschen sind, sondern der Kopf, der ja nicht nur Ort der Gedanken, sondern Gestalter und Hüter aller Gefühlslandschaften ist. Und er hat recht. Als pflegende Angehörige im Dauereinsatz oder in Erwartung eines solchen und angesichts der täglichen Schreckensmeldungen über Alter, Demenz, Krankheit, Sterben und Tod sollten Sie sich Zeit für eine subjektive Einschätzung Ihrer Belastung nehmen und sich fragen, mit welcher Motivation, welchen Gefühlen, welchen Ressentiments, unter welchen Bedingungen und mit welchen Auswirkungen auf Leib, Seele und Ihr eigenes Leben Sie gegenwärtig unterwegs sind.

Ein paar Fragen – dazu gehört zuallererst die Frage »Wie geht es mir?« – könnten mit persönlichen Antworten in einem »Pflegetagebuch« von Ihnen selbst niedergeschrieben werden und das nächste Familientreffen, den Abend in der Selbsthilfegruppe, den dringend notwendigen Arztbesuch, den Anruf beim Sorgentelefon der Schlaganfallhilfe oder die notwendige Beratungsstunde für pflegende Angehörige bereichern. Das Pflegetagebuch kann Sie stolz machen oder Ihnen weiterhelfen, weil andere Menschen genau verstehen, von was Sie sprechen, und dass Sie dazu Kenntnisse und Erfahrungen gesammelt haben.

Thematische Leitfragen eines solchen persönlichen und subjektiv gehaltenen Pflegetagebuchs und einer selbstkritischen Bestandsaufnahme könnten zum Beispiel sein:

- Ist das Ausmaß, die ständige Verfügbarkeit oder die Art der Pflegetätigkeiten der Grund für meine zunehmende Erschöpfung?
- Wie oft und in welchen Abständen machen sich Kopf, Rücken oder Magen mit Schmerzen bemerkbar? Mit welchen Gefühlen schwankt meine Seele, und wie würde ich meine Grundstimmung nennen? Wie steht es um meinen Schlaf? Um seine Tiefe, um meine Träume?
- Wie häufig habe ich das Gefühl, dass wegen der Pflege meine eigenen Interessen, Bedürfnisse, sozialen Kontakte oder meine eigene Familie zu kurz kommen? Ist guter Rat in meinem Leben wirklich teuer? Wer gibt mir guten und brauchbaren Rat, und welche Ratschläge sind wirklich eher Schläge als Rat?
- Belasten mich die Ausgrenzung, Stigmatisierung und Vereinsamung meiner Angehörigen, und wie sieht es mit meinen eigenen Erfahrungen aus? Spreche ich andere Menschen darauf

an? Mit wem kann ich darüber reden, um mich auf diese Weise zu entlasten? Wer in meiner sonstigen Familie, unter meinen Freunden oder den professionellen Mithelfern ist mein Sorgentelefon und meine vereinbarte Hotline?

- Sind überraschende Gefühlszustände, seelische Veränderungen oder überhaupt der Umgang mit Gefühlen ein spezifischer Stressfaktor für mich? Bin ich ein geduldiger Mensch, oder platzt mir schnell der Kragen? Wie stehe ich zu Scham, zu Schamgefühlen, und welche Belastung spüre ich, wenn ich mich für andere schäme?
- Welcher Typus bin ich: Gehöre ich zur »schnellen Eingreiftruppe«? Blühe ich auf, wenn ich etwas tun, besorgen, veranlassen kann? Welche inneren Polizisten sorgen bei mir für Ordnung? Wer spielt den inneren Richter, und wen hat dieser vor allem im Blick?
- Was hilft mir, und was brauche ich, wenn mir auffälliges Verhalten, Rohheit, Aggressivität oder gar Gewalt begegnen? Kenne ich mein inneres und äußeres Sicherheitsbedürfnis, meinen Sicherheitsabstand? Was macht mir gegenwärtig im gesellschaftlichen und politischen Zusammenleben Angst? Wie reagiere ich auf Gleichgültigkeit?
- Was kann ich im Verhalten anderer am wenigsten aushalten? Welche Charaktereigenschaften bei meinem zu pflegenden Angehörigen belasten mich besonders? War das immer so? Was an meinem eigenen charakteristischen Verhalten stört mich? Vor welchen meiner Eigenschaften oder Marotten würde ich meine künftigen Betreuer gerne warnen? Was sollte man ihnen auf keinen Fall zumuten?
- Wie funktioniert mein schlechtes Gewissen und wie das gute? Auf welche Kritik, Vorwürfe, welche ironischen Nachfragen reagiere ich besonders dünnhäutig, was prallt an mir ab? Wie sehen Gewissenskatalog und Gebotstafeln in meiner Familie

aus? Wie bei den Schwiegereltern? Was ist bei den Kindern anders? Gibt es so etwas wie eine weltliche Beichtmöglichkeit, wo ich freiheraus sagen kann, wie es in mir aussieht, wenn ich Mist gebaut oder Schuld auf mich geladen habe?

Nicht jeder braucht eine Yogaübung am Ende des Tages, um sich zu entspannen oder wieder »frisch« zu werden! Was brauchen Sie, wenn Sie sich körperlich erschöpft, seelisch ausgelaugt und antriebslos fühlen? Wie oft klopfen Sie sich auf die Schulter und loben sich? Wie oft tun das andere? Womit machen Sie Menschen besonders glücklich? Bei wem sind Sie warum beliebt, und geht das in der Pflegetätigkeit gerade unter?

Denken Sie an drei Erfahrungen, Dinge oder Möglichkeiten, mit denen Sie Ihre Energie für liebende Zuwendung oder Ihre Nächstenliebe aufrechterhalten und immer wieder entzünden. Es wird die Belastungen in der täglichen Sorge, Fürsorge und Hilfsbereitschaft erträglicher machen!

Der lange Abschied von der Normalität

Wie immer andere Frauen und Männer ihr Leben gelebt und sich bewusst und unbewusst mit Erwartungen, Plänen und Aufgaben gekonnt oder weniger glücklich herumgeschlagen haben – von ihren Lebensgeschichten können wir lernen. So auch von der folgenden, die unaufdringlich von einem Ehepaar erzählt, das zu meistern versuchte, was das konkrete Leben von ihnen erwartete, als es gegen Ende noch einmal unerwartet eine andere Richtung einschlug und den Ruhestand in einen Unruhestand verwandelte.

Helmut (85) und Gisela (79) sind seit einundsechzig Jahren verheiratet und haben beinahe ihr ganzes Leben miteinander verbracht. Drei Kinder haben der gelernte Bootsbauer und die Hauswirtschafterin großgezogen. »Wir haben uns immer gegenseitig geholfen, uns immer gut verstanden. Helmut war immer der Ruhige von uns beiden, ich der temperamentvolle Part. Und das ist heute noch so«, erklärt Gisela. Helmut ist an Alzheimer erkrankt, und die Diagnose dieser Krankheit ist seit zwölf Jahren die bestimmende Größe im Leben der Eheleute.

Zunächst blieben Helmut und Gisela weiter sozial eingebunden, doch mit dem zunehmenden Verlust von Helmuts kognitiven Fähigkeiten ist der große Bekanntenkreis auf jenen Kreis von Menschen geschrumpft, die auf die eine oder andere Weise mit dem Thema Demenz verbunden sind. Seit Helmut sein Gedächtnis verloren hat, spürt Gisela täglich die körperliche und psychische Isolation, der pflegende Angehörige ausgesetzt sind. Manchmal fühlt sie sich so einsam wie in Einzelhaft. Bewusst weiß Helmut nicht mehr, wer er ist, und seine Ehefrau erkennt er nicht mehr. Sie ist seine vertraute Person, die immer verfügbar ist, verfügbar sein muss.

Eine Einrichtung für Tagespflege bringt Entlastung, und Gisela findet dort Ansprache und Unterstützung durch Fachpersonal. Sie wundert sich, dass manche pflegenden Angehörigen diese Hilfe nicht wahrnehmen und es vorziehen, mit ihren dementen Familienangehörigen zu Hause die Zeit totzuschlagen, weil sie Angst haben, mit ihnen am öffentlichen Leben teilzunehmen.

Die Innenwelten der an Demenz erkrankten Menschen, ihr Selbstverständnis und ihre Bedürfnisse sind vielen Angehörigen, der Öffentlichkeit und selbst den Fachkräften vielfach noch verborgen, und so mangelt es häufig an Respekt im Umgang mit Demenzkranken und der Achtung ihrer Würde. Gisela fühlt sich in ihrer Selbsthilfegruppe aufgefangen und freut sich jedes Jahr auf die gemeinsame Reise in eines der auf demente Menschen eingestellten Hotels der Arbeiterwohlfahrt. Dann kann sie ihre Sorgen und ihre eigene Erschöpfung loslassen, und Helmut ist zufrieden, solange nur Gisela bei ihm ist.

Demente Menschen sind auch im fortgeschrittenen Stadium der Erkrankung sehr gut über die Ebene der Emotionen erreichbar, und Gisela drückt die Erfahrung im Umgang mit ihrem Mann so aus:

> *»Sehr viel geht durch diese Krankheit verloren, doch man bekommt auch etwas zurück. Durch die Pflege des Partners entsteht eine neue Form der Intimität … Wichtig ist es, immer lieb zu sein, nie zu schreien, den kranken Partner immer ernst zu nehmen. Eine Gratwanderung ist das zwischen Bevormundung und notwendiger Hilfestellung. Das muss man lernen.«*[118]

Time to care: Am Ende steht ein Anfang, der kein Ende nimmt

Auf einem Friedhof unterhalten sich zwei nebeneinanderliegende Grabsteine. Der eine sagt nachdenklich: »Ich glaube, wir sind gar keine Grabsteine, sondern Meilensteine an einem Weg, der weiterführt.«[119] Diese Karikatur zum Thema Sterben, Tod und Trauer fand ich in einem Buch der Hospiz-Akademie Bamberg. Meilensteine standen früher manchmal am Rande einer Straße oder am Ufer eines Flusses und wiesen auf die Weglänge zu oder Entfernung von einem Ziel hin. Emotional sind Meilensteine Hinweise auf ein entscheidendes Ereignis, einen wichtigen Einschnitt, einen Wendepunkt im Leben eines Menschen. In Projektplanungen sind Meilensteine oft Etappenziele, die es zu erreichen gilt.

Notsituationen, in denen das Leben um Hilfe ruft, Krankheit, Sterben und Tod sind im Leben vieler Menschen ebenfalls Meilensteine an einem Weg, der irgendwie weiterführt. Die Fragen, wie weit es bis zu welchem Ziel ist, welche emotionale Bedeutung und Belastung der Weg mit sich bringt und welches die Etappenziele sind, bleiben so lange unbeantwortet, bis Menschen diese Strecke auf ihrem Lebensweg hinter sich gebracht haben.

Ich habe mich bisher in den Geschichten pflegender Angehöriger und der von ihnen betreuten Menschen mit Meilensteinen im menschlichen Leben auseinandergesetzt. Am Ende des Lebenswegs eines jeden Menschen steht der Tod, und seine letzte Ruhestätte ist ein Friedhof mit vielen Grabsteinen, der Friedwald mit vielen Bäumen oder das große weite Meer, das seine Asche aufnimmt. Auf dem Grabstein werden Name, Geburts- und Todesdatum stehen, Orte, wo alles seinen Anfang nahm und sein Ende fand. Manchmal klingt eine Inschrift wie ein Meilenstein. Auf der Rückseite des Grabsteins von Helga K., meiner früh verstorbenen Freundin und liebsten Arbeitskollegin an der Universität, steht ein Satz, der uns beiden so etwas wie ein Credo war: »Wissenschaft fängt mit dem Staunen darüber an, dass die Dinge so sind, wie sie sind.«

Als ich mit dem Schreiben dieses Buches anfing, wurde der Satz erneut wegweisend. Die Zeit, in der wir Helga als Angehörige und Freunde durch schwere Krankheit und ihr Sterben begleitet haben, den Hilferufen ihres und unseres Lebens folgten, ratlos und gleichzeitig intuitiv wissend nach einer für sie angemessenen ärztlichen und pflegerischen Begleitung suchten, war voller Staunen, neuen Erfahrungen und tiefem Erleben. Wir mussten erkennen, wo die Grenzen der häuslichen Versorgung liegen und wie Beziehungen zwischen Eheleuten, Kindern und Freunden in der gemeinsamen Sorge um einen geliebten Menschen auf den Punkt kommen, sich stabilisieren oder verändern.

Trotz all meiner Fachkenntnisse und subjektiven Erfahrungen in der Begleitung erkrankter und sterbender Menschen wundere ich mich mehr denn je, warum die Dinge rund um die Pflege und Sorgekultur einer Gesellschaft so sind, wie sie sind. Ich habe die Tatbestände und Beziehungsumstände in all ihren Ambivalenzen als Zeichen großer Hingabe zwischen Hilflosigkeit, Verzweiflung, Pflicht- und Schuldgefühlen, aber vor allem als großes Bemühen zu beschreiben versucht, aus unterschiedlichen Blickwinkeln eine differenzierte menschliche Sorgekultur zu gestalten. Diese ist trotz der apokalyptischen Gesänge zum demografischen Wandel und seinen Folgen für die Pflege- und Sorgesysteme nach wie vor, trotz aller Mängel und vielen Notrufen, auch von Hoffnung, Willensstärke, Fantasie und Tatkraft gekennzeichnet. Mit einigen Reforminitiativen und persönlicher Einsatzkraft hat sie auch gezeigt, dass die Realität nicht so sein muss, wie sie ist.

Meilensteine und Stolperfallen

An welchen Meilensteinen sind wir angekommen? Zustand und Zustände in der Pflege, demografische Altenberge, ein leer gefegter Arbeitsmarkt für Pflege- und andere Sozialberufe sowie die Medikalisierung des Alters – das heißt vereinfacht gesagt, Alter ausschließlich zu einem medizinischen Problem zu machen und mit Pillen zu behandeln – sind eine Art »Dauerbrenner« für Politik, Öffentlichkeit und Betroffene. Aber so kann es nicht weitergehen! Die Mitarbeiter in den Gesundheits- und Care-Systemen haben es nicht leicht, ihre Arbeit mit Sinn und Verstand durchzuführen, ohne selbst krank zu werden. Gute Nachrichten und frohe Botschaften über gelungene Veränderungen und realistische Zukunftsvisionen muss man eher zwischen den Zeilen suchen. Manche schämen sich fast vor den politisch korrekten Kritikern dafür, dass trotz schlechter Bedingungen noch vieles gelingt und nicht schon alles wie prognostiziert zusammengebrochen ist.

Die grundsätzliche Kritik am Zustand der Versorgung alter, pflegebedürftiger und chronisch kranker Menschen sowie an den strukturellen Defiziten des Gesundheits- und Pflegesystems ist berechtigt. Ich erlaube mir dennoch einen anderen Blick, will Struktur- und Finanzdefizite nicht verharmlosen oder gar beschönigen, aber trotzdem einen Blick hinter die Kulissen jener Bühnen wagen, auf denen Menschen jeden Tag mit hohem Einsatz pflegen und andere liebevoll gepflegt werden, scheitern und

Erfolg haben. Sie lassen die persönliche Hoffnung nicht sterben und bauen mitten im Schlamassel auf eine Gegenwart mit Zukunft, die möglich ist. Die meisten haben kein Helfersyndrom, sind ohne Heiligenschein unterwegs, stehen oft mit dem Rücken zur Wand und sind durchaus in der Lage, auch an sich denken, wenn man sie in der Situations- und Selbstanalyse mit Worten und Taten unterstützt.

Dass trotz aller Bedrängnis und Überforderung mehr als 80 Prozent der pflegebedürftigen Menschen in Deutschland von Angehörigen, Freunden und ehrenamtlichen Kräften begleitet und betreut werden, muss als bemerkenswerte und positive Nachricht mehr ins öffentliche Bewusstsein gerückt werden. Dass sich mehr als hunderttausend Menschen in der Hospizbewegung engagieren und Sterbende auf ihrer letzten Reise begleiten, ist vielen Menschen in diesem Land hinter ihren Klagemauern immer noch nicht bewusst, obwohl jeder davon profitieren kann oder wird. Statt sich über zivilgesellschaftliches Engagement zu freuen, es als Überlebensmerkmal einer menschenfreundlichen, sich einmischenden Demokratie anzusehen und aktiv zu unterstützen, nehmen das Unwort vom »Gutmenschen« und die Methode der Skandalisierung von Einzelfällen und Fehlern, die es sachlich zu kritisieren gilt, zu viel Platz im öffentlichen Bewusstsein ein und laden zum voyeuristischen Zuschauen ein. Immer wieder werden einzelne erschreckende Beispiele des Umgangs mit pflegebedürftigen und anderweitig abhängigen oder behinderten Menschen ans Licht der Öffentlichkeit gezerrt, die es selbstverständlich aufzuklären und zu bekämpfen gilt. Die Art der Darstellung macht es jedoch schwer, das ganze Bild wahrzunehmen, einzuordnen, sich vielleicht selbst einzumischen. So besteht letztlich die Gefahr, jede Heimunterbringung als »Tor zur Hölle« zu sehen und dies gleich auf alle anderen außerfamiliären Wohnformen im Alter zu beziehen. Die Medien gehen zu stark von dem Gedanken aus: Good news are bad news! Das Misslingende, Aussichtslose, die böse Tat ist scheinbar interessanter, verkauft sich besser und erhöht Auflagen und Einschaltquoten. Das Gute und das, was unter widrigen Bedingungen gelingt, was Tatkraft, Fantasie und Mut im Alltag unter Beweis stellt, hat es dagegen sehr viel schwerer, für wirksame Aufregung zu sorgen, und geht allenfalls als Ausnahme der Regel durch.

Der Faktencheck – statistische Daten und kluge Analysen über Notstände – darf selbstverständlich im öffentlichen Diskurs nicht fehlen. Er sollte allerdings zu mehr produktiver Erregung führen, anstatt als Katastrophencheck schnell in Vergessenheit zu geraten. Es bedarf der Fakten und – ebenso wichtig – der Einschätzung ihrer Folgen und ihrer Bedeutung. Zu sprechen ist über Geld- und Personalmangel, fehlenden Nachwuchs, schlechte Ausbildung, Import von Fachkräften aus dritten und fernen Welten, Export von sorgebedürftigen Menschen nach Asien, Geschäftemacherei, über haarsträubende Einzelschicksale von Heimbewohnern, Ausbeutung und Missstände in der häuslichen Pflege, pflegende Angehörige am Limit. Die Liste ließe sich fortsetzen.

Aber was geschieht? Nichts? Nein, einiges! Zwar nicht genug, aber dennoch!

Staat und Gesellschaft haben an vielen Stellen die Alarmglocken vernommen. Feuerwehren sind unterwegs. Nicht alle finden den Brandort, einige vergessen, die Brandnester zu löschen. Zu viele Menschen (und wir gehören dazu) schauen zu und tun so, als brenne das Thema nicht auf der eigenen Haut. Manche Verantwortlichen vergessen, spezifische »Rettungsgassen« zu bilden, weil sie vor lauter Überholmanövern und Sonntagsreden nicht anhalten können, um in Ruhe darüber nachzudenken, wie man sinnvoller eingreifen und die eigenen Reden mit den Dienstleistern vor Ort umsetzen könnte. Hospize ja, aber nicht in unserem Stadtteil! Pflegeheime für Demente müssen sein, aber nicht vor meiner

Haustür! Über Arten der politischen und sozialpsychologischen Brandstiftung wird zu oft geschwiegen, und nicht jede Bürgerinitiative hat das Gemeinwohl im Kopf.

Dennoch: Kirchen, Wohlfahrtsverbände und Teile der Zivilgesellschaft haben die Signale ebenfalls verstanden. Sie verändern sich, und ihre Angebote entwickeln neue Perspektiven. Nichtregierungsorganisationen, soziale Initiativen, Bürgerhäuser, aber auch Kommunen kooperieren mehr miteinander und besinnen sich immer öfter auch auf alte Traditionen wie Gemeinwesenarbeit, Freizeitinitiativen, Tanz- und Spielkreise, die zu schnell ad acta gelegt wurden, weil sie politisch nicht korrekt, zu konfessionell, nicht mehr zeitgemäß und zweckmäßig erschienen. Auch hier verschlafen, wie in der Politik, einige den Trend der Zeit, geben jede Menge Geld für wissenschaftliche Gutachten aus, die Versäumnisse aller Art rechtfertigen sollen, und zertifizieren die messbare Pflege mit Schulnoten zwischen 1 und 6, ohne zur Kenntnis zu nehmen, dass Menschen sich mehr wünschen als gründlich genug gewaschen, pünktlich gefüttert, früh genug ins Bett gebracht zu werden und nicht zu stolpern.

Es sieht jedoch nicht so schwarz aus, wie es manchmal scheint. Zusammen mit zivilgesellschaftlichen Initiativen haben die öffentlichen und privaten Träger der »Wohlfahrts- und Care-Arbeit« in den letzten Jahrzehnten eine Versorgungslandschaft mit Pflegevarianten, ambulanten Diensten, Sorgentelefonen, Wohnprojekten, Modellversuchen zur Quartiersentwicklung, Beratungsstellen, Stadtteilinitiativen und anderem aufgebaut, die sich im internationalen Vergleich sehen lassen kann. Dass wir damit schon erfolgreich alles Notwendige erreicht haben oder hoffnungslos das Ende irgendeiner Fahnenstange erreicht hätten, möchte ich hier nicht behaupten. Schwarze, rote und rosarote Brillen liegen mir fern. Wenn mir irgendein Heilsbringer zuruft: Positiv denken reicht!, dann geht mir natürlich die Hutschnur hoch.

Wir müssen die Fakten und Missstände beim Namen nennen und deuten, damit wir mutig verändern können, was jetzt, in Zukunft oder eben nicht zu verändern ist, weil für manches keine Reform mehr reicht. Da braucht es schon eine Revolution.

Durchblick mit Weitblick ohne Gleitsichtbrillen, »Mut zum Guten«[120], Vertrauen in eigene, fremde und unsichtbare Kräfte wünsche ich mir. Pflegende Angehörige sind in Deutschland zu einer Expertengruppe geworden, die praktisch vor Ort jenes Wissen zusammengetragen hat, das wir brauchen, wenn individuelles Leben und gemeinschaftliches Zusammenleben langfristig oder plötzlich und unvorhersehbar um Hilfe ruft, konkrete Fürsorge, Begleitung und professionelle Pflege braucht und neben staatlicher Verantwortung, professioneller Sorge und fachlicher Pflege nicht nur die unmittelbaren Angehörigen, sondern jeder von uns gefragt ist.

Leben ist ein Waisenkind

Leben ist ein Waisenkind, das jeden Tag von uns adoptiert, gepflegt und in seinen wechselnden Bedürfnissen wahrgenommen werden muss. Gleichzeitig aber braucht unser Leben in seiner prinzipiellen Hilfs- und Pflegebedürftigkeit zwischen Geburt und Tod zusätzliche Unterstützung und ist auf familiäre, nachbarschaftliche oder manchmal auf umfassendere institutionalisierte Hilfe oder professionelle Pflege angewiesen. Dieser Gedanke der kollektiven Einbindung, gegenseitigen Unterstützung und Abhängigkeit darf uns nicht verloren gehen. Mehr denn je sind wir uns heute darüber im Klaren, wie wichtig soziale und emotionale Bezüge für jeden von uns sind.

Seit es Menschen auf diesem Planeten gibt, haben sie immer wieder nach Lebensformen gesucht, um das Problem ihrer Existenzsicherung in verschiedenen Lebenslagen zu lösen. Neben der materiellen Absicherung ist dabei eine der zentralen Fragen menschlicher Entwicklung, dass Menschen Bedeutung für andere Menschen haben müssen – für Eltern, für eine andere Gruppe, für Einheiten wie ihre Kirche oder ihr Heimatland, zu dem sie gehören und in dessen Schutz sie leben. Wir sind Teil dieser Welt, eingebunden in das ganze Geschehen, abhängig von allem und verbunden mit allem.

In gleichem Maße damit verknüpft ist unsere psychische Stabilität. Für das Überleben eines Menschen jenseits seiner rein physischen Existenz ist eine positive Antwort auf die Frage, ob es eine Brücke zu den anderen gibt, so wichtig wie das täglich Brot oder die, ob man ihm Freiheit und Selbstbestimmung zugesteht. Ob in der Familie, in der Gemeinschaft oder im Verhältnis von Mensch und Natur: Die menschliche Zukunft liegt immer wieder neu in der Integration, im Teilen, im Prozess der Hinwendung zum anderen, im Schritt vom Ich zum Wir.

Die Befriedigung des menschlichen Grundbedürfnisses, für andere Menschen Bedeutung zu haben, Beachtung zu finden, nicht aus der Gemeinschaft ausgegrenzt zu werden, weil man bestimmte Bedingungen nicht oder nicht mehr erfüllen kann, ist existenziell mit dem Recht verbunden, ein Mensch zu sein und sein zu dürfen. Darin enthalten ist die Sehnsucht nach bedingungsloser Zuwendung und Liebe.

Wie groß die Ängste, nicht mehr gebraucht und geachtet zu werden, bei alten, pflegebedürftigen und hilflosen Menschen und ihren Angehörigen sind, habe ich in den vorherigen Kapiteln zu zeigen versucht. Die Befriedigung des Bedürfnisses nach emotionaler und sozialer Sicherheit ist für den Nächsten immer dann besonders gefährdet, wenn andere Menschen im Bann ihrer eigenen individuellen Bedürfnisse bleiben, sich abgrenzen, sich selbst die Nächsten sind und sich der Mitverantwortung und Solidarität verweigern. Nicht teilen, sondern aufteilen und gesellschaftliche Anteile berechnen ist dann die Vorgabe: meine Interessen gegen deine Interessen, die Interessen der Kinderversorgung gegen die der Versorgung alter Menschen, Pflegegelder für Angehörige gegen Unterhaltspflicht von erwachsenen Kindern, Unterbringung im Pflegeheim gegen häusliche Pflege. Der Ausgleich von Interessenkonflikten, der den Menschen angemessene Umgang mit unterschiedlichen Lebenslagen, mit Geschlecht und Alter und der konsequente Kampf gegen Ausgrenzung und Stigmatisierung sind neben der Garantie von Freiheit und Geschwisterlichkeit die wesentlichen Bausteine für das, was die meisten Menschen als Gerechtigkeit und als Grundlage eines sinnvollen Zusammenlebens empfinden. Um die Durchsetzung solcher Ziele wurde in den historischen Etappen der gesellschaftlichen Entwicklung mit unterschiedlichen Schwerpunktsetzungen gerungen.

Vom Ich zum Wir

Die gesamte Neuzeit (etwa seit 1800) war von dem Ziel bestimmt, dass sich die Menschen aus bestehenden Bindungen frei machen, sich emanzipieren von Religion und Kirche, von Aristokratie und Herrschaft, auch von Familie, Sippe und Kommune, sogar von nachbarschaftlichen Bindungen. Jeder Schritt hin zu mehr Individualisierung wurde als Freiheitsgewinn erlebt und genossen.

Dieser Prozess der Befreiung des Individuums wurde bis in unsere Zeit vorangetrieben, psychologisch-psychoanalytisch als »Selbstfindung« propagiert und mündete schließlich in die heute angestrebte »Selbstoptimierung«, dass jeder Mensch effektiv, zielgerichtet und am besten von Experten angeleitet und überprüft alles aus sich herausholt, was nur herauszuholen ist. Mit Blick auf beeindruckende Emanzipationsprozesse und den Freiheitsgewinn des Einzelnen einerseits und auf Vereinzelung, Vereinsamung, Isolation, Ausgrenzung, Fragmentierung des Generationsverhältnisses, Veränderungen der Familie, Single-Dasein, den Verlust von Nachbarschaften, sozialen Kontakten und Kommunikationsorten andererseits muss man sagen: Mehr atomisieren als heute kann sich die Menschheit nicht.

Wir suchen gegenwärtig nach neuen Konzepten für personenbezogene Dienstleistungen in Verbindung mit Formen des zivilgesellschaftlichen Engagements. Dabei stehen wir vor der dringenden Notwendigkeit, unsere Hilfsansätze nicht allein dem Prinzip der Individualität, der Selbstbestimmung, der Effektivität und dem Eigennutz zu verschreiben, sondern die lebendigen und realen Lebensbeziehungen der Menschen in den Mittelpunkt zu stellen. Nicht wie sie leben *sollen* und am besten kontrolliert werden können, steht zur Debatte, sondern wie sie leben *wollen* und wie sie unter den jeweiligen Bedingungen einigermaßen gut zurechtkommen können.

»Alles wirkliche Leben ist Begegnung«, schrieb Martin Buber 1923. Selbstreflexion als Weg nach innen ist und bleibt wichtig, um sich selbst kennen- und annehmen zu lernen. Doch irgendwann kommt im eigenen wie im gesellschaftlichen Zusammenleben der Zeitpunkt, an dem man sich mit offenem Visier und ohne Maske umschauen und zur Kenntnis nehmen muss, wohin sich die Welt mit uns zusammen entwickelt hat, was wir erwarten können und welche Art von Teilhabe wir brauchen, um persönlich wie gemeinschaftlich zu einem guten Ende zu kommen. Wer zu Hause sterben möchte, der muss sich sein Zuhause genau ansehen und überprüfen, welche anderen Möglichkeiten eines gemeinsamen Lebens jenseits der Familie es für ihn gibt. Wer seinen Kindern nicht zur Last fallen will, muss überlegen, wohin er seine »Alterslasten« eines Tages freiwillig bringen will, um nicht »entsorgt« zu werden und die Lebensbedingen der jüngeren Generation zu respektieren. Wer sich über die Zuneigung, Ausdauer und Kompetenz seiner pflegenden Angehörigen, der Pflegekräfte in Alten-

und Pflegeheimen oder der ambulanten Dienste freut, sollte zum Ausdruck bringen, dass dies nicht nur einem Rechtsanspruch geschuldet oder selbstverständlich ist, sondern spezifische Anerkennung braucht, die Gegenseitigkeit und Resonanz erzeugt. Die Monotonie der Klagelieder braucht die Musik der Widerstands-, Kampf- und Loblieder.

Als tragende Säule des Gesundheits- und Pflegesystems und Garanten für Solidarität, Mitgefühl und konkrete Hilfe sind Angehörige und Zugehörige auf freiwilliger Basis als Lehrmeister einer menschenfreundlichen Sorgekultur unterwegs. Im täglichen Umgang mit alten, kranken, schwachen oder verzweifelten Menschen, die Unterstützung, Zuwendung, Beachtung und Liebe brauchen, werden sie zusammen mit den Betroffenen zu fachkundigen Experten, denen Gesellschaft, Politik, Wissenschaft und jeder von uns Dank schuldet und denen wir genau zuhören müssten, um zu verstehen, welche Richtung wir einschlagen müssen, ohne in der angedrohten und manchmal auch realen demografischen Katastrophe die Orientierung zu verlieren. Gespräche mit Betroffenen, Angehörigen und Zugehörigen sind entscheidende Forschungsquellen, weil ihre Fragen und Erfahrungen den Bezug zwischen Theorie und Praxis verbessern und manche Utopie schon jetzt konkret werden lassen könnten.

Wie können wir über Selbsterkenntnis und Fachspezialisierungen hinaus wieder zueinanderfinden? Wie Fachlichkeit und Menschlichkeit wieder besser miteinander verbinden? Wie viel »Ich« braucht ein »Wir« und umgekehrt, damit beide gesund bleiben oder werden? Welche Töne und Zwischentöne entscheiden über die Tonlage und inhaltliche Ausrichtung, mit der im öffentlichen Diskurs über Alter und alte Menschen, Krankheit und erkrankte Menschen, Sozialhilfe und hilfsbedürftige Menschen, Tod und sterbende Menschen gesprochen werden kann? Wie kann Wissenschaft helfen, die öffentliche und mediale Meinung über

Alter, Pflegeberufe, Angehörigenarbeit und eine menschenfreundliche Sorgekultur so zu verbessern, dass wir gemeinsam die guten Wege von den Sackgassen unterscheiden lernen und uns selbst noch auf das Alter freuen können? Vor lauter Misstönen, Paukenschlägen, inhaltsleeren Verlautbarungen und Katastrophenmeldungen bleibt wenig Raum für Resonanzen. Resonanzlosigkeit aber tötet Herz und Verstand.

Pflegende Angehörige jeden Alters, Pflegekräfte auf den Stationen der Krankenhäuser, in Alten- und Pflegeheimen, Ehrenamtliche in der stationären und ambulanten Hospizarbeit erleben leibhaftig, was wir zu vergessen drohten: Dasein ist immer Mitsein und lebt in Wort und Tat von der gegenseitigen Berührung, die in jeder Hinsicht unberechenbar und gleichzeitig Aufruf ist, trotz aller Not nicht nur beim anderen, sondern auch bei sich selbst zu bleiben, damit »Lebenshilfe« gelingen kann.

Die Zunahme des bürgerschaftlichen Engagements, das Nachdenken über die Rolle guter Nachbarschaft, das bewusste Teilen von Gütern und Dienstleistungen, die Bereitschaft zum Spenden von Geld, Zeit und Bildung ist ein eindeutiger Beleg dafür, dass Menschen anfangen, umzudenken und sich zu beteiligen. Die verschiedenen sozialen Bewegungen und Zweckbündnisse wie Hospizbewegung oder Freiwilligendienste sind getragen von Menschen, die nicht nur helfen, sondern für ihr eigenes Leben einen Zugewinn an Bedeutung erreichen wollen. Langfristiges, kurzes oder spontanes Engagement im eigenen Umkreis ist eine Art Sicherung des seelischen, geistigen, spirituellen und sozialen Existenzminimums, eine Investition von Zeit und Erfahrung ins eigene Leben. Verantwortung ist nicht nur Eigen- und Selbstverantwortung und damit Selbst-Absicherung, sondern Mitverantwortung! Wir entdecken neben dem Privatraum und dem öffentlichen Raum den nachbarschaftlichen Sozialraum wieder, der geschaffen ist für ein überfamiliäres, aber doch begrenzbares und überschaubares Helfen!

Mit dreiundfünfzig schon Demenz? Kann das sein? Das fragten sich Norbert und Edward verzweifelt, als ihr Leben aus der Bahn geriet und die Vermutung zur Gewissheit wurde, dass Norbert an einer besonderen Art von Demenz leidet. Der Krankenpfleger muss seinen Beruf aufgeben. Die Suche nach einer Therapie ist erfolglos. Sein Partner Edward erlebt, wie rasant sich Norberts Persönlichkeit verändert. »Er wurde laut und aggressiv, ließ keine Nähe mehr zu, vernachlässigte sich.« Trotz der Krankheit heiraten die beiden und hoffen, dass alles wieder gut wird. Aber nichts wird gut. Die Krankheit schreitet voran.

> *Norbert weiß inzwischen nicht mehr, dass es Grenzen im Umgang mit anderen gibt. Er flippt aus, wenn er im Supermarkt nicht das findet, was er sucht. Oder: Er brüllt los, wenn ihn ein lautes Geräusch stört, egal wo er gerade ist. Er pinkelt in aller Öffentlichkeit, wenn er gerade mal muss.*[121]

Der Alltag wird schwierig, aber Edward denkt nicht an Trennung. »Ich liebe meinen Mann doch«, sagt er, »trotz allem!« Auch die Unterbringung in einem Heim käme für Edward nicht infrage. Mit der Betreuung in einer Tagespflege hat es nicht geklappt. Zu Hause und in der Nachbarschaft geht es noch am besten. Im Stadtteil kennt Norbert sich aus, verirrt sich nicht so leicht, weiß, wo es was zu kaufen gibt. Er geht mit einer Einkaufsliste los, muss auswählen, mit Geld umgehen. Dass er immer das Gleiche einkauft und oft in zu großen Mengen, wirft Edward ihm nicht vor. Norbert hat eine gewisse Verantwortung übernommen, das zählt. Seinen Mann will Edward nicht verstecken. Die beiden gehen gemeinsam raus in ihre Lieblingskneipe im Kiez. Norbert kennen dort alle, und das erleichtert das Leben. Edward hat eine kleine »Verständniskarte« der Deutschen Alzheimer Gesellschaft in der Tasche. Diese Karte kann er diskret weitergeben, wenn es nötig scheint.

Ich bitte um Verständnis! Mein Angehöriger ist dement (verwirrt) und verhält sich deshalb ungewöhnlich, steht auf der Karte.

Diese diskrete Information hilft der Verkäuferin im Supermarkt, dem flüchtigen Bekannten auf der Straße, der Platzanweiserin im Kino, dem Bankangestellten in der Bankfiliale, zu verstehen und freundlich zu reagieren. Sie entschärft peinliche und aggressionsgeladene Situationen und hilft dem Angehörigen, sich selbst zu entlasten und den Erkrankten nicht öffentlich ermahnen und damit bloßstellen zu müssen. Norbert und Edward trauen sich gemeinsam aus dem Haus, gehen miteinander spazieren, fahren Bus und Bahn. Wenn Norbert »vom Umbringen« redet und allein zu Hause ist, hat Edward jedoch Angst und bleibt mit seinem Kummer oft allein. »Es tut mir unglaublich weh, weil es keine Nähe mehr zwischen uns gibt, keine Umarmungen, alles, was eine Beziehung ausmacht, ist ja weg.«[122]

Natürlich erfahren nicht alle Betroffenen diese Art von Fürsorge, und nicht jeder Angehörige hat die Kraft, diese aufzubringen. Wer sich verständlicherweise hilflos und überfordert fühlt, kann eine Pflegeeinrichtung suchen, den erkrankten Angehörigen dort so oft wie möglich besuchen und ihm nahe sein. »Wenn eine Familie sich für diesen Weg entscheidet, ist das auch zu verstehen. Sie muss sich nicht schuldig fühlen und kein schlechtes Gewissen haben«, sagt Edward.[123]

Ansprechbarkeit ist das Urphänomen des Menschlichen. Aber der andere, auch der nächste Angehörige, ist unendlich in dem, was er ist und sein kann, ungewiss, nicht greifbar, stellt sich plötzlich als kranker, sterbender, obdachloser Mensch, als Nachbar, Flüchtling, als demenziell erkrankter Mensch meist überraschend in unserem Leben ein. Wir müssen die Unendlichkeit des anderen denken, und genau das fällt außerordentlich schwer. Aber diese Unendlichkeit behütet uns vor zu schnellen Übergriffen, verlangt eine Beweglichkeit, die dem eigenen Leben dient, ohne dabei unzuverlässig zu werden. Gemeinsamkeit ist nicht als gegenseitige Identifizierbarkeit gedacht. Hilflos gewordene Eltern, pflegebedürftige Ehepartner oder sterbende Freunde, die unsere Hilfe brauchen, sind neu zu entdecken, anders als bisher wahrzunehmen, müssen ja selbst in ihrem neuen Leben mit seinen besonderen Aufgaben ankommen. Auf dem Weg, das Beste zu wollen, sind wir immer schnell verführt, uns den anderen anzueignen, ihn im Namen der Sorge einzuverleiben, ihn helfend zu überrumpeln, ihn in das einzupassen, was wir für vernünftig, angemessen und akzeptabel halten.

Einmal kuscheln mit Roboter?

Unter dem Druck von Zeit-, Geld- und Personalmangel, von Leistungs- und Effektivitätskontrollen, fehlender Anerkennung und der Angst, den betreuten Menschen und sich selbst nicht gerecht werden zu können, laufen pflegende Angehörige und professionelle Helfer selbst Gefahr, im Umgang mit Menschen im Gesundheits- und Pflegebereich zum Risikofaktor zu werden. Was ist angemessene menschliche Sorge? Was bedeutet es, beruflich zu sorgen, oder was bedeutet es für einen selbst, versorgt zu werden? Welche Veränderungen erwarten uns im Angesicht des demografischen Wandels und der »vierten industriellen Revolution«, in der die Digitalisierung in alle Arbeitswelten einzieht und diese umkrempelt? Nach Fließband und Elektronik geht es jetzt um die Vernetzung der Geräte, um die Analyse riesiger Datenmengen und den Einsatz von smarten Robotern.

Viele Entwicklungen erweisen sich für die Pflege und die Arbeit der pflegenden Angehörigen im Umgang mit den Hilferufen des Lebens als segensreich. Einige sind aber auch problematisch und verhängnisvoll. Der kleine Seehundroboter, eine Maschine mit Fell, die aussieht wie ein Seehund und über Sensoren reagieren kann, hat für Aufsehen und die übliche Empörung gesorgt, als er von Pflegekräften in der Arbeit mit Dementen eingesetzt wurde. Der Roboter-Seehund reagiert auf die Stimme des alten Menschen und wendet sich ihm zu. Er versteht zwar kein Wort, aber offensichtlich erreicht er den alten Menschen. Und dieser genießt die Berührung sichtlich!

Oder der Roboter-Rollstuhl, den man per Zuruf vom Flur ins Wohnzimmer beordern kann. So etwas hilft, selbstbestimmt zu leben. Die Chip-Akte mit allen gespeicherten bisherigen Diagnosen am Arm des Patienten erleichtert dem Notarzt die Behandlung, das System der Hausnotrufe verbessert die Möglichkeit, länger in den eigenen vier Wänden zu bleiben. Die Arbeit mit einer Fernsehkamera am Bett des Patienten, die den Zustand einer Wunde dokumentiert, gibt der Pflegekraft vor Ort die Möglichkeit, mithilfe der Bilder zusätzlich einen entfernten Experten zurate zu ziehen, und verbessert damit ihre fachliche Kompetenz und Sicherheit durch Überprüfung und eine Art virtueller Teamarbeit.

Viele Menschen spüren, dass technische Überwachung, fehlendes Personal und knappe Finanzierung nicht alles ist, was uns bei der Begleitung von schwer kranken, hilfsbedürftigen und älter werdenden Menschen bewegt. Auf subtile Weise droht uns die geistig-spirituelle Dimension der menschlichen Existenz als Krisenexistenz verloren zu gehen. Wir wissen doch, dass wir verletzlich sind, krank werden und sterben können, dass unsere Kinder sich abnabeln und uns fremd werden können, dass eine Trennung uns den Lebensmut nehmen kann und dass die meisten von uns älter als erwartet werden. Jedem und jederzeit kann passieren, was ein pflegebedürftiger Mensch und ein pflegender Angehöriger jetzt, in diesem Augenblick, irgendwo auf der Welt um uns herum erleben. Die beunruhigende Frage, warum uns etwas geschieht, ist im Prinzip nur mit der Gegenfrage zu beantworten: Warum eigentlich nicht?

Die tröstliche Tatsache, dass viele Menschen lange Zeitintervalle erleben, in denen das Leben keine Notrufe aussendet, in denen vieles gelingt und wir einfach nur Glück haben, hat zu wenig Nachhall und wird meistens nicht zur tröstlichen Ressource für schlechte Zeiten. Worte wie »Demut« und »Dankbarkeit« verschwinden aus dem individuellen wie kollektiven Gedächtnis, weil der Glaube an die Beherrschbarkeit des Lebens die Menschen auch dann noch im Griff hat, wenn sie den Halt bereits verloren haben.

Die Aufgabe, durch alle Krisen hindurch ein Mensch im aufrechten Gang zu werden und es besonders dann zu bleiben, wenn die Lebensressourcen knapper werden, unsere Lebendigkeit nicht mehr abrufbar ist und die Potenziale sich verringern, bleibt auch dem älter werdenden Menschen erhalten. Das einstige Lebensglück, aber vor allem die Ängste und Schmerzen, die mit den Zumutungen des Lebens und dem Verlust dieses Glücks einhergehen, habe ich in den »Gefühlslandschaften« zu beschreiben versucht. Diese subjektiven Dimensionen und Innenwelten bei der Pflege und Versorgung hilfsbedürftiger Menschen werden in den wissenschaftlichen, politischen, professionellen und humanistischen Diskursen kaum aufgenommen. Die wichtigen Forderungen nach mehr Mitgefühl, Selbstwirksamkeit, Empowerment und Selbstregulation mutieren im Dilemma von Personalknappheit, Geldmangel und Zeitbedrängnis zu Schlagworten, die wie Beruhigungspillen den Mut zum notwendigen Wandel eher verhindern als fördern. Wir müssen uns fragen, ob wir als Angehörige oder engagierte Mitarbeiter im Gesundheits- und Pflegesystem wirklich das Konzept einer verstehenden, authentischen Sorgekultur teilen und verteidigen wollen, in der es konsequent um die subjektiven Bedürfnisse der Betreuten, der Angehörigen und um unsere eigenen Wünsche und Bedürfnisse geht? Kennen wir die eigentlichen »Needs« jenseits der elektronischen Karteikarte, Krankheitsakte oder der Begleitgutachten? Haben wir einen Blick für die alten, hochbetagten, oftmals verbitterten Pflegebedürftigen, deren lebensgeschichtliche Fragen bisher vor allem deshalb keine Antwort fanden, weil sie gar nicht gestellt oder gehört werden konnten? Wer hilft den Professionellen durch diese Fragwürdigkeit ihres beruflichen Handelns und ihre persönlichen Unsicherheiten hindurch? Können wir inmitten all der gesellschaftlichen Anpassungssysteme und Angstszenarien, die auf uns als pflegende Angehörige, Ärzte, Pflegekräfte oder ehrenamtliche Helfer wirken, überhaupt noch einen unbefangenen, liebenden Zugang zu denen entwickeln, um die es geht?

Empathie ist die Brücke zum anderen, aber auch die Brücke zu uns selbst. Wenn Selbstbezug, Selbstreflexion und Selbstsorge zu bröckeln drohen, gewinnen Entfremdung, Beschuldigung und »Antipathie« die Oberhand. Dann beschuldigen pflegende Angehörige sich selbst, die Hilfsempfänger, die anderen Dienste und wen auch immer. Das Echo folgt auf dem Fuße: Pflegende Angehörige, bekümmerte Familien, widerborstige Fachkräfte und andere Helfer werden zu Störfaktoren im Getriebe. Sie behindern den geforderten effektiven Verlauf und schädigen die ihnen Anvertrauten und sich selbst.

Eine Kultur der »Sorge« muss sich immer mit der Ambivalenz zwischen dem Subjektiven und dem Objektiven, dem Menschlichen in seiner subjektiven Existenz als Person und dem Fachlichen, den Technologien, sachlichen Kompetenzen und den Methoden auseinandersetzen. Wie das angesichts der Faktenlage möglich werden kann, darüber streiten sich die Geister. Pflegende Angehörige, viele Fachkräfte und gesellschaftliche Initiativen haben notgedrungen und weil sie neue Wege gehen wollen, mit der bruchstückhaften Umsetzung begonnen, haben Modelle entwickelt, Probeläufe gemacht und Veränderungen durchgesetzt. Sie haben die geforderten Reformen begonnen und bekommen Unterstützung.

Der andere Blick setzt Kräfte frei

Im Jahr 2016 ist das bereits erwähnte Buch *Time to Care* des international bekannten neuseeländischen Arztes Robin Youngson erschienen. Es trägt den Untertitel »Wie Sie Ihre Patienten und Ihren Job lieben« und hat mich in vielerlei Hinsicht ermutigt und angeregt. Es richtet sich an alle, die das Gesundheitswesen wieder menschlicher und solidarischer gestalten wollen, zeigt Auswege aus Stress und Burn-out und beschreibt vor dem Hintergrund vieler empirischer Studien, wie man in seinen Lebens- und Berufsalltag wieder Freude, Erfüllung, Wohlbefinden und Widerstandsfähigkeit bringen kann. Das gilt auch für die Einzelarbeit pflegender Angehöriger, die oft mit dem Rücken zur Wand stehen, weil auch ihnen mit der Zeit Freude, Erfüllung und Widerstandsfähigkeit abhandenkommen.

Youngson kennt das »System der Gesundheitsversorgung« aus beruflicher Erfahrung und weiß, wovon er spricht. Er verteilt keine Wundertüten, sondern denkt überzeugend und nachahmenswert über die Kraft und das Privileg einer patienten- und familienzentrierten Gesundheitsfürsorge und Pflege nach, die ihre Wurzeln im Mitgefühl, in der Würde des Menschen, im Respekt, im Informationsaustausch, in der Mitbeteiligung und Zusammenarbeit auf allen Ebenen hat. Youngson kritisiert, dass es bisher nicht gelungen sei, auf dieser Basis Systeme zu implementieren, welche die sichere, effektive und mitfühlende Tätigkeit des Personals unterstützen. Ganz gleich, wie gut das Personal ist und arbeitet – das gegenwärtigen Krankenhaus- und Pflegesystem und menschliche Fehler führen immer häufiger dazu, dass Patienten körperlich, seelisch und ökonomisch Schaden nehmen.

So kann die Integration des stationären mit dem ambulanten Bereich, der Angehörigenarbeit mit den professionellen Angeboten nur schwer gelingen. Die daraus resultierende Frustration und

Verzweiflung beim Gesundheitspersonal scheint überwältigend. Statt Lob, Anerkennung, Trost, statt der schlichten Nachfrage: »Was ist passiert? Was können wir tun?«, beherrscht die Frage: »Wer hat Schuld?« das Feld. Diese Situation ist der Einstieg in den Prozess des Burn-outs, eine große Gesundheitsgefährdung, die zudem noch sehr teuer ist.

Ein ungeschriebenes Gesetz unter medizinischem und pflegerischem Fachpersonal lautet häufig: Kopf einziehen, schleunigst die Arbeit erledigen, Papierkram erledigen, und ab zum nächsten Patienten.[124] Trotz guter Qualifikation, hoher Motivation und schönen Anfangserfolgen weichen Freude und Zufriedenheit aus der Alltagserfahrung, die Arbeit wird weit über das notwendige Maß hinaus zur Routine. Der Ärger über die Unzufriedenheit, Undankbarkeit und Beschwerdelust der Patienten und ihrer Angehörigen nimmt zu. Jede menschliche Gesundheitsversorgung und verstehende Pflege gerät in Gefahr, wenn der betreute Mensch aus Zeitmangel oder Personalknappheit ausschließlich auf seinen medizinischen Befund reduziert wird, also mit seiner Demenz, der Herzinsuffizienz oder seiner Sprachstörung nach einem Schlaganfall identifiziert wird. Auf diese Weise werden die psychosozialen Aspekte der Fürsorge, des Mitgefühls und eine Vorstellung von Heilung vertrieben, die mehr ist als die Reduzierung oder die Beseitigung der Symptome.

Auch international nehmen inzwischen Erschöpfungszustände, Depression, Stress und Burn-out epidemische Ausmaße an, sowohl beim medizinischen und dem Personal sozialer Dienstleistungen als auch bei pflegenden Angehörigen. Störendes Verhalten nimmt ebenfalls zu: Pflegekräfte, Ärzte und Angehörige flippen immer häufiger aus, werfen wie kleine Kinder mit Gegenständen, schreien Patienten und Kollegen an, knallen die Türen. Hohn und Sarkasmus sind an der Tagesordnung. Mit problematischen Verhaltensregeln versuchen die Mitarbeiter im Gesundheitswesen, den Arbeitsprozess in den Griff zu bekommen und zu überleben, indem sie sich gefühlsmäßig gegen alles panzern, was den effektiven Vollzug der Arbeitsaufgaben irritieren könnte.

> Rasche körperliche Versorgung hat absoluten Vorrang gegenüber psychischer Zuwendung
> Keine Miene verziehen und möglichst bei der eigenen Arbeit nicht gesehen werden
> Sich nicht zu sehr auf die Patienten einlassen, jederzeit emotionale Distanz wahren
> Pass dich an und stifte keine Unruhe
> Versuche nicht, gängige Praxis verändern zu wollen

Schon nach zwei Jahren Berufstätigkeit verlieren viele den inneren Draht zu ihrem Beruf, andere entwickeln sich zu gescheiterten Idealisten. Unter diesen beruflich Frustrierten grassiert eine hohe Rate an Burn-out-Erkrankungen, in deren Folge es zu Berufswechseln, Desillusionierungen, inneren und äußeren Kündigungen kommt.

In den USA empfinden nach Youngson fast 80 Prozent der Ärzte ihren Beruf als nicht befriedigend, vermissen die Zeit für angemessene Behandlung, würden ihren Beruf nicht empfehlen, über die Hälfte wollen weniger Patienten oder lieber den Beruf aufgeben. Auch pflegende Angehörige werfen auf ihre Weise das Handtuch. Ähnliches erleben auch die Patienten selbst: Ihre Persönlichkeit löst sich allmählich in der Patientenrolle auf. Das Heilungspotenzial, das bewiesenermaßen in den Menschen selbst liegt und herausgefordert werden muss, bleibt ungenutzt. Wenn Patienten zu wenig Zuwendung verspüren, verlieren sie das notwendige Vertrauen, fühlen sich unverstanden, ziehen sich zurück oder leben als personifizierte Beschwerde.

»Nicht ein Organ wird krank, sondern der ganze Mensch wird krank. (...) Und die Geschichte einer Krankheit ist eine andere als die des erkrankten Menschen.«[125] Diese Thesen ziehen sich durch das gesamte Werk von Viktor von Weizsäcker, dem Begründer der biografischen anthropologischen Medizin. Nicht der Körper ist pflegebedürftig, sondern der ganze Mensch ringt mit sich und seinem Leben. Wird dieser ganze Mensch aber nicht in die Behandlung mit einbezogen, so hat das schwerwiegende Folgen. Der Unterschied in der Mortalitätsrate zwischen Pessimisten und Optimisten bei führenden Todesursachen wie Herzkrankheiten ist etwa so groß wie derjenige zwischen Rauchern und Nichtrauchern – und macht deutlich, wie groß der Einfluss emotionaler und psychologischer Faktoren auf das Wohlbefinden und Überleben der Patienten ist.[126]

Menschen verfügen von Natur aus und auch aufgrund ihrer Lebenserfahrungen über besondere Regenrationskräfte, die es zu nutzen gilt. Schlechte Laune ist ansteckend! Burn-out-gefährdete Mitarbeiter oder überforderte pflegende Angehörige leiden oft unter einem hohen Maß an Selbstkritik, Minderwertigkeitsgefühlen und Scham. Und diese Gefühle können, wie ich gezeigt habe, zu einer Krankheit am Alter führen, die mit Depressionen, undefinierbaren Schmerzen und anderen körperlichen Beschwerden verbunden ist.

Freundlichkeit und Mitgefühl kosten nichts

Youngson versucht, theoretische Belege und praktische Beweise für die Weiterentwicklung einer menschenfreundlichen Sorgekultur zusammenzutragen, indem er vor allem danach fragt, worin die psychischen, geistigen und sozialen Stärken des Menschen bestehen, die ihm erlauben, allen Widrigkeiten zum Trotz für seine Ideen und Gestaltungswünsche zu glühen und für sie einzustehen. Selbstbewusstsein (nicht jedoch Überheblichkeit) ist eine wichtige Quelle für das eigene Wohlbefinden. Aktuelle Forschungsergebnisse zeigen, dass Selbstmitgefühl ebenfalls eine stabile Grundlage für Glücksempfinden und Zufriedenheit ist. Es gibt zahlreiche Hinweise zu den Gefahren professioneller Distanz. Einfühlsames Personal dagegen schützt sich durch mitfühlende Arbeit vor dem eigenen Burn-out. Ärzte, die mehr Zeit für Zuwendung aufbringen, lernen sogar, ihre schwierigen Patienten zu »lieben«, haben bessere Therapieerfolge und sind selbst glücklichere Menschen.

Es geht bei mitfühlender Arbeit nicht immer um den großen Zeitaufwand, sondern meistens um wenig Zeit für kleine Zeichen. Ärzte, die ihren Patienten die eigene Handynummer geben, haben deshalb durchaus nicht mehr Anrufe. Es genügt den Patienten, zu spüren, dass sie wichtig sind und in der Not mit Hilfe rechnen können. Zuwendung kostet nicht mehr Zeit, sondern macht sie effektiver.

Durch viele Studien sind uns die ungeheuren Folgen und Wirkungen des »Anstaltsprinzips« bewusst geworden. Anstalten wie Internate, Alten- und Pflegeheime und eben auch Krankenhäuser sind sich nicht nur architektonisch ähnlich, sondern vor allem in ihren Wirkungen. Leid, Angst, Einsamkeit und Machtlosigkeit sind u.a. die Folgen für die »Insassen«. Die Entwicklung neuer Wohnformen mit unterschiedlichen Serviceangeboten für alte Menschen ist die nötige Antwort auf das »Anstaltsprinzip«.

Eines der wichtigsten Gegenmittel gegen alle Arten von Anstaltsprinzipien (Disziplinierung, Regulierung, Bürokratisierung) wäre Freundlichkeit. Diese ist ein kostenloses Geschenk, für das keine Zusatzausbildung nötig ist. Mitgefühl zeigt sich in den kleinsten Handlungen, und Freundlichkeit ist eine Gewohnheit, die sich durch Übung rasch einstellt. Jeder Mensch kann in seiner eigenen Familie, bei Freunden und in der Nachbarschaft beginnen, sich in Freundlichkeit zu üben, kann sich aus freien Stücken dafür entscheiden, seine Zeit für eine aufmerksame, mitfühlende Handlung zu nutzen, und bekommt auch im entfremdeten Berufsalltag dabei das Gefühl, ein freier Akteur zu sein. Freundlichkeit und Mitgefühl sind Teil der Zeit, die wir ohnehin brauchen, um unsere Arbeit zu tun. Das hilft auch gestressten Angehörigen!

Zuhören, Informationen übermitteln, zur Äußerung von Sorgen ermuntern und Patienten im Umgang mit schwierigen, vielleicht beschämenden, angstbesetzten Situationen unterstützen sind allesamt Verhaltensweisen und Aktivitäten, die simultan mit der konkreten Pflege praktiziert werden können. Sie kosten wenig Zeit und lohnen sich. Professionelle und andere Rüstungen abzulegen will jedoch gelernt sein. Der richtige Umgang mit Fehlern, Versäumnissen und mangelndem Verantwortungsgefühl gehört zu den wichtigen Voraussetzungen guter Zusammenarbeit. Ehrlichkeit und Offenheit sind dabei zentrale Hilfsmittel. Man kann sich entschuldigen, wenn etwas geschehen ist, das Schaden angerichtet hat, auch öffentlich. Eine Entschuldigung bedeutet nicht automatisch, dass man eine Schuld anerkennt, sondern dass man lernt, mit ihr umzugehen.

Wir müssen in vielen sensiblen Berufen, in denen wir Menschen Leid zufügen, sie ungewollt beschämen oder unwissend kränken können, in besonderer Weise mit Fehlern und Versäumnissen leben. Heilung und Vergebung leben nebeneinander und voneinander!

Die eigene Arbeit lieben

Um das Gesundheitssystem und die Art und Weise zu verändern, wie wir mit Pflegebedürftigkeit umgehen, muss man sich zunächst selbst ändern – das war die Haupteinsicht von Youngson, als er begann, »Time to Care« zu schreiben. Zu den wichtigen Lektionen gehört, immer mal wieder aus der Rolle des Profis, des Experten, des kompetenten Angehörigen zurückzutreten und einfach mitfühlender Mensch zu sein – zu begreifen, dass Fürsorge kein einseitiger, sondern ein wechselseitiger Prozess ist und gegenseitige Verbundenheit benötigt und auch zum Ausdruck bringen muss. Das wiederum erfordert einen anderen Umgang mit sich selbst und denen, die man betreut und begleitet. Im Umgang mit menschlichem Leid ist dabei Lachen so etwas wie eine gute Medizin, weil sensibler Humor Wut mildert und manche Gespräche erst möglich macht.

Zu den wichtigsten Erkenntnissen gehört nicht nur für Youngson die Einsicht, dass jeder Mensch seine innere Haltung frei wählen, sich gegen schlechte Laune, Selbstmitleid, Besserwisserei oder anderes entscheiden kann. Haltungen sind ansteckend.[127] Die kraftvollste Möglichkeit, die Welt oder die unmittelbare Umgebung zum Besseren zu verändern, liegt in der Entscheidung, die eigene innere Einstellung zu wählen. Wir müssen und können auf dem Weg zur Arbeit, zu einem schwierigen Termin oder nach Hause zur Familie entscheiden, mit welcher der uns möglichen Stimmungen wir dort ankommen und uns präsentieren wollen. Wer seinen Ärger einfach von einem zum nächsten Ort mitnimmt, obwohl Letzterer mit dem konkreten Ärger nichts zu tun hat, taucht diesen nächsten Ort samt der dort anstehenden Aufgaben in die entsprechende Stimmung – mit den jeweiligen Folgen.

Hoffnung ist ins Gelingen verliebt

Das Gesundheitssystem basiert eigentlich auf einem natürlichen Ökosystem der Freundlichkeit, der Fürsorge und des Mitgefühls. Es war und ist als ein System der Rücksichtnahme und der Solidarität gemeint, in dem die Schwächeren auf Augenhöhe mit den Stärkeren stehen, die Kranken auf Augenhöhe mit den Gesunden. Allerdings wurde es in diesen Prinzipien stark beschädigt: Die menschliche Zuwendung wurde durch Technik, abstrakte Aufgabenbeschreibung und Prozeduren ersetzt, und aus Lebens-, Beziehungs- und Gefühlslandschaften wurden sterile Umgebungen.

Es geht bei den notwendigen strukturellen, technologischen wie inhaltlichen Veränderungen im Gesundheits- und Pflegesystem vor allem auch darum, die Prinzipien, welche Zwischenmenschlichkeit fördern und Zuwendung leichter machen, zu fördern. Es geht auf allen Ebenen der Kommunikation und der Interaktionen um den Austausch innerer Erfahrungen und subjektiven Befindens statt nur um die Übermittlung von Daten und objektiven Befunden; es geht um aktive Beteiligung statt Passivität; um Respekt gegenüber der Einzigartigkeit des Menschen und seiner Leiden statt um statistische Homogenisierung; um Zusammenhörigkeit statt Isolation; um Sinnstiftung statt Sinnverlust; um das Gefühl, am richtigen Ort zu sein, statt um den ständigen Eindruck, zur falschen Zeit am falschen Ort und selbst auch noch falsch zu sein.[128]

Ich habe Sie mit diesem Buch auf eine Reise zu den pflegenden Angehörigen und anderen Pflegekräften zu Hause oder in den jeweiligen Einrichtungen mitgenommen. An der Hand der hilfsbedürftigen Menschen haben wir einen Blick in den Dschungel der Gefühle und deren Lebenswirklichkeit gewagt und nachempfinden können, auf welch unterschiedlichen Ebenen Pflegebedürftige und Pflegende miteinander klarkommen müssen. Die bloße Angst vor Alter, chronischer Krankheit, zunehmender Gebrechlichkeit, Pflegebedürftigkeit und Abhängigkeit macht vielen Menschen oft mehr oder anders zu schaffen als später das konkrete Erleben des biologischen Alters, die spezifisch zu erduldende Krankheit, die besondere Gebrechlichkeit oder die konkrete, mit Personen oder Institutionen verbundene Abhängigkeit.

Man kann Leben nicht darauf festlegen, anders oder so zu sein, wie wir es gerne hätten. Aber sich in das eigene Leben einfinden, es fühlen und bedenken, das kann man schon. Vielleicht sollten wir uns früh genug erinnern und darauf achten, dass die Problemzonen des alternden Menschen nicht Bauch, Beine und Po sind, die Muskeln statt Fett bilden sollen, sondern dass der Kopf die zentrale Problemzone ist, die zu verholzen droht und dichtmacht. Solange sich die Alten an den Jungen und nicht an den Alten der ärmeren Länder messen, können sie nicht wissen, wie viel Glück sie gehabt haben, um trotz vieler widriger Umstände so leben zu können, wie sie gerade leben.[129] Solange sie sich weigern, mit Blick auf ihre Lebensqualität über ihre gegenwärtige Wohnsituation nachzudenken und sich für Alternativen zu öffnen, bereiten sie sich vorab unbewusst auf die unerwünschte Heimeinweisung vor, statt so gut es geht selbst bewusste Sorge für einen guten Platz in einem immer noch hoffentlich einigermaßen guten Leben zu tragen.

»Altern ist der einzige Kampf, bei dem es sinnvoll ist, seine Niederlage von vornherein einzugestehen«, schreibt Gregor Eisenhauer. »Das Leben fordert unser Verschwinden. Dieses unerbittliche Gesetz der Evolution können Sie nicht früh genug verinnerlichen. Denn Leugnung kostet Kraft. Je anstrengender Sie versuchen, jung zu bleiben, desto schneller altern Sie. Das ist die einzige Erkenntnis der Altersforschung, die unumstritten ist.«[130]

Wer leben will, muss älter werden. Alter ist keine Krankheit. Älterwerden ist es auch nicht, aber der Lauf der Dinge. Angehöriger sein, ist ebenfalls kein Zufall. Wir wissen, was auf uns zukommen kann, und können eine Haltung dazu einnehmen.

Leben im Alter ist nicht einfach nur die Fortsetzung des bisherigen Lebens, so wie Pubertät nicht einfach die routiniertere Fortsetzung der Kindheit ist. Alter ist auch nicht nur altes Leben, es ist nicht Leben mit halber Kraft. Es steht selten irgendwann berechenbar kurz vor der endgültigen Erfüllung und ist auch nicht das böse Ende einer vermeidbaren und länger andauernden Insolvenz.

Aber was ist Alter dann? Es ist Arbeit und Auftrag wie bisher. Je älter wir werden, desto mehr Überlebenserfahrungen, Ausdauer, Glück und Mutproben hat das Leben im Gepäck. Das hat mir mein eigenes Leben in achtundsiebzig Jahren beigebracht. Solange wir leben, mussten wir das meiste zunächst so nehmen, wie es kam. Das fing mit der Geburt und den folgenden Glücks- oder Pechsträhnen an und setzte sich fort. Immer wieder kamen gute oder böse Überraschungen dazwischen und bestimmten, was zu den schönen, schwierigen oder ärgerlichen Lebensaufgaben gehörte. Warum sollte es im Alter anders sein? Grundsätzlich nicht, und im Einzelnen doch. Für alles bleibt im vierten Lebensalter mehr Zeit. Das ist ein Geschenk, das die meisten sich immer gewünscht haben: endlich mehr Zeit für mich und mein Leben!

Aber jetzt kehrt sich das Elend um: Mit mehr Zeit wissen die wenigsten gut umzugehen. Es gilt, etwas Neues mit der Zeit anzufangen und etwas anderes dafür liegen zu lassen. Doch Routinen blockieren die Fantasie, und Langeweile wird zum Risikofaktor der seelischen Gesundheit.

Schwer zu begreifen und umzusetzen ist auch, dass man als alternder und alter Mensch von den meisten Erwartungen befreit ist. Es gibt mehr oder weniger kleine Alltagsverpflichtungen: Man soll sich nicht gehen lassen und gut auf sich achten. Aber ganz wesentlich geht es um aktive Ernte, um Erwartungen an sich selbst, darum, sich selbst in Situationen zu verstehen und kennenzulernen, in denen man auf Hilfe angewiesen ist und um Unterstützung bitten muss. Hilfe anzunehmen, nicht nur auf Selbstständigkeit zu pochen, wo sie zur Qual wird, ist sicherlich eine der größten Herausforderungen.

Alte Menschen brauchen im demografischen Wandel keinen besonderen Katastrophenschutz. Der vierte Lebensabschnitt, auf den sie mit ihren Angehörigen und Freunden zugehen, verlangt – wie alle Lebensphasen davor – Gestaltungswillen. Die wenigsten wollen ihn wie Oma und Opa im Märchen dösend, strickend oder schlafend im Schaukelstuhl verbringen und geduldig auf das Ende warten. Noch sind viele Renten sicher, aber es knackt im Gebäude der Vorsorge. Fast jeder alte Mensch hat, anders als an vielen anderen Orten der Welt, hierzulande ein Dach über dem Kopf, eine bezahlbare Wohnung oder sogar ein abbezahltes Haus. Aber wie lange noch? Und kann man dort bleiben, wenn die Treppen zu viel sind, Fahrräder und Rollatoren im Hausflur um Stellfläche ringen, der Partner stirbt und die Miete unbezahlbar wird, Gebrechlichkeit, chronische Krankheit, Pflegebedürftigkeit und Vereinsamung zu lästigen Mitbewohnern werden und nach einem neuen Umfeld verlangen? Und nicht jeder Mensch hat mobilisierbare Angehörige! Aber jeder kann früh genug an Wahlverwandtschaften oder gute Nachbarschaft denken.

Umdenken, Einsicht, Austausch mit An- und Zugehörigen, Dialoge zwischen den Generationen, Geduld und Toleranz fallen in der Regel im Alter und vor allem in Notfällen noch schwerer als vorher. Die Eltern wollen keinesfalls Fremde im Haus haben, keinesfalls aus ihrem Haus ausziehen, auch wenn sie allein nicht mehr zurechtkommen. Essen auf Rädern geht gar nicht, Kurzzeitpflege auch nicht. Mit Rollstuhl oder Rollator verreisen rührt am Ehrgefühl und beleidigt den Ehrgeiz. Wer weiterhin Auto fährt, obwohl die Sehkraft und das Hören erheblich nachgelassen haben, praktiziert Selbstbestimmung, obgleich diese ohne Selbstreflexion eigentlich undenkbar ist und zu Alterstrotz mutiert.

Vorurteile und unbrauchbare Ansichten müssen im Warenkorb Älterwerden abgelegt werden, das kann helfen, über sich zu lachen. Alt werden eben nicht nur die anderen, wie viele meinen, pflegebedürftig auch nicht. Von manchen Altersgenossen kann man sogar etwas lernen! Mürrisch und verbittert sind nicht nur die anderen Alten, und viele von uns tragen auf die eine oder andere Weise dazu bei. Sprüche wie »Darüber können wir immer noch reden!« oder »Kommt Zeit, kommt Rat« sorgen nicht für Beruhigung, sondern erhöhen unterschwellig die Angst und gefährden das Wohlbefinden aller. Ob das Reden über den Umzug in ein Pflegeheim leichter fällt, wenn man nach einem unerwarteten Krankenhausaufenthalt plötzlich nicht mehr in die eigene Wohnung zurück kann, ist zweifelhaft. Wie oft heißt es: Alte Bäume soll man nicht verpflanzen. Schön und gut – aber weiß man immer, wie es um die Wurzeln steht, wann der alte Baum seinen Halt zu verlieren droht und gestützt werden muss, bevor er fällt?

Natürlich will niemand grundlos anderen Menschen zur Last fallen, nicht den Kindern, den Partnern, den nahen oder ferneren Verwandten. Aber vielleicht ist die Belastungsgrenze schon längst erreicht, weil unausgesprochen Ungewissheit, Unsicherheit und Erwartungsangst alle Beteiligten quälen. Urkunden und Verfügungen über Erbschaften, Vorsorgemaßnahmen oder Patientenverfügungen in versteckten Schubladen brauchen hin und wieder einen wachen Geist, der sie liest. Welche Sicherheit ist eigentlich garantiert, wenn ein Mensch sein Leben im Griff zu haben scheint? Kennen Angehörige neben den Aktenordnern auch die spezifischen Ängste und emotional wichtigen Haltegriffe, wenn es anders kommt?

Wenn mit einem Hilferuf des Lebens eine befürchtete Zukunft plötzlich und überraschend als Gegenwart in das eigene Leben, den Alltag einer Partnerschaft, einer langjährigen Ehe, einer Familie oder einer Hausgemeinschaft einbricht, sind die Herausforderungen groß. Nicht nur die äußere Welt steht Kopf und gerät durcheinander, auch die Innenwelten, Vorstellungen und Lebensperspektiven werden aufgewühlt und geraten ins Schleudern. Nichts ist mehr wie vorher, was kommt, ist offen, der Boden unter den Füßen wankt.

Wenn das Leben um Hilfe ruft, existenziell erschüttert ist und das biologische Ende sichtbarer wird, stehen viele betroffene Menschen, ihre Angehörigen, Ärzte und Pflegende, aber auch wir als wissenschaftliche und interessierte Beobachter von außen immer wieder vor verschlossenen Türen. Im Erleben der eigenen Gebrechlichkeit und Sterblichkeit, der Erfahrung existenzieller Hilfsbedürftigkeit und Hilflosigkeit werden die meisten Menschen sich selbst zum Problem, unabhängig von der Rolle, die sie übernehmen. Ob unmittelbar betroffen oder angehörig, ob professionell geschult oder ehrenamtlich tätig – wir müssen von Zeit zu Zeit zulassen, dass wir vom Leben, seinem Glück und seinem Leiden ergriffen werden. Manche mutieren von lustigen und freundlichen Menschen zu nörgelnden Besserwissern. Andere bedanken sich nicht mehr, weil sie schließlich »alles über die Pflegekosten bezahlt« haben. Wieder andere spüren das erste Mal tiefe Dankbarkeit gegenüber dem Leben und denen, die sie umsorgen. Manche halten die Liste ihrer Rechte und Ansprüche bis zuletzt in der Hand, und wieder andere verführen sich und ihre Begleiter noch auf den letzten Metern zu einer tiefen Liebe zu sich selbst und zum anderen.

Robin Youngson hat sein Buch all jenen gewidmet, die die Regeln vergessen und ihr Herz geöffnet haben. Solchen Menschen bin ich beim Schreiben dieses Buches häufig begegnet. Menschen, die Hilfe brauchten und gebraucht wurden und das als Not, aber auch als Glück empfinden konnten. Die mit Hingabe, Pflichtgefühl und Verzweiflung Antworten auf die Frage gesucht haben, wofür wir in unserem Leben stehen, auch wenn wir manchmal scheitern. Die nicht nur auf der Suche nach Schuldigen waren. Die dem Zwang zu entkommen suchten, ihre eigene Existenz nur durch Funktionieren oder Optimierung zu rechtfertigen, und stattdessen die verschiedensten Überstunden für das gemacht haben, was Albert Schweitzer »Ehrfurcht vor dem Leben« nannte.

Der Dank für die Begegnungen mit denen, die Hilfe und Pflege brauchten, und denen, die so gut sie konnten gaben, was gebraucht wurde, hat meine eigene Hoffnung, am Ende gut begleitet zu werden, gestärkt. Er umschließt die Aufforderung an uns alle, uns für eine Kultur der Sorge und des menschlichen Zusammenhalts einzusetzen, die uns politisch, fachlich und auch persönlich am Herzen liegt und von dort – im Dialog mit verstehendem Verstand – ihre Lebendigkeit und Energie bezieht. Das wäre praktizierte Ehrfurcht vor dem Leben mit Ecken und Kanten, die uns das reale Leben abverlangt.

Literatur

Alzheimer Therapiezentrum Ratzeburg: *Wie geht es Ihnen? Informationsbroschüre zum Umgang mit demenzkranken Menschen*, Röpersbergklinik, Ratzeburg 2016.

Baer, Udo: *Selbstfürsorge – wie Helfende das Helfen gut überleben*, Semnos: Berlin 2016.

Baer, Udo: *Innenwelten der Demenz. Das SMEI-Konzept*, Affenkönig Verlag: Neukirchen-Vluyn 2007.

Baer, Udo, und Schotte-Lange, Gabi: *Das Herz wird nicht dement. Rat für Pflegende und Angehörige*, Beltz: Weinheim 2013.

Baer, Udo, und Frick-Baer, Gabriele/Alandt, Gitta: *Wenn alte Menschen aggressiv werden. Demenz und Gewalt, Rat für Angehörige und Pflegende*, Beltz: Weinheim Basel 2014.

Baer, Udo, und Scheffler, Marion: *Es geht auch anders! Würde im Pflegealltag und verstehende Pflege*, Affenkönig Verlag: Neukirchen-Vluyn 2010.

Barmer: *Das Magazin für die Pflege zu Hause: Angehörige pflegen. Zurück ins Leben*, 1/2017.

Betzler, Monika, Bleisch, Barbara: *Familiäre Pflichten*, Suhrkamp Taschenbuch Wissenschaft: Berlin 2015.

Briegleb, Till: *Die diskrete Scham*, Insel Verlag: Frankfurt 2009.

Coenen-Marx, Cornelia: *Noch einmal ist alles offen. Das Geschenk des Älterwerdens*, Kösel: München 2017.

Danzer, Gerhard, und Rattner, Josef: *Der Mensch zwischen Gesundheit und Krankheit. Tiefenpsychologische Theorien menschlicher Funktionen*, Primus Verlag: Darmstadt 1999.

Demenz Support Stuttgart, Hrsg.: *Ich spreche für mich selbst. Menschen mit Demenz melden sich zu Wort*, Mabuse Verlag: Oberursel 2010.

Deutsche Alzheimer Gesellschaft, »Alzheimer-Telefon: Bericht der Telefonberatung«, in: *pflegen: Demenz* 38/ 2016, www.deutsche–alzheimer.de

Dobrick, Barbara: *Wenn die alten Eltern sterben. Das endgültige Ende der Kindheit*, Zürich 1989.
Eisenhauer, Gregor: *Wie wir alt werden ohne zu altern. Sieben Ideen gegen die Verholzung des Denkens,* Du Mont Buchverlag: Köln 2016.
ders.: *Die zehn wichtigsten Fragen des Lebens in aller Kürze beantwortet*, Du Mont Buchverlag: Köln 2016.
EKD: *Zwischen Autonomie und Angewiesenheit. Familie als verlässliche Gemeinschaft stärken. Eine Orientierungshilfe des Rates der Evangelischen Kirche in Deutschland*, Gütersloher Verlagshaus: Gütersloh 2013.
Gadamer, Hans-Georg: *Über die Verborgenheit der Gesundheit*, Bibliothek Suhrkamp: Frankfurt 1993.
Geiger, Arno: *Der alte König in seinem Exil*, Carl Hanser: München 2011.
Gruen, Arno: *Der Wahnsinn der Normalität. Realismus als Krankheit: eine Theorie der menschlichen Destruktivität*, dtv: München 1992.
Herrmann, Monika: »Jung und dement«, in: *Publik-Forum Extra Leben, Männer allein zu Haus. Vom neuen Leben jenseits der Sechzig*, Juni 2017, S. 8–9.
Hesse, Ina, und Wellershoff, Heide (Hrsg.): *»Es ist ein Vogel – er kann fliegen im Text« Kinder schreiben sich ihre Geschichten von der Seele*, Selbstverlag: Bremen 1996.
Honneth, Axel, und Rössler, Beate: *Von Person zu Person. Zur Moralität persönlicher Beziehungen*, Suhrkamp: Frankfurt 2008.
Höhn, Monika: *Häusliche Pflege … und sich selbst nicht vergessen. Was pflegende Angehörige wissen sollten*, Papyrossa Verlag: Köln 1995.
Hospiz Akademie Bamberg; Kleiner, Michael, und Seitz, Gerhard (Hrsg.): *Sie hat mir der Himmel geschickt! Karikaturen zu Sterben, Tod und Trauer*, Bamberg – Katalog Hospizverein Bamberg.
Keil, Annelie: *Die Krankheit Brustkrebs. Frauen auf der Suche nach der verborgenen Gesundheit*, Edition Temmen: Bremen 2005.
dies.: *Auf brüchigem Boden Land gewinnen. Biografische Antworten auf Krankheit und Krisen*, Kösel: München 2011.
dies: *Wenn die Organe ihr Schweigen brechen und die Seele streikt. Krankheit und Gesundheit neu denken*, Scorpio: München 2014.
dies. und Scherf, Henning: *Das letzte Tabu. Über das Sterben reden und den Abschied leben lernen*, Herder: Freiburg 2016.

dies.: »Das Fachliche und das Menschliche«, in: *Leidfaden. Magazin für Krisen, Leid, Trauer,* Vandenhoeck u. Ruprecht, 6. Jhg., 2/2017.
Kindermund bei Baumhaus: *Erwachsen ist man ungefähr mit hundert* (Reihe), Baumhaus Verlag in der Bastei Lübbe AG: Köln o.J.
Knapp, Natalie: *Der unendliche Augenblick. Warum Zeiten und Unsicherheit so wertvoll sind*, Rowohlt: Reinbek bei Hamburg 2017.
Korp, Harald-Alexander: *Am Ende ist nicht Schluss mit lustig. Humor angesichts von Sterben und Tod*, Gütersloher Verlagshaus: Gütersloh 2014.
Kreß, Birgitta, und Mehlhorn, Annette (Hrsg.): *Füreinander Sorge tragen. Religion, Säkularität und Geschlecht in der globalisierten Welt*, Beltz Juventa: Weinheim 2015.
Kruse, Andreas (Hrsg.): *Zu neuen Kräften finden. Rat und Hilfe für pflegebedürftige alte Menschen und ihre Angehörigen*, Herder: Freiburg 1990.
Kruse, Andreas, Maio, Giovanni, und Althammer, Jörg: *Humanität einer alternden Gesellschaft*, Ferdinand Schöningh: Paderborn 2014.
Lambers, Birgit: *Wenn die Eltern plötzlich alt sind. Wie wir ihnen helfen können, ohne uns selbst zu überfordern,* Kösel: München 2016.
Oberthür, Rainer: *Die Seele ist eine Sonne. Was Kinder über Gott und die Welt wissen*, Kösel: München 2000.
Publik Forum-Extra Leben, *Das Magazin mit dem anderen Blick*, Publik Forum Verlagsgesellschaft Oberursel.
Purda, Laura M.: *Grenzen der moralischen Autorität und Verpflichtung. Dürfen sich Kinder von ihren Eltern scheiden lassen*, in: Betzler/ Bleisch, a.a.O., S. 308–340.
Ram, Dass, Gorman, Paul: *Wie kann ich helfen? Segen und Prüfung mitmenschlicher Zuwendung*, Sadhana Verlag: Berlin 1988.
Rentsch, Thomas, Zimmermann, Harm Peer, und Kruse, Andreas (Hrsg.): *Altern in unserer Zeit. Späte Lebensphasen zwischen Vitalität und Endlichkeit*, Campus Verlag: Frankfurt 2013.
Richter, Horst Eberhard: *Eltern, Kind und Neurose. Die Rolle des Kindes in der Familie*, Rowohlt: Reinbek b. Hamburg 1969.
Riedel, Lothar (Hrsg.): *Vom Ich zum Wir. Psychotherapie und soziale Wirklichkeit*, perspektiva media Verlag: CH Riehen, 2002.

Schäfer, Bärbel, und Schuck, Monika: *Die besten Jahre. Frauen erzählen vom Älterwerden*, Kiepenheuer: Berlin 2007.
Schirrmacher, Frank: *Das Methusalem-Komplott. Die Menschheit altert in unvorstellbarem Ausmaß. Wir müssen das Problem unseres eigenen Alterns lösen, um das Problem der Welt zu lösen*, Blessing: München 2004.
Schweitzer, Albert: *Kulturphilosophie. Verfall und Wiederaufbau der Kultur. Kultur und Ethik*, Verlag C.H.Beck becksche Reihe: München 2007.
Seel, Martin: *111 Tugenden, 111 Laster. Eine philosophische Revue*, S. Fischer: Frankfurt 2011.
Steffensky, Fulbert: *Schwarzbrot-Spiritualität*, Radius: Stuttgart 2010.
Student, Johann Christoph: *Im Himmel welken keine Blumen. Kinder begegnen dem Tod*, Herder: Freiburg 1992.
Vollmar, Horst Christian (Hrsg.): *Leben mit Demenz im Jahr 2030. Ein interdisziplinäres Szenario-Projekt zur Zukunftsgestaltung*, Beltz. Juventa: Weinheim 2014.
Weber, Andreas: *Lebendigkeit. Eine erotische Ökologie*, Kösel: München 2014.
Weizsäcker, Viktor von: *Der Gestaltkreis*, Suhrkamp TB: Frankfurt 1973.
Weizsäcker, Viktor von: *Gesammelte Schriften*, hrsg. von Peter Achilles, Suhrkamp: Frankfurt 1986.
Youngson, Robin: *Time to Care. Wie Sie Ihre Patienten und Ihren Job lieben*, Marbuse Verlag: Frankfurt 2016.

Anmerkungen

Einleitung

1 »Scharfe Kritik an der Pflege«, Bremer *Weser-Kurier* vom 31. Juli 2017

Zur Anthropologie von Solidarität und Nächstenliebe: Pflichten, Rechte und Moral

2 Zitiert aus: Steffensky 2010, S. 111
3 ders., S. 112
4 ders., S. 11
5 Oberthür 2000, S. 73
6 Seel 2011
7 ders., S. 19
8 vgl. ders., S. 19/20
9 Gibran, »Der Prophet«, in: *Die Prophetenbücher,* München 2002, S. 32
10 Betzler, Bleisch 2015
11 vgl. Laura M. Purdy, Grenzen der moralischen Autorität und Verpflichtung, in: Betzler, Bleisch 2015, S. 308 ff.
12 »Rabenvater«-Urteil des Bundesgerichtshofs, BGH XII ZB 607/12
13 *Frankfurter Allgemeine Sonntagszeitung,* 14. Mai 2017, Leib und Seele, S. 19
14 ebd.

Erste Gefühlslandschaft: Mitfühlen und Abhängigkeit erleben

15 Steffensky 2010, S. 163
16 ders., S. 164
17 Aristoteles, Nikomachische Ethik (350 v. Chr.)
18 aus: *Andere Zeiten Magazin,* 3/ 2012, S. 16 ff.
19 vgl. Aktion Un-statistik seit 2012
20 Peter Handke, zitiert in: Dobrick 1989

21 Steffensky 2010, S. 163 ff.
22 *Frankfurter Rundschau,* 16. Mai 2011
23 Baer 2007, S. 9
24 Korp 2014, S. 218
25 Brocher, in: Student, 1992, S. 32

Zweite Gefühlslandschaft: Angehörig sein leben lernen

26 Buchreihe Kindermund im Baumhausverlag
27 Beate Rössler/ Axel Honneth
28 Eisenhauer 2016, S. 232
29 ders., S. 233-235
30 Barmer, *Das Magazin für die Pflege zu Hause,* 1/17, S. 10/11
31 ebd., S. 11
32 *Spiegel Wissen,* 1, 2010, Die Reise ins Vergessen, S. 81
33 Baer 2013, S. 73
34 ebd.
35 Buchreihe Kindermund im Baumhausverlag
36 Barmer, a. a. O., S. 40
37 www.lambers-training.de
38 Lambers 2016, S. 87
39 Gruen 1992
40 Korp 2014, S. 42
41 Lambers 2016, S. 48/49
42 Statistisches Bundesamt 2013
43 Lambers 2016, S. 21
44 ebd.
45 Baer, Frick-Baer, Alandt 2014, S. 30/31
46 Geiger 2011, S. 7/8
47 ebd.
48 ebd.
49 ders., S. 11
50 Barmer, *Magazin für die Pflege zu Hause,* 1/17, S. 19
51 ebd.
52 ebd.
53 ebd., S. 18–21
54 Baer, Frick-Baer, Alandt 2014, S. 32
55 Kruse 1990, S. 7

56 Schneider-Schelte, »Auswertung der Beratungen am Alzheimer-Telefon im Jahr 2015«, in: *pflegen: Demenz,* 38, 2016, S. 15

57 ebd.

58 Baer 2016, S. 37

59 ebd.

60 Baer, Scheffler, S. 2010, S.17

61 dies., S. 60 ff.

62 Flyer des Senioren- und Pflegeheims Eringerfeld GmbH

63 Baer, Scheffler 2010, S. 6

64 dies., S. 21/ 22

65 ebd.

66 ebd.

67 dies., S. 38

68 Lambers 2016, S. 112/113

69 Geiger 2011, S. 117/118

70 Korp 2014, S. 7

Dritte Gefühlslandschaft: Älter werden und alt sein

71 vgl. Kruse, Maio, Althammer 2014

72 Eisenhauer: *Wie wir alt werden, ohne zu altern. 7 Ideen gegen die Verholzung des Denkens,* Köln 2016.

73 Kruse 2014, a.a.O., S. 13

74 Schäfer, Schuck 2007, S. 73 ff.

75 dies., S. 32

76 dies., S. 33

77 dies., S. 20

78 Höhn 1995, S. 22

Vierte Gefühlslandschaft: Verlust von Fähigkeiten und Fertigkeiten

79 Lambers 2016, S. 130

80 aus: *Süddeutsche Zeitung Magazin,* Nr. 28 vom 12. Juli 2013, S. 22

81 Baer u.a. 2014, S. 33

82 Baer, Scheffler 2010, S. 56/57

83 ebd.

84 aus: Barmer, *Das Magazin für die Pflege zu Hause,* Heft 1/17, »Angehörige pflegen«, S. 14

85 www.afi-kids.de
86 Alzheimer Therapiezentrum Ratzeburg
87 Baer 2013, S. 43
88 ders., S. 61
89 ders., S. 56
90 Barmer, *Das Magazin für die Pflege zu Hause,* »Angehörige pflegen«, 1/ 17

Fünfte Gefühlslandschaft:
Verlust der Lebens- und Zukunftsperspektive

91 In: Dobrick 1989, S. 18
92 Sünner, Rüdiger: *Zeige deine Wunde. Kunst und Spiritualität bei Joseph Beuys,* Europa Verlag: München 2015.
93 Baer, Frick-Baer, Alandt 2014, S. 37
94 Keil 2005, S. 25
95 Gadamer 1993, S. 88
96 Knapp 2017, S. 146
97 dies., S. 147

Sechste Gefühlslandschaft:
Lebensängste, Ablehnung, Beschämung, Einsamkeit

98 Hesse, Wellershoff 1996, S. 76
99 dies., S. 73
100 dies., S. 78
101 Lambers 2016, S. 182
102 Baer, Scheffler 2010, S. 26
103 Baer u.a. 2014, S. 9
104 Der Autor im Kommentar zu seinem Buch im Klappentext
105 Geiger 2011, S. 25
106 Demenz Support Stuttgart (Hrsg.), *Ich spreche für mich selbst,* Oberursel 2010.
107 Schirrmacher 2004, S. 138
108 Zitiert in Briegleb 2009, S. 27
109 Coenen-Marx 2017, S. 53

Siebte Gefühlslandschaft: Zuneigung, Geduld und Ausdauer

110 Youngson 2016, S. 264
111 Weber 2014, S. 22/23
112 Lambert 2016, S. 99
113 ders., S. 99
114 Baer u. a. 2014, S. 81
115 Höhn 1995, S. 65
116 Youngson 2016, S. 55
117 Alzheimer Therapie Zentrum Ratzeburg
118 Artikel von Mirja Maria Thiel, WK Sonntag, 5. März 2017, S. 10/11

Time to care: Am Ende steht ein Anfang, der kein Ende nimmt

119 Hospizakademie Bamberg, Karikaturen zu Sterben, Tod und Trauer, Bamberg o.J.
120 Steffensky 2010, S. 110
121 Monika Herrmann, »Jung und dement«, in: *Publik Forum Extra Leben,* Juni 2017, S. 8
122 dies., S. 8
123 dies., S. 7/8
124 Youngson 2016, S. 17
125 Weizsäcker 1986
126 Youngson 2016, S. 22
127 ders., S. 123 ff.
128 ders., S. 201
129 Eisenhauer 2016, S. 8
130 ders., S. 8